主张1 观念更新,理念内化 9

"角"排在比较高的认知水平和层次。这主要是因为"角"是构成"形"(三角形)的基础,而形的特征及相互关系又是推理几何的基本题材。通过学习张春莉老师的《一堂课达至的教学新境界》一文,我们知道了"学数学就是做中学的过程",为了创设一个"做数学"的环境,教师的角色是在课堂里营造一种探究、质疑、推测的学习氛围,在这一环境中,问题由教师或学生自己提出,学生在教师的引导下努力寻找解决的方法,而知识和技能作为"做数学"的一个结果被自然而然地习得和掌握;知道了"技能课也需要还学生一个知情权",为什么要学习这些知识、学了之后又有什么用的"知情权"是需要教师们格外珍视和引导的。通过学习曹培英老师的《技能教学的方式可以多样化》一文,我们知道了仔细观察、深入研究学生的学,把握学生学习的困难和症结所在,是开启数学技能教学之锁的钥匙,也是"道法自然"的基础。同时,曹老师在文中也提出了这样的疑问:在初学阶段,是否所有的数学基础知识与操作技能都必须煞费苦心地由现实背景引入,并在现实生活中加以应用?

学习优秀教师和特级教师的先进经验,最好的方法是现场观摩这些教师的课堂教学。老师们每年可以参加一到两次大型的教学观摩活动。例如,由中国教育学会小学数学专业委员会主办的每两年一次的"全国小学数学深化课堂教学改革观摩会"就是全国最高水平的赛事,每一节观摩课都代表了各省的研究水平和研究方向,反映了我国小学数学课堂教学的深化改革和大胆创新,同时也展现了最前沿的数学课堂教学现状,使观摩教师获益匪浅。

在土豆网上有我的一个专辑,叫"钱守旺视频课堂"(http://www.tudou.com/home/qsw1088),里面有很多名师在全国大型教学研讨活动中上课的教学录像,相信老师们一定能通过观摩感悟到小学数学课堂教学的真谛。当然,在向别人学习的时候,切莫只模仿名师的一招一式。学其形,更要得其神,要领悟名师每个教学环节背后的设计思想和教学理念。教师要学会"悟课"——就是在学习了优秀教师的教学模式和教学风格,并在自己的教学技巧逐步完善后,对自己的教学行为和教学策略的再思考——以形成自己的教学特色。

四、广泛涉猎名家的教育著作,提升自己的专业水平

陶行知先生说过:"要想学生好学,必须先生好学,唯有学而不厌的先生才能教出学而不厌的学生。"读书是教师专业发展的必由之路。优秀教师和一般教师的区别就在于文化底蕴不同,换言之,就在于是否读书、读些什么书、读的方法怎样、读的效果如何。前苏联著名教育家苏霍姆林斯基在《给教师的一百条建议》一书中,给了中小学教师如下建议:"要天天看书,终身以书籍为友。这是一天也不断流的潺潺小溪,它充实着思想江河。阅读不是为了明天上课,而是出自本性的需要,出自对知识的渴求。"这一建议至今仍被广大教师视为专业成长的经典语录。德国教育家第斯多惠也认为:"凡是不能自我发展、自我培养和自我教育的人,同样也不能发展、培养和教育别人。"

当今世界知识更新越来越快,教师要适应这一时代特点,就必须树立终身学习的观念,让读书、学习成为自己的一种生活方式。以往我们所倡导的"积识成智"应该被赋予新的注解,即在新课程背景下,谁能够更智慧地学习知识、积累经验,谁就能够获得更快速的成长。

教师读书要注意完善自己的知识结构。真正的优秀教师必须具备三个板块的知识结构:精深的专业知识,开阔的人文视野和深厚的教育理论功底。缺乏任何一个板块的知识都将使教师在教育教学上所能达到的深度与广度受到限制。是否具有完善的知识结构将最终决定我们在教育这条路上能够走多远。

在新课程背景下,有专家提出"全息学习"的概念。所谓"全息学习",就是一种全身心参与的学习。它强调"三到"。

第一,手到——坚持记笔记。俗话说"好记性不如烂笔头",手到是读书最基本的要求。记笔记一般可分为两种方式:一种是摘录式笔记,即把一本书或一篇文章的重要论点或基本内容提纲挈领地记录下来;另一种是心得式笔记(学习日记),即用自己的语言写下读书后的感受、认识、体会、启发和收获。记笔记实际上是一个知识积累和消化的过程。

第二,心到——养成"研究性阅读"的习惯。所谓"研究性阅读",就是用心思考,这是读书学习最根本的要求。通过独立思考,理解文本

的要点，发现文本的思想，感悟文本的精神；通过独立思考，激发教师批判意识的觉醒，促进教师反思能力的提高，从而不仅读出文本，也读出"自我"。

第三，身到——把学到的东西及时用到课堂上。就是身体力行，把读书学习与创新实践结合起来，其实质就是理论联系实际，把书本知识特别是教育知识读懂、读活。"纸上得来终觉浅，绝知此事要躬行。"没有实践体验，很多知识只能是一知半解；这个过程也是把知识转化为能力的过程。这是读书学习的最终目的。

除了一些经典教育名著以外，下面我向各位老师推荐一些适合一线教师阅读的教育类图书，这些图书都是我非常喜欢看的，也是读后感到很"解渴"的书，希望通过对这些图书的阅读，能够使老师们真正领会和把握新课程的精神实质与核心思想。

刘加霞主编：《小学数学课堂的有效教学》，北京师范大学出版社2008年版

吴正宪、张丹主编：《小学数学》，华东师范大学出版社2008年版

张丹著：《小学数学教学策略》，北京师范大学出版社2010年版

马立平著，李士锜等译：《小学数学的掌握和教学》，华东师范大学出版社2010年版

华应龙著：《我这样教数学：华应龙课堂实录》，华东师范大学出版社2009年版

杨刚主编：《小学数学课程改革的研究与实践》，人民教育出版社2007年版

宋乃庆、张奠宙主编：《小学数学教育概论》，高等教育出版社2008年版

杨庆余主编：《小学数学课程与教学》，中国人民大学出版社2010年版

徐世贵编著：《教师自主成长——基于名师成长案例的分析》，外语教学与研究出版社2008年版

郑毓信：《国际视角下的小学数学教育》，人民教育出版社2004年版

郑毓信著：《数学思维与小学数学》，江苏教育出版社2008年版

余文森编著：《课堂有效教学的理论与实践》，北京师范大学出版社2011年版

雷玲主编：《名师教学机智例谈：数学卷》，华东师范大学出版社2007年版

肖川主编：《名师作业设计经验：数学卷》，教育科学出版社2007年版

章建跃著：《数学学习论与学习指导》，人民教育出版社2001年版

孔企平编著：《小学儿童如何学数学》，华东师范大学出版社2001年版

张奠宙、宋乃庆主编：《数学教育概论》（第二版），高等教育出版社2009年版

张奠宙等著：《小学数学研究》，高等教育出版社2009年版

袁振国著：《教育新理念》，教育科学出版社2007年版

蔡金法著：《中美学生数学学习的系列实证研究：他山之石，何以攻玉》，教育科学出版社2007年版

顾泠沅主编：《数学思想方法》，中央广播电视大学出版社2004年版

雷玲主编：《小学数学名师教学艺术》，华东师范大学出版社2008年版

庞维国著：《数学学习与教学设计：小学卷》，上海教育出版社2005年版

孔凡哲、曾峥编著：《数学学习心理学》，北京大学出版社2009年版

余文森、洪明编著《校本研究九大要点》，福建教育出版社2007年版

高万祥著：《优秀教师的九堂必修课》，华东师范大学出版社2009年版

华国栋著：《差异教学论》（修订版），教育科学出版社2007年版

刘金玉著：《高效课堂八讲》，华东师范大学出版社2010年版

余文森著：《有效教学十讲》，华东师范大学出版社2009年版

胡庆芳等编著：《美国学生课外作业集锦》，教育科学出版社2008年版

吴正宪、钟建林主编：《小学数学名师名课》丛书，包括"成名篇"、"经典篇"、"异构篇"和"珍珠篇"四本书，教育科学出版社2011年版

上面这些书有些不妨重读，甚至一读再读。在紧张的工作之余，如果能够忙里偷闲，将自己所喜爱的书一读再读，实在是人生中一件非常愉快的事情。

此外，全国著名特级教师的个人专著，肖川、刘良华、张文质等教育名家的教育随笔，吴正宪老师带领的研究团队的系列研究成果，也应该成为老师们的必读书目，限于篇幅这里就不一一列举了。

上面这些图书可以在各地的教育书店购买,如果有机会到北京,可以在西单图书大厦、中关村图书大厦、王府井图书大厦、北京师范大学出版社读者服务部等书店购买。如果能够网购,也可以通过当当网和卓越网购买。

五、借鉴国外的成功经验,为自己打开一扇窗

俗话说"站得高才能看得远"。每一个教育工作者都应该为自己多打开一扇窗,这样我们的视野将变得更加开阔,我们的思维将变得更加多元化。

比如,在与瑞典代表团进行学术交流时,我们了解到瑞典既有学生和教师伴随日常学习所采用的评价方式,也有国家规定的统一考试。多种评价方式并存,其目的在于评价每个学生的学习发展过程,然后根据每个学生的具体情况,制订计划和目标。

瑞典的小学教育中提倡多种评价方式相结合(如图1-1)。教师可以根据自己的意愿和学生的特点随机组合,可以是正式的、书面的(文字的)学生之间的评价和正式的、书面的(文字的)教师评价,也可以是非正式的、口头的(语言的)学生之间的评价和非正式的、口头的(语言的)教师评价。

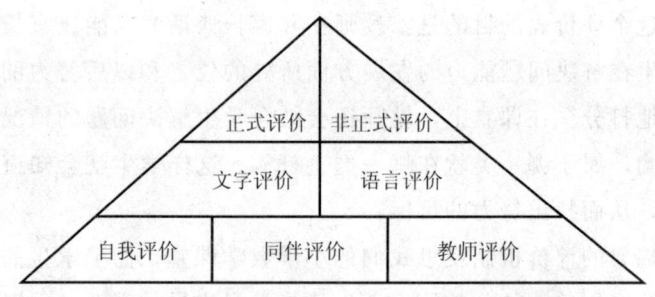

图1-1 瑞典小学教育中提倡的多种评价方式

瑞典的教育对解决问题能力的过程性评价细致且具体。表1-1是其对学生解决问题能力进行过程性评价的介绍。从表中我们可以看出,在对解决问题能力进行评价时,瑞典的教育关注学生的理解、参与、语言、表达四个方面能力的发展,并按照学生在这四个方面的不同表现划分出了四种水平。

表 1-1 瑞典对学生解决问题能力的评价标准

评价标准	较高			较低
理解能力	从解决同一问题的不同方法中看出各种方法的优缺点	能用不同的方法解决问题	独立展示解决问题的方法	能在别人的帮助下解决问题
参与能力	能积极地参与所有课堂讨论并且把讨论向前推进	能参与小组的讨论，倾听同伴的解释并且试着用同伴的方法解决问题	与同伴积极讨论数学问题	不是很积极
语言能力	数学用语规范，逻辑思维清楚	大多数情况下能用数学语言表达，并且能让别人跟着你的思路走	有些时候能用数学语言表达，并且别人能理解你的想法	能用通俗的语言表达
表达能力	能倾听同伴的表述并能根据问题提问，能用简单的方法解决问题及表达清楚你的想法，并且认真准备	能倾听同伴的表述，能用简单的方法解决问题，并能清楚地表达自己的想法	能解释自己的想法，能解决问题，但不是很准确	能写出答案，在别人的帮助下说出自己的想法

设计这个评价表的目的是：教师在和家长谈话时，能让家长和学生知道这个学生在解决问题能力的发展方面所处的位置和以后努力的目标，而不是机械地打分。在课堂上，教师还会结合学生解决问题的情况，让学生做自我评测，属于哪一类就在哪一类上打钩。这样学生就会知道自己哪一方面不足，从而找出努力的目标。

根据瑞典的评价机制反思我们的小学数学课堂，为了学生的发展，我们应努力改变用单一的分数评价学生最终学习成果的观念，重视学生参与能力、数学语言能力和表达能力的发展。

参考文献

[1] 余文森. 课堂有效教学的理论与实践 [M]. 北京：北京师范大学出版社，2011.

[2] 刘金玉. 高效课堂八讲 [M]. 上海：华东师范大学出版社，2010.

主张 2 读懂学生，把握起点

观点分享

◆ 卢梭说："人类的各种知识中最有用而又最不完备的，就是关于人的知识。"同样，在儿童教育中，最有用而又最不完备的就是关于儿童的知识。

◆ 教育，必须遵循儿童的生长规律。教育中的许多冲突、缺失都源于学校教育习惯于让儿童适应教师。

◆ 只有真正研究学生、读懂学生，才能设计出符合学生认知规律和适应学生发展的教学活动。只有读懂学生，我们的课堂教学才能做到扎实高效。

◆ 数学课真正的精彩是学生的精彩，而不是教师的精彩。

◆ 游戏对于孩子来说，不仅是娱乐，也是学习，而且是一种最自然、最有效的学习。

◆ 不能真正了解学生，教师的教学行为就是盲目的，课堂也必然是低效的。

◆ 著名数学家陈省身教授说过：我们不应该用我们的方式让孩子们接近数学，而要让他们用自己的方式去接近数学。

◆ 教育要尊重孩子的成长规律，不制造"反季节孩子"。孩子的成长过程谁都无法代替，我们要学会静心等待，不要扰乱孩子的成长。

◆ 读懂了学生，才能避免学困生的"消化不良"和优等生的"空转"现象发生。

◆ "站在儿童的立场"是一堵教育世界的承重墙，缺失了它，教育世界即使不坍塌，也极有可能扭曲。

◆ 小学数学，乃至整个小学教育，建立在对儿童的理解的基础之上。教师眼中要有"人"，对于小学教师来说，就是眼中要有"儿童"。

◆ 只有儿童被理解为完整而具有丰富可能性的人，我们的小学数学教学才能超越现实的局限成为真正的儿童数学教学，从而迈向更高的境界。

行 为 跟 进

当老师达到一定的境界时，往往谈论的话题更多的是学生，而不仅仅是教学。为什么会这样呢？因为教育的对象是儿童，只有基于儿童研究的教育才是真正的教育。法国思想家卢梭说：在大千世界中，人类有人类的价值，自然有自然的价值。在人类的发展阶段上，成人有成人的价值，儿童有儿童的价值，要把成人当做成人，把儿童当做儿童。苏霍姆林斯基说过："只有那些始终不忘记自己也曾是一个孩子的人，才能成为真正的教师。"

"关心每个学生，促进每个学生主动地、生动活泼地发展，尊重教育规律和学生身心发展规律，为每个学生提供适合的教育。"这是《教育规划纲要》中一个很重要的精神。它明确了合乎规律的教育就是适合的教育。

读懂学生就是要真正了解和理解学生。了解学生的内容包括：了解学生的年龄特征、认知规律，掌握他们生理和心理上的共同特点；了解学生的个别差异、个性特征；了解学生的智能发展情况，特别是数学思维、数学能力、数学技能的发展水平；了解学生学习数学的动机、兴趣、态度、自我观念、刻苦精神等非智力因素的发展情况；了解学生现有的知识水平和学习新知识所需具备的知识能力等方面还存在什么问题，做到心中有数、有的放矢；了解学生学习中存在的困难以及形成困难的原因；了解学生的学习是处于进步还是处于退步的趋势及其原因等。

一、学生天生具有学习欲望和能力

我曾经在杂志上看过这样一个故事，故事的题目叫"墙上的洞"。故事发生在印度新德里的一条穷人街上。穷人街上的孩子没有钱，不能进学校读书，整天在街上游逛。试验者为了探明穷人街上的孩子是否有学习欲望和学习能力，便在墙上开了一个小洞，洞的大小正好能嵌进一台电脑，洞的高度和孩子的身高差不多。孩子只要触摸，就可以上网，但必须用英文。这一装置给孩子们带来了极大的新奇感，大家围拢在一起讨论起来，有的还动起手来。一个星期过去了，有少数几个孩子触摸到了门道。两个星期过去了，不少孩子初步学会了用英文上网。三个星期过去了，穷人街

(1) 学生是否已经具备了进行新的学习所必须掌握的知识和技能？

(2) 学生是否已经掌握或部分掌握了教学目标中要求学会的知识和技能？没有掌握的是哪些内容？有多少人掌握了？掌握的程度怎样？

(3) 哪些内容学生自己能够学会？哪些内容学生需要教师点拨和引导才能学会？学生在课堂学习中可能会遇到哪些问题？会提出哪些问题？

3. 读懂学生的需要

学生的学习动力越强，他们学到的东西越多。当学生能够积极融入课堂时，他们的脑子就会像海绵一样不断地吸收和储存新知识。

学生在课堂上主要有以下几方面的需要：探究的需要；交流、合作的需要；动手操作的需要；获得新体验的需要；与师生平等交流的需要；个性得到充分发展的需要；获得师生认可的需要。

4. 读懂学生的思路

匈牙利著名数学家和数学教育家波利亚说：教师讲什么不重要，学生想什么比这重要一千倍。教师要能够解读学生的想法，这样教学才能有的放矢，才能张扬学生的个性。

常用的读懂学生思路的方法有两种：一种是鼓励学生出声思考，把自己的想法说出来，因为出声思考的过程是一个将内部语言转化为外部语言的过程；另一种是让学生把自己的想法写下来，教师通过分析学生的解题过程和涂改痕迹，对学生的思维过程进行分析。

如在教学《十几减九》时，教师出示"12－9＝？"，学生说"12－9＝3"。教师问："你是怎么想的？"学生说："12－9 减不动……""减不动"，多生动的语言，多朴实的表达！学生是怎么想的呢？这就需要教师进一步追问，充分挖掘学生这种想法背后的价值。

5. 读懂学生的错误

学生学习过程中的错误是一种宝贵的教学资源。教师应在弄清错误产生原因的基础上，耐心、细心地引导学生纠正错误，力争使错误的价值达到最大化。

错误资源分为两种：共性错误资源和个性错误资源。

"共性错误资源"通过"集体会诊"寻找"防治"的办法，全班集体讲解订正。

"个性错误资源"通过"当面诊断"具体指导，采取个别讲解的方法帮助学生改正。

如在我校四年级一次期末考试中，对于算式（62＋38×4）×7这道题，学生有以下几种算法（见图2-1至图2-10）：

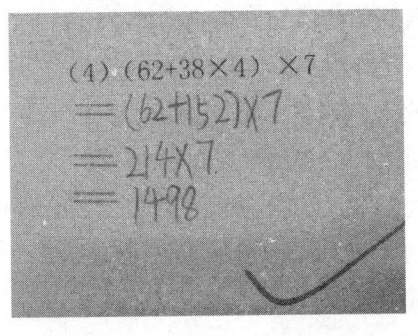

图2-1　　　　　　　　　　图2-2

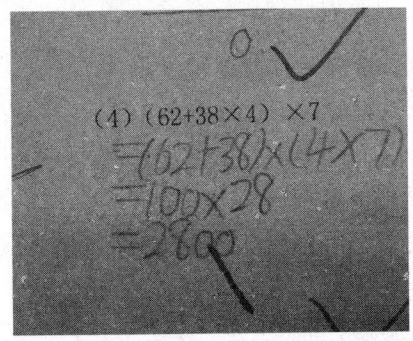 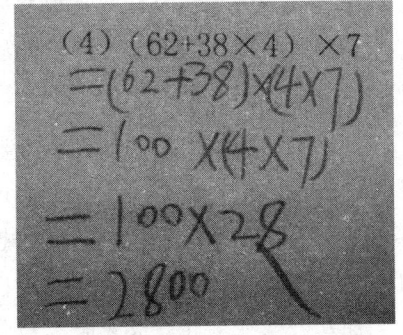

图2-3　　　　　　　　　　图2-4

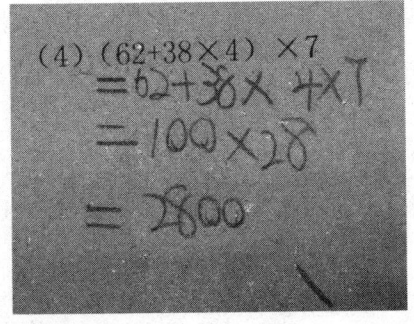 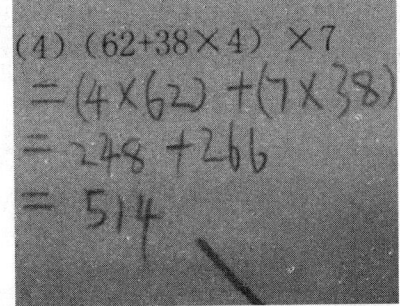

图2-5　　　　　　　　　　图2-6

主张 2　读懂学生，把握起点　23

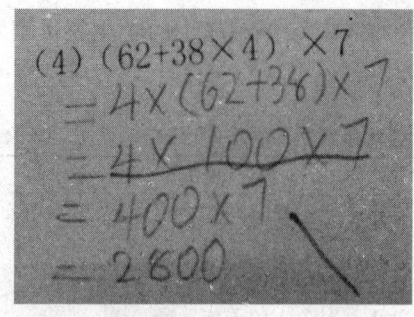

图 2-7　　　　　　　　　图 2-8

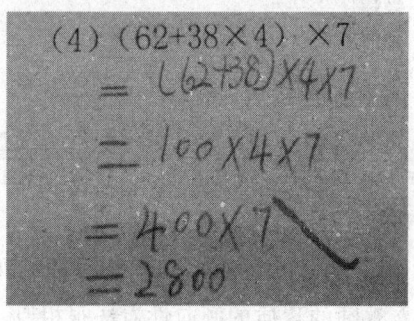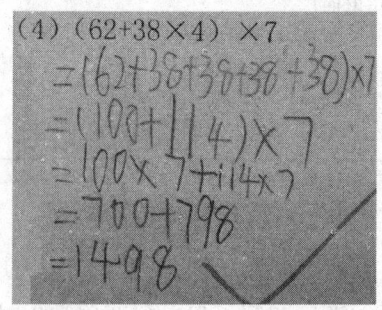

图 2-9　　　　　　　　　图 2-10

学生为什么会出现上面这些错误？需要认真分析错误的原因，特别是要找到学生在概念性理解方面存在的问题。通过促进学生的理解，优化学生的认知结构。

对于学生错误的反馈方式一般有两种：一种是直接反馈，另一种是间接反馈。直接反馈就是教师直接告诉学生，他们的回答是错误的，并予以纠正；间接反馈就是通过各种方式启发、暗示学生，让学生意识到自己的错误。

当学生出现错误时，教师要能够宽容学生。学生出现错误是再正常不过的了。当学生出现错误时，教师如果有一双慧眼，在学生的错误中发现特别的价值，错误也就变得"美丽"起来了。

6．读懂学生的情感

学生是活生生的人，他们有自己的思想，有自己的情感，他们需要关心，更需要尊重。

研究表明，学生每天都需要感受到教师对自己的关心。关心学生的教

师在教学上更有成效。人都有获得赞赏的需求，年纪越小的学生获得赞赏的需求越强烈。

表 2-1 中美两国学生对优秀教师素质的看法的比较

中国	美国
有责任感	有耐心
重视品德教育	良好的品德
不刺伤学生的自尊心	友善的态度
对学生一视同仁	公正，对个人的关注
有幽默感	有幽默感
知识面广	兴趣广泛
敢于承认自己的失误	有伸缩性
理解当代学生的思想	宽容
尊重学生，对学生关心爱护	尊重课堂上的每一个人
教学生动有趣，容易让人领悟	颇有方法

（来源：查有梁. 给教师的 20 把钥匙：教师应掌握的教育学方法 [M]. 成都：四川教育出版社，2007.）

表 2-1 是 20 世纪 80 年代中美两国教育家进行的大样本调查的结果，中美两国相隔万里，但两国学生对优秀教师的素质的倾向性看法很相似。

美国心理学家威廉·詹姆斯在研究中也发现：在一般情况下，一个人如果得不到激励，他仅能发挥其潜在能力的一小部分，即 20%～30%；而受到充分的激励后，同样的人却可以发挥出潜在能力的 80%～90%。也就是说，由于激励满足了人的不同层面的需要，能使人的潜在能力得到有效的激发和释放，人的积极性、主动性和创造性也就能得到充分的发挥。

因此，教师在课堂上要让学生有自信心。自信心是成功的关键，苏霍姆林斯基说过："教师在教育上的英明就是要让学生任何时候都不失掉信心，都不使他感到什么都不好。"有了自信心，自主学习才有可能获得成功。

教师在课堂上还要让学生有归属感。归属感是个体对于自己是否属于某一个特定组织、地域和群体的自我感觉。在学校里，当学生觉得自己属于某一个班级时，他就会觉得班级的存在与自己息息相关，觉得自己有存在的价值。没有归属感的课堂氛围对于学生来说是一种有风险的环境，在这种环境中学生的学习动机不强，学习成绩也不会好。

下面一段话很有哲理，希望老师们能够记住并体悟其中的道理。

在批评中成长的孩子，学会的是诅咒；
在仇恨中成长的孩子，学会的是争斗；
在嘲笑中成长的孩子，学会的是害羞；
在耻辱中成长的孩子，学会的是内疚；
在宽容中成长的孩子，学会的是耐心；
在鼓励中成长的孩子，学会的是自信；
在赞扬中成长的孩子，学会的是欣赏；
在公平中成长的孩子，学会的是正义；
在安全中成长的孩子，学会了有信心；
在赞许中成长的孩子，学会了爱自己；
在接纳与友谊中成长的孩子，学会了在世间寻找爱。

主张 3　读懂教材，丰富内涵

观 点 分 享

◆ 开车最怕路不熟，教学最怕教材不熟；路不熟要走好多冤枉路，教材不熟要做好多无用功。

◆ 教材是教师教学的主要资源，是教与学的重要依据。为了提高数学教学质量，教师必须首先通过研究和分析，理解和掌握新教材的编写意图。

◆ 当前，中小学数学教师理解教材编写意图、分析研究教材、使用和评价教材的本领，已经成为新的基本功。

◆ 新教材降低了对教师教学的束缚，减少了教师对教材的依赖，同时也为教师创造性地统整课程资源，设计、开发、使用教材提供了空间。

◆ 在钻研教材时，教师要在"深入"上下工夫，在"浅出"上做文章。要根据学生的实际情况对教材进行"二度开发"，也就是常说的"用教材"而不是"教教材"。

◆ 教师不仅要考虑"我应该讲什么知识"，还要考虑"我应该如何让学生对这些感兴趣、有热情"。

行 为 跟 进

教材是教师上课的主要依据，是学生学习的基本材料。教师通过钻研，熟练地掌握教材的内容，是顺利完成教学任务的基本条件。读懂教材，最重要的一点就是对教材的"二度开发"。教师要通过研读教材，把教材中的知识完全转化为自己的知识，解决好教师"教什么"和学生"学什么"的问题。这就涉及教材资源的开发与利用问题。重视课程资源的开

主张 3　读懂教材，丰富内涵

发与利用是新一轮课程改革提出的新目标，其目的是要改变学校课程过于注重书本知识传授的倾向，加强课程内容与学生生活及现代社会和科技发展的联系，关注学生的学习兴趣和经验，适应不同地区不同学生发展的需要。那么，在新课程背景下教师应如何开发和利用教学资源呢？

一、研读教材、教参，明确编写意图

教师不应只是教材的忠实阐述者和传授者，而应是教材的开发者和创造者，教师必须创造性地"用教材"，而不是"教教材"；学生也不应是教材内容的被动接受者和吸收者，而应成为学习的主人。教师首先应深入研究文本，走出冷落文本的误区，让有效的教学从研究文本开始。"用活教材"≠"乱用教材"，要在尊重教材的基础上使用教材。

要想轻松地驾驭课堂，教师就必须下苦工夫研读教材和教参，通过研读，真正理解编写意图，知道每道题目为什么这样编、这样编写的理论依据是什么。

钻研教材必须做好三件事情：第一，弄清知识结构，把握核心思想；第二，明确教学目标，厘清重点难点；第三，领会教学要求，生成教学方案。

如，我是北师大版第四版课标教材二年级上册的主编，在我编写的这册教材中，乘除法的初步认识、乘法口诀、用乘法口诀求商是重点内容，细心的老师可能会发现，北师大版教材乘法口诀用的是"大九九"，而人教版教材乘法口诀用的是"小九九"。这个时候，老师们就要问自己了："大九九"和"小九九"有什么不同？这个问题，只要老师们认真阅读北师大版教师用书，就能很容易地找到答案。

乘法口诀在现行的课标教材中有两种呈现方式："小九九"和"大九九"。乘法口诀是45句的，就是平常所说的"小九九"。它的特点是，在每句口诀里表示相乘的两个数，第一个数总是不大于第二个数，遇到相乘的两个数相同时，该数的口诀就结束了。例如，4的乘法口诀：一四得四，二四得八，三四十二，四四十六。这四句都是在4的乘法口诀里；四五二十，则在5的口诀里，四六二十四，则在6的口诀里。

"大九九"乘法口诀是81句的，它的特点是，不管哪个数的乘法口诀，都是从1到9。例如，4的乘法口诀：一四得四，二四得八，三四十二，四

四十六，四五二十，四六二十四，四七二十八，四八三十二，四九三十六。

"小九九"只有45句，便于记忆；而"大九九"共有81句，便于试商。如，当学生遇到"48÷6＝？"的时候，他们总是先想6的口诀，可是在"小九九"中6的乘法口诀里，最大是"六六三十六"，找不到六八四十八。而"大九九"则让学生很容易想到"六八四十八"。

在教学乘法口诀时，老师们可能会追问自己一系列的问题：乘法口诀有这么多句，从哪一句开始学习呢？是一次学完还是分两次学完？教学中是平均用力吗？教学时应该把哪些口诀作为重点进行教学？教学中如何处理好"扶"与"放"的关系？教学中如何关注学生已有的生活经验和知识基础？

这些问题，老师们只要认真阅读北师大版二年级上册教师用书，就能够很快地找到答案。

如，教材之所以先安排学习"5的乘法口诀"，主要考虑到以下三点：

一是因为每只手都有5个手指，在学习的时候学生可以把它作为学具；二是学生具有丰富的5个5个数数的经验；三是很容易得出2个5、3个5、4个5、5个5……9个5的和，结果的规律性非常强，便于学生记忆。

在教学"6的乘法口诀"时，教师用书中提出这样的建议：

数学知识的教学，要注重知识的"生长点"与"延伸点"，教师教学应该以学生的认知发展水平和已有的经验为基础，引导学生独立思考、主动探索、合作交流。

2至5的乘法口诀是根据"几个几的和是多少"编口诀。随着学生知识积累的增加、学生能力的提高，6至9的乘法口诀要让学生根据已经学过的口诀编制，引导学生理解前后知识之间的联系。在6的乘法口诀中，第一句和最后四句是新的，剩下的都是学生前面已经学过的，教师教学的重点要放在新学的五句口诀上。

关于读懂教材，湖南省长沙市开福区教育科研培训中心的易虹辉老师写过一个非常典型的案例《没有公式，怎么教周长？》。主要研讨过程如下：

老教师：这节课教长方形的周长，怎么到最后也没听到老师给学生总结周长公式呢？这样含糊的教学，学生能掌握好知识吗？

主张3 读懂教材，丰富内涵 29

执教老师：教材中呈现了三种不同方法，分别是：34+12+34+12=92；34×2+12×2=92；(34+12)×2=92。到底要不要总结公式？我也感到很困惑。

老师们纷纷发表意见，基本上分为"新"、"老"两派——

老教师：应该给学生总结公式"长方形的周长＝(长＋宽)×2"，一节数学课，不给学生总结一下重要的东西是不行的，总结公式是画龙点睛，让学生心里知道这节课到底学习了什么。

实验教师：教材没有给出公式，是担心学生机械套用公式，反而不注重对周长的理解。况且，新课程提倡算法多样化，允许学生有多种不同的方法。

老教师：多样化没错，但多样化以后要进行"优化"；如果到最后还有学生用"连加"算周长，这就说明教师"优化"不够，所以还是要总结公式。

实验教师：虽然教师没有板书公式，但学生已经口头总结出来了，应该可以了。优化应该让学生自主优化，不能强求。

陈老师（六年级老教师）：学生口头总结还不够，教师一定要教公式，而且要教透，要让学生记忆深刻。长方形的周长很简单，但我们六年级的学生，到现在还有几个学困生不会算长方形的周长，老是算错。这说明周长公式很重要，对于学困生来讲，能有一个公式背一背、记一记，就能把题做对，总结公式也算是关注学困生吧。

实验教师：你的学生背诵了公式，还不会算周长，这正好证明，背公式不一定是最好的方法。

（老师们陷入了沉思……）

陈老师（回忆）：那些老做错的学生，要不没打括号，要不打了括号，但没按括号算；还有的计算错误……

众教师（分析）：不打括号，没按括号算，说明学生对公式缺乏理解；不理解的公式，背得再熟，还是容易用错。

一教师：我儿子做家庭作业，每次都用公式计算长方形周长。我曾经问他为什么要打括号再乘2，他说求周长都要打括号再乘2。我觉得他理解得并不好。

一骨干教师：也许，我们成人都觉得"长方形的周长＝(长＋宽)×2"这个公式好，但三年级的小学生理解起来就没那么容易了，涉及乘法分配

率的问题。学困生理解起来就更觉得困难了。

其他教师（赞同）：也许"长方形的周长＝长×2＋宽×2"还容易理解一些。

更多的教师：最容易理解的公式恐怕还是"长方形的周长＝长＋长＋宽＋宽"，它太形象了！直接体现了周长的意义。

陈老师：是啊，要是我允许那几个学困生用"连加"算周长，他们肯定错不了！

老教师：看来，算长方形的周长并不是只有唯一的公式，应该说三种方法适合三种不同层次的学生：优等生用第三种，中等生用第二种，学困生用第一种。各取所需！教材没有呈现公式还是有道理的。

最后的共识：概念教学，理解概念比背诵定义、记忆公式更重要。

实际状况是老师们平时很少看教参，基本上都是买现成的教案集，或者从网上下载成本的教案，其实这样是不利于教师专业成长的。

"读懂教材"就是不盲从教材，要有质疑和探究的精神，任何一套教材的编写都不可能考虑到所有可能发生的情况，适应所有的学校和学生，需要教师根据自己学生的情况，对教材的设计和内容进行适当的调整；尤为重要的是，"读懂教材"要有科学的研究态度，当教材的编写和设计与我们的教学经验和直觉不一致时，走进课堂，观察学生是如何学习数学的，他们的学习起点在哪里、困难在哪里，就不失为一种好的方法。实际上，这时候做些前测和后测，对于理解教材也是非常有效的。

教师要忠实教材、激活教材、调适教材、创生教材。对于一节课的教材内容来讲，我觉得教师应该在以下几个方面做到心中有数：

1. 合理地确定教学内容的广度和深度

所谓教学内容的广度，是指知识的范围或知识的量，从信息论的角度来说就是一节课传输给学生的信息量。一节课的信息量过大，知识点过多，学生难以接受；而一节课的信息量过小，知识点过少，则浪费时间，不利于调动学生的学习积极性。

所谓教学内容的深度，是指知识的抽象概括的水平。同样的教学内容可以有不同的深度，选择什么样的深度往往是根据学生的思维发展水平来确定的。例如，在教学人教版课标教材三年级下册《等量代换》一课时，

我就对教材内容进行了合理的扩充,将书中一个例题和几个孤零零的习题进行了巧妙组织,形成了"首战成功"、"我能行"、"题目大变脸"、"挑战自我"四个教学情境,把学生的思维一步步引向深入,学生在解决一个又一个富有挑战性的问题中,思维活跃,个性张扬,自信心不断增强。

2. 明确教学的重点、难点和关键

当一节课的教学内容有几个知识点时,往往需要明确哪些是重点、哪些是难点,以免在教学时抓不住主要的内容,而在次要的或者学生容易接受的内容上多花时间,或者面面俱到、平均用力,影响重点、难点的理解和掌握,达不到预定的教学效果。

所谓教学重点,是指某一范围(如一册、一个单元或一节课)内举足轻重的、最主要的内容,或最基本、最精华的部分。

所谓教学难点,是指那些学生难于理解、掌握或容易引起混淆、错误的内容。

所谓教学关键,是指那些对学生顺利理解知识、掌握技能起着决定性作用的内容。

教学的重点、难点和关键有时具有同一性,可能全部重叠或部分重叠。例如,除数是小数的除法,是小数除法各部分内容的学习重点,也是学习的难点;对于除数是小数的除法来说,学习的重点、难点和关键都是掌握把除数由小数转化为整数的方法。

苏霍姆林斯基在《给教师的建议》中这样写道:学生的脑力劳动是教师的脑力劳动的一面镜子。教师备课的时候,教材无论如何不能作为知识的唯一来源。真正能够驾驭教育过程的高手,是用学生的眼光来读教材的。

在《用字母表示数》的教学中,"数青蛙"的游戏不管在哪里上课,不管是哪位教师上课,为什么每次都会出现下面的答案?

无数只青蛙无数张嘴,无数只眼睛,无数条腿。

A 只青蛙 B 张嘴,C 只眼睛,D 条腿。

A 只青蛙 A 张嘴,B 只眼睛,C 条腿。

A 只青蛙 A 张嘴,2A 只眼睛,4A 条腿。

这说明学生对字母表示数的意义有着不同层次和水平的理解。

英国的儿童数学概念发展水平研究(CSMS)表明,学生对字母表示

数的理解可以概括为 6 个水平：

（1）对字母直接赋值。一看到字母，就直接给它赋予一个数值。

（2）忽略字母的意义。对题中的字母视而不见，不理睬；或者承认其存在，但对它不赋予任何意义。

（3）把字母当做物体。把代数式中的字母看做具体物体的记号，或直接看做物体。

（4）把字母看做特定的未知量，这时字母在儿童心中是某个（具体的）未知数的记号，可以直接参与运算。

（5）把字母看做广义的数。这时，在儿童心中，字母是数，而且可以取多个值（不止一个）。

（6）把字母看做变量。这时，儿童把字母看做在一定范围内的变数。两组这种数之间有一种系统的关系。

这个研究还表明，只有很小比例的 13—15 岁的学生能够将字母考虑为一个广义的数，能够把字母看做变量的学生就更少了，大多数学生把字母当做具体的对象或者不管它们。也就是说，学生对"字母表示数"的理解水平基本上处于 CSMS 所提出的第二、三级水平。教学的经验告诉我们，学生对"字母表示数"的理解过程非常复杂，有时能达到高水平，有时又降到低水平，往往是"一会儿明白过一会儿又糊涂"的"混沌状态"。

学生对字母表示数的理解需要一个较长的过程，需要积累丰富的经验，需要师生之间的深入交流，因此，教师要允许学生理解上的"反复"，教师在教学时要更加有针对性。在教学中教师既要认识到学生出现的"困惑"和不稳定状态是正常现象，又要不断设计有价值的问题来促进学生的理解。

3. 合理安排教学的顺序

关于小学数学的教学顺序，一般在教材中已经有所安排。但是教材中设计的教学顺序是最基本的，不可能太细，教学时往往还要根据教材的内在联系和学生的具体情况做更细致的安排。

例如，在教学《找规律》一课时，我根据教材进行了大胆的加工处理，设计了一系列活动：一是"猜一猜"，根据已有排列发现规律，猜出接下来的图形或物体应是什么样的；二是"说一说"，针对同一个排列能

从不同的角度说出不同的规律（如形状、数量、颜色、长短、大小等）；三是"摆一摆"，自选材料摆出某种有规律的排列；四是"演一演"，用声音、动作、图画、节奏等学生喜欢的方式来表现某种规律；五是"找一找"，找出生活中有规律的现象。这样的设计，不但容易激发学生的学习兴趣，而且有利于学生思维能力的发展。

有些知识可能有不同的教学顺序，这时要考虑哪种顺序更便于学生理解和掌握。比如，关于长方体和正方体的知识，北师大版教材是分成两个单元来讲的，而人教版教材是放在一个单元里来讲的，到底哪一种安排对学生理解知识更有帮助，需要教师进行认真思考。

4. 深入挖掘教材中隐含的教育资源

教学时，教师应利用教材提供的丰富鲜活的素材，激发学生的学习兴趣与探究欲望，可以根据教学的需要，对课本中的例题和习题进行适当的加工处理，使之为教师的教和学生的学服务。对于那些对培养学生的态度、情感与价值观有明显作用的素材，要注意用足、用够，使其在教学中真正发挥应有的作用。

教师要学会从思想性、智力性和趣味性的角度去分析教学内容。

教学内容的思想性包含两层意思：一是数学知识的现实意义与科学精神。现实意义，如某一具体的数学知识与社会、自然的联系，它可以从怎样的现实背景中抽象出来，又可以解决哪些现实问题等；科学精神，如实事求是的态度和思辨、质疑的意识等。二是数学知识的人文内涵与一般的教育意义。人文内涵，如人类认识数学的某些史料，某一数学知识的生成在人类认识历史长河中的地位、作用等；一般的教育意义，如结合具体的教学内容，可以有机地渗透哪些思想品德教育，可以有意识地培养哪些良好学习习惯等。

教学内容的智力性是指在该内容的学习过程中，哪些环节可以展开怎样的智力活动，如比较、分类、分析、综合、抽象、概括等；哪些地方可以进行怎样的引申、开拓，或展开进一步的探索、思考等。

教学内容的趣味性是指数学知识本身内含的或相关的富有情趣的因素，特别是能够体现数学奇妙、数学魅力等的因素。

在小学数学中，教学内容的思想性、智力性和趣味性有的比较明显，

容易想到；更多的却是内隐的、潜在的，需要教师深入挖掘。

所以这里需要特别说明的是，教师在开发和利用教学资源时，要注意从学生实际出发，从具体的教学情境出发，从现有的教学资源出发，开发教学资源不要冷落了教材，不要只图热闹。对教材的处理，要坚持尊重、用好、创新的基本原则。

二、创造性地开发和利用其他教学资源

鲜明的课程意识拒斥"圣经"式的教材观，要求教师认识到教材仅仅是课程实施的一种文本性资源，而且教材是可以超越、可以选择、可以变更的。教材仅仅是课程的一种重要载体，但不是课程的全部。任何课程实施，都需要利用和开发大量的课程资源。

1. 身边素材的及时引入

（1）选择学生现实生活中的事件或现象作为教学的资源。随着数学学习的深入，学生积累的数学知识和方法就成为学生的"数学现实"，这些现实应当成为学生进一步学习数学的素材。

数学来源于生活，因此现实生活中的许多事件或现象都和一定的数学知识联系着，选择贴近学生生活的素材，不仅能唤起学生的生活经验，而且能激发学生自主探究的愿望。例如，有的老师在教学《万以内数的读法》一课时，在上课的前一天布置调查作业，请学生搜集日常生活中他们见过的万以内的数。结果第二天汇报时，学生从报纸、杂志、超市广告单等材料中发现了许多万以内的数。在课堂上，教师组织学生分类读数，取得了非常好的教学效果。

（2）选择有意义的热点问题作为教学的资源。热点问题是全社会普遍关注的问题，它与每个社会成员的利益息息相关，同样对学生也至关重要，更是学生渴望了解和知道的。例如，现在提倡建设"节约型社会"，在教学大数的认识时，就可以把一些惊人的浪费数据展示给学生，让学生在读数的过程中心灵受到触动。

（3）选择振奋人心的场面作为教学的资源。振奋人心的场面往往蕴涵着丰富的教育意义，适当引入，往往可以达到"一箭双雕"的目的。如，刘翔夺冠就是教学《秒的认识》一课的极好素材。

(4) 选择学生自身的生长发育过程作为教学的资源。少年儿童对自身的生长发育充满了好奇，从人体的奇妙变化的话题入手，极容易激发学生的探究欲望。如，一位教师在教学《几分之一》一课时，教学生从胎儿图、少年人图、成年人图中头与身体的比例，逐步认识二分之一、四分之一、八分之一，使学生在认识几分之一的同时，也了解了自己的身体。

当然，数学教育中的"数学生活化"也存在着一些误区：其一，"生活化"的泛化，淡化数学知识的研究，缺少数学理性的思考与分析。其二，"生活化"素材远离现实生活，问题零散，展现突然，离小学生的生活较远。其三，"生活化"素材人为编制，有些教师为找生活原型挖空心思、绞尽脑汁，问题结论不符合实际情况的比比皆是。其四，"生活化"走向形式，很多教师在教学过程中将生活素材情境简单化，甚至流于形式。其五，"生活化"取代"数学化"。在数学教学中，有些教师在实际教学中把联系生活作为唯一的方法，数学课变成了讲故事、做游戏、模拟表演、直观演示课，数学教学变成了单纯地研究学生的实际生活，片面追求数学的"生活化"，削弱"数学化"，甚至用"生活化"取代"数学化"。

2. 课堂生成资源的及时捕捉

学生在课堂上会提出哪些问题，会怎样回答老师提出的问题，在很多情况下老师是无法预料的。学生提出的问题、学习中出现的错误、不同的观点都是教师可以利用的教学资源。教师对课堂中的生成性教学资源加以过滤与整合，充分合理地利用，有时可以产生"锦上添花"的教学效果。

3. 社区、家庭资源的合理利用

数学来源于生活，又应用于生活。社区、家庭中有大量的与数学教学相关的课程资源，如果我们在教学时能够合理利用，会对激发学生的学习兴趣、拓展学生的知识面大有好处。由于新教材的内容大多与生活、生产结合得十分紧密，所以教师应走出课堂和学校，走向社会，走向社区，掌握翔实的材料、确凿的数据。

例如，在教学《利息》一课时，教师课前可以布置学生向家长打听或到附近的银行了解有关利息的知识，课上进行汇报，学生从课外获得的信息要远远多于教材中所介绍的。

4. 媒体、网络资源的合理开发

随着社会的发展和人民生活水平的提高，电视、广播、报刊、计算机已经进入普通百姓家，学生获取信息的渠道越来越多，知识面也越来越广。我们正处于一个网络化时代、信息化社会，教师可以到网上收集一些与教学相关的题材，来充实、丰富课本内容，这是活用教材的新路子。

例如，在教学《路程、时间、速度》一课时，教师播放从电视节目《动物世界》中截取的"猎豹追捕羚羊"片段，在猎豹即将追上羚羊时，画面静止。

教师提问：你们猜，猎豹能抓住羚羊吗？（学生猜测可能发生的情况。）

生1：我认为猎豹会抓住羚羊，因为猎豹跑得快些。

生2：我认为猎豹抓不到羚羊，因为它体力不如羚羊好。

教师进一步追问：那什么情况下猎豹会抓住羚羊呢？

生：当猎豹比羚羊跑得快的时候就能抓住羚羊，它跑得比羚羊慢的时候就抓不到羚羊。

教师很自然地说明：这里的快和慢，就是我们数学上所说的速度。自然导入新课。学生喜欢的《动物世界》，紧紧抓住了学生的注意力。

又如，华应龙老师在讲二年级《可能和一定》一课时，就巧妙地运用了媒体资源。有一天，看中央电视台的《今日说法》，他突然悟出撒贝宁讲的故事可以"拿来"一用。于是，华老师便将录像剪成两段。

撒贝宁：古代有一个将军打了败仗，他和他的手下被敌军追到河边，走投无路的时候，将军决定拼死一战，但是手下的人都觉得凶多吉少。将军拿出一枚铜钱说："如果抛出去是正面朝上，那么我们就必定胜利；如果抛出去是反面朝上，你们就跟着我投河自尽。"

故事播放到这里，挺悲壮的。然后华老师组织学生发表感想：铜钱落到地上可能正面朝上，也可能反面朝上；将士们可能胜利，也可能投河自尽。

撒贝宁：结果铜钱抛出来是正面朝上，士气大振，将士们把敌军杀得片甲不留。最后，将军拿出铜钱给大家看，原来两面都是正面。

接下来，华老师让学生在笑声中分析：如果两面都是正面，那会怎么样？抛出来一定是正面朝上。

这样，用一个现成的故事就把"可能"、"一定"很好地串了起来。

主张 3 读懂教材，丰富内涵

5. 其他学科资源的有机整合

数学课程资源的开发要注意整合其他学科资源，其表现为：

第一，从其他学科中挖掘可以利用的资源来创设情境，帮助学生理解数学概念、掌握数学知识。

例如，在教学《等量代换》一课时，我就利用了学生在语文课上学到的《曹冲称象》的故事。一上课，我先出示曹冲称象的图片，问："看到这幅图片，同学们是不是想起了一个著名的历史故事？"学生几乎异口同声地说："曹冲称象！""还记得曹冲是怎样称象的吗？"

我结合课件演示，让学生回忆曹冲称象的过程：把大象赶到一艘大船上，看船身下沉多少，沿着水面在船舷上画一条线。再把大象赶上岸，往船上装石头，装到船下沉到画线的地方为止。然后称一称船上的石头，石头有多重，就知道大象有多重了。

教师说明：如果我们从数学的角度来看，曹冲运用了一种重要的数学思考方法——等量代换。这节课我们就来学习如何用"等量代换"的方法解决问题。

第二，从数学角度去研究人口、资源、环境等问题。

例如，在教学《比的意义》一课时，我就利用了我国男女比例失调的数据，很自然地引入了新课。

总之，如何读懂教材是一线教师必须面对的事情，也是伴随其职业生涯的事情。从这一意义上来说，读懂教材与其说是一种教学实践，不如说是一种教育理念。只有当"读懂教材"成为一种理念的时候，我们的教育才能从重视"结果"的教育过渡到重视"过程"的教育，我们的教育才能从"知识"的教育走向"智慧"的教育，我们才能做到教学生一天为学生一生，让每节课都成为有后劲的课。

三、研读专业书籍，把握学科本质

在设计《分数再认识》一课时，为了从"根"上弄清分数到底是怎么回事，我查阅了大量的专业图书，给我启示最大的是三本书：一本是刘加霞主编的《小学数学课堂的有效教学》；一本是范文贵主编的《小学数学教学论》；一本是顾泠沅主编，鲍建生和周超合著的《数学学习的心理基

础与过程》。

通过阅读刘加霞主编的《小学数学课堂的有效教学》一书中对"分数"的多维多元理解，我对分数的认识一下子清晰起来。我知道了分数的意义是多层次的，认识分数的模型也是多层次的。书中提到了"行为分数"、"定义分数"两个概念，提到了分数的面积模型、分数的集合模型、分数的"数线模型"，提到了分数与"除法"、"比"的关系，通过阅读这部分内容，我认识到在分数的教学设计时要注意的问题：

（1）提供多样的模型：提供多种不同的"实物模型"，在"分割"中使儿童逐步体验分数的解释的多样性与表示法的多样性。

（2）把握抽象水平：精心设计，精心控制，逐步促进儿童在抽象水平上对分数的理解。

（3）学生对分数的抽象理解过早或过晚都不利于其数学能力的发展。学生对分数的不同理解存在显著的个体差异，有些学生很早就能在抽象水平上理解分数，而有些学生则需要等待很长的时间。

为此，一开始就要利用不同的实物模型，帮助学生体验分数含义的多重性与复杂性。

范文贵在其主编的《小学数学教学论》一书中，通过大量的文献综述，对分数进行了非常详细的分析。因小学数学教师对这部分知识的了解不多，现把书中的主要内容摘录如下：

"分数"一词来自拉丁文的"fangere"，它的意义是分开，通常用来描述一个被分开的全体之各个部分。"分数"的发明最初是为了适应各种测量上的需要，而"分数"的概念也与我们的生活关系密切。有一种说法认为，分数概念起源于对整体剖分后对其部分的表示。例如将物体一分为二，便出现了半、大半或小半的说法，这就是分数的雏形，或者说是原始的分数概念，同时认为它几乎是世界各民族分数概念的共同渊源。另一种说法认为，分数产生于测量过程（整体或一个单位的一部分）和计算过程（除不尽时得到分数），所以是先有自然数，而后才出现分数的。由于原始人类的生产生活需要测量，所以它早在人类文化发展初期就已悄然出现在人们的生活中了。分数是小学阶段学生难以理解的问题之一。当年欧洲人最惧怕分数，今天德语里还保留着一句谚语——"掉到分数里去"。

主张 3　读懂教材，丰富内涵　　39

(1) 分数的含义

综合相关资料，分数的含义包括以下内容：

① 整数相除的结果。这里的整数相除的结果是指分数被视为两个量相除的结果，如 $1\div 3=\dfrac{1}{3}$，这时代表一个量（被除数）与基准量（除数）之间的相对比较关系，这是学生学习分数时已具备的知识基础，所以学生会首先认为分数是两个数相除的结果。

② 部分与整体。部分与整体的意义就是在连续量中部分与整体的关系，将分数表征成把一个连续的整体等分后，其中的几部分与该整体相对比较的结果。例如，图 3-1 中灰色部分占全部图形的 $\dfrac{1}{4}$。

③ 子集和集合。当全体是离散量时，分数的意义为子集和集合的关系，此时将分数表征成一个集合（离散量）等分后，其中的几组与该集合相对比较的关系。此时单位量的确认是个难点，也是掌握分数的关键点之一。例如，"□□■"中，黑色部分占全部的 $\dfrac{1}{3}$。其中，"子集合"是指三个方形中涂黑的部分，而"集合"则指全部的方形，$\dfrac{1}{3}$ 是指两个量相对比较的结果。

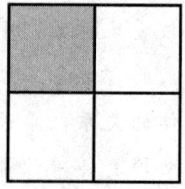

图 3-1

④ 数线（number line）上的一个数值或点。分数是数线上的一点，强调分数是实数系的子集合，从而建立分数的数线表示与集合表示之间的联系。一个分数只有一个对应点，分数表示数线上线段的长，这是从测量的角度来看的，所以一个分数在数线上有多种不同的表示位置。如图 3-2 中 $\dfrac{1}{3}$ 表示数线上的一点，$\dfrac{1}{3}$ 还可以表示数线上线段的长。

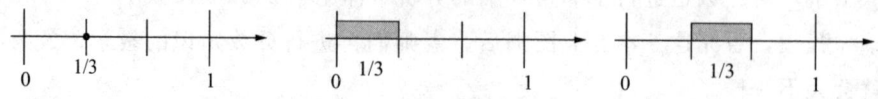

图 3-2

美国和新加坡的小学数学教材利用数线解释分数的大小比较。利用数线模式可以让学生了解分数的序列、等值分数及分数大小、单位分数和非

单位分数的关系,也可以让学生了解整数、分数和小数之间的关系;渗透分数的稠密性,提供带分数、假分数等较佳的解释方式。更好地了解分数的测量概念需要学生理解在任意两个分数中间存在无限多个分数,还需要学生具有在数线上标定分数的能力。

⑤比值。将分数表征成两个数相比的比值、两个连续量相比的结果。这与把分数视为全体与部分关系的差异在于,后者是同一量中的比较,而比值则是两个单位量之间的关系。特别是,比值是将此关系经由单位量的转换而数值化。

⑥公理化定义:有序的整数对(p, q),其中p≠0。

除了以上内容之外,还有几个概念:

⑦单位量概念。所谓的单位量概念是分数概念之下的一个子概念,单位量又称为"整体量"(the whole),或"单位整体量"(unit whole),分数的"部分—整体"概念是一个整体等分后,表示其中被指定的部分与全体的关系,单位量就是"部分—整体"中的"整体",处理分数问题首先必须具备单位量概念。

⑧等值分数。所谓等值分数是指两个分数分子和分母的数字虽不相同,但是大小相等。等值分数的不同名称,在符号上形成的规则是扩分或约分,也就是分数的基本性质:分子分母同时乘或除以一个自然数并不会改变它的大小。在图形表征方面,等值分数意指同一整体可以有不同的分割活动的概念。例如,对同样大小的长方形而言,$\frac{1}{2}$也可以说是$\frac{2}{4}$,其所代表的面积都是相同大小的,只是一个表示分割成两块中的一块,另一个表示分割成四块中的两块。等值的特性就是分数的名称、分子和分母改变了,但其本质不会改变,即不会改变量的大小。

在顾泠沅主编,鲍建生和周超合著的《数学学习的心理基础与过程》一书中,对分数也进行了非常详细的分析(详见第243—246页)。

我想,看完这三本专业图书后,老师们再进行分数知识的教学,效果就会大不一样。

四、多种版本比较,博采众家之长

新课程的实施,带来的一大变化是教材的多样性和对教师自主开发教

主张 3　读懂教材，丰富内涵 41

材的倡导。现在人教版、北师大版、苏教版、青岛版、西南师大版等课标教材在网上都能够找到电子版，教师在备课时，就可以进行多种版本的比较研究，通过研究同一内容不同版本的不同呈现方式为自己进行教学设计提供思路。

如关于"平行"的教学，北师大版教材是借助平移，引导学生认识平行的（见图3-3）。

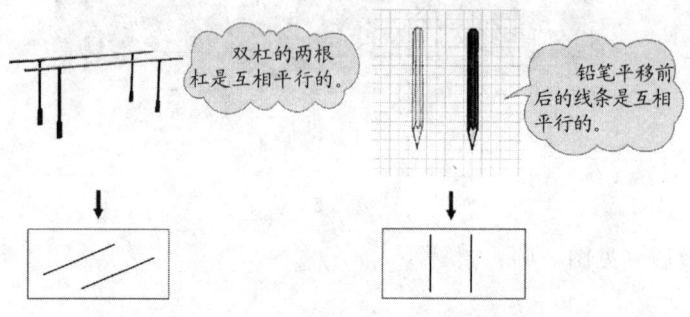

图 3-3

人教版是通过先画线、再分类的方法，引导学生认识垂直和平行的（见图3-4）。

图 3-4

同样学习"小数的基本性质"，北师大版、人教版和青岛版教材所选取的情境和采取的呈现方式也是不同的。

北师大版（见图 3-5）：

图 3-5

人教版（见图 3-6）：

图 3-6

青岛版（见图 3-7）：

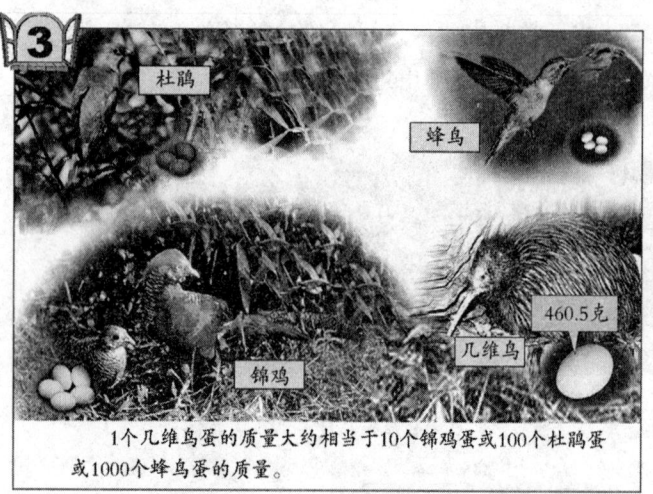

 你能提出什么问题？

 锦鸡蛋、杜鹃蛋、蜂鸟蛋各有多重呢？

我们用计算器来算一算。

460.5 ÷ 10 = 46.05

460.5 ÷ 100 = 4.605

460.5 ÷ 1000 = 0.4605

图 3-7

  究竟哪个情境更容易激发学生的学习兴趣、更有利于知识的获得，教师可以通过课前调研进行选择。

  如果老师们能够看到我国台湾和香港地区的教材或者看到国外的教材，对于开阔设计思路就更有好处了。

如，我国香港地区的教材在编排上就非常有特点，既体现了生活化，又注重了趣味化。教材中两位数减两位数的教学，就通过一个非常有趣的"狐狸和猫"的故事来引导学生思考（见图3-8）。

① 狐狸在香腸中間咬了一口，然後把兩段香腸分給貓兒。

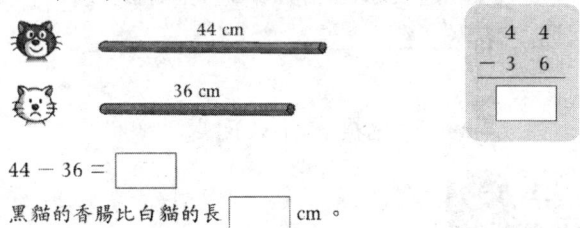

44 − 36 = ☐

黑貓的香腸比白貓的長 ☐ cm。

白貓認為不公平，於是狐狸在黑貓的香腸上咬一口。

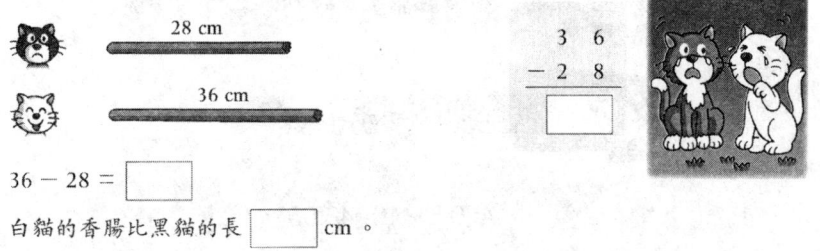

36 − 28 = ☐

白貓的香腸比黑貓的長 ☐ cm。

图 3-8

这时黑猫认为不公平，于是狐狸又在白猫的香肠上咬了一口（见图3-9）。

主张3 读懂教材，丰富内涵　45

狐狸又在白猫的香肠上咬一口。

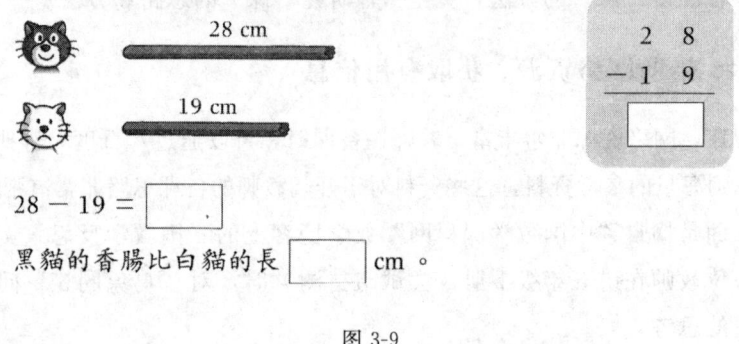

28 − 19 = ☐ .

黑猫的香肠比白猫的长 ☐ cm。

图 3-9

五、名师课例分析，开阔教学眼界

随着信息技术的快速发展，网络资源越来越丰富，如果留心你会发现，几乎所有名师上过的公开课，在网络上都能找到。这是一笔非常宝贵的资源，通过剖析名师上课的课例，你会发现这些名师精彩课堂背后的东西，从而为自己创造性地使用教材提供参考。

大家非常熟悉的《圆的认识》一课，很多老师都上过，我以前也上过，据我了解仅导入环节就有下面几种：

(1) 通过研究几个同学玩套圈游戏，是站成一排好还是围成一个圆圈好，自然引出课题。

(2) 在寻宝中创造"圆"。小明参加头脑奥林匹克寻宝活动，得到一张纸条——"宝物距离你左脚3米"。你手头的白纸上有一个红点，这个红点就代表小明的左脚，想一想：宝物可能在哪儿呢？用1厘米表示1米，请在纸上表示出你的想法。

(3) 通过甩小球，研究小球的运动轨迹，由此引出圆。

（4）开门见山，直接导入。

师：今天这节课，我们研究的是圆。瞧，（教师出示一个信封）这信封里就装有一个圆，想看看吗？

这几种导入方法，虽然情境不同，但突出的都是圆最本质的特征：一中同长。

著名特级教师朱国荣老师介绍自己的备课经历：先看别人的课和相关的论文，这种站在别人肩膀上磨课的做法，可以避免低水平的重复研究。这是一种准备"课"的方法，更是一种研究"课"的思路和方法。

六、借助网络资源，获取有用信息

现在，网络资源非常丰富，教师在备课时，可以通过"百度"等搜索引擎，找到海量的参考资料，这些资料对于开阔教师的备课思路非常有帮助。

下面是摘自"中国数学课程网"数学博客上的一则教学反思，文中描述了一位教师在讲五年级下册《尝试与猜测》时，对"鸡兔同笼"问题两种解法的思考。

在一张综合练习的题卡上，出现了这样一道题："鸡兔同笼，有17个头，24条腿。鸡兔各有多少只？"这是课堂上做过的习题，并没有什么难度，我想孩子们做起来应该是没有问题的。一个孩子跑过来问我，"老师，这道题可以用假设法去做。可是我已经忘了假设法是怎么做的了，你能告诉我吗？"我沉吟片刻，回忆起前些时候我讲"鸡兔同笼"问题的经过。"鸡兔同笼"问题出现在《尝试与猜测》中，既然课题是"尝试与猜想"，编者的意图一定不再是让我们教给孩子做此类问题的技巧，而是通过合理猜测和调整达到想要的结果。通过列表进行枚举，在列举中还可以不断地进行调整，以逐步靠近正确结果。我是通过《幸运52》节目的"猜价格"导入的。孩子们在课堂中也展现了自己的很多思路，对"鸡兔同笼"问题的记忆还是很深刻的。后来，我简要介绍了"假设法"。其实，以前的奥数课上是直接把这种方法教给孩子。这种方法孩子不易理解，也很难自己探索到，但又确实是解答此类问题的最迅速的方法。当时课堂上孩子们自己列举、调整，费了不少时间，"假设法"的介绍时间就相对短了许多，这个孩子当时听懂了，现在忘了，这实在是再正常不过的事。

他是个聪明的孩子，见我沉吟半天没有回答，马上说："老师，其实我记得这节课的内容，就是一时忘了怎么做了。"我说："那你可以列表看看呀！""老师，列表我会，可是那得好一会儿才能找到答案，太麻烦了，请你告诉我假设法好吗？"我乐了，这孩子并不是解决不了问题，而是怕麻烦……我又给他讲了一遍，他很快就听懂了。但我实在不能保证，过一段时间他是不是还会忘。

这件事过去了很久，我一直在想，我们想给孩子最有价值的东西、最有思维价值的数学方法，希望这些数学思想和方法能伴随孩子的一生，去解决生活、工作中的其他问题。按照这样的价值取向，当课堂时间发生冲突时，我们更愿意让孩子多感受、多经历，相对讲授和练习的时间就少了。对"鸡兔同笼"这样的问题，学生要掌握假设法，不反复练习是很容易遗忘的。但是一节课的时间是有限的，孩子练习也需要大量的时间。我选择了让孩子们自己体会尝试与猜测的快乐。可是，孩子的话却一直在我的耳边回响："老师，那样太麻烦了……"

我们可以感受到，这位教师陷入了两难的境地：到底是选择教给孩子有价值的东西，并让这些数学思想和方法伴随孩子的一生，还是选择把技巧性的东西教给学生，让他快速地解决眼前的问题？

这里给老师们提供几个比较好的网站，老师们可以找到自己教学所需要的资源：

维普网：http://www.cqvip.com

新浪共享资料：
http://ishare.iask.sina.com.cn/c/1827.html?retcode=0

小学数学电子课本：http://www.aoshu.com/ziliao/shuxuekeben/

人民教育出版社：http://www.pep.com.cn

新思考：http://www.cersp.com

小学数学教学网：http://www.xxsx.cn/mainmenu.aspx

新世纪小学数学：http://www.xsj21.com

新思维数学网：http://www.msmaths.com

青岛版小学数学教育教学资源网：
http://www.mmedu.net.cn/elearn/sysdef/userlogin/ctrl

台湾教材电子版下载：http://mathtext.project.edu.tw
西南师范大学出版社课标教材网：http://www.xscbs.com/kebiaojiaocai
教育部全国中小学教师继续教育网：
http://www.teacher.com.cn/default.aspx
中国小学教育网：http://www.zgxxjyw.com/index.htm
新课标第一网：http://www.xkb1.com
小学课堂录像：http://www.xxktlx.cn
凤凰小学数学网：http://czsx.fhedu.cn
中华教育资源网：http://www.cn910.net
中国论文下载中心：http://www.studa.net/xueke
育龙教育网论文中心：http://lw.china-b.com/
新课程主题资源网站：http://zbtf.zbedu.net/jsp/index.jsp
数学教育类电子书集粹：
http://math.cersp.com/Specialty/ChuZh/Subject/200712/5021.html
国家基础教育资源网：
http://www.cbern.gov.cn/derscn/portal2/SearchAction.do?method= index
全国第十届深化小学数学教学改革观摩交流会视频汇总：
http://xxsx.fhedu.cn/Html/6/Menu/39/Article/920

参考文献

［1］范文贵．小学数学教学论［M］．上海：华东师范大学出版社，2011．

［2］曹培英．课程改革：我们怎样分析教材［J］．小学各科教与学，2008（7）．

主张 4　先学后教，少教多学

观点分享

◆ 影响学生学习结果的因素很多，但最终的、核心的因素有两个：一个是"学什么"，另一个是"怎么学"。

◆ "学什么"即学生学习的内容，而"怎么学"就是学生学习的方式。这也是课程改革中最核心的两个问题。

◆ 先学即学生的学习在前，教师的教学在后，超前性使教与学的关系发生了根本性的变化。先学可以变"学跟着教走"为"教为学服务"。

◆ 后教可以使教师根据学生先学中提出和存在的问题进行教学。

◆ 先学后教可以使教学走在发展的前面，并由此引导和推动学生的发展。

◆ 教师教学行为的改变是学生学习方式转变的前提。学生会的不教，学生不会的尽量让学生自行解决，教师少讲精讲，只做点拨性的引导。

◆ 学生的某些具体知识有缺陷，将来并不难通过各种渠道得到补充；但是，如果学生在基础教育阶段没有养成对知识的渴求、探索和创新的欲望，没有形成良好的学习习惯和学习能力，这一欠缺在以后是难以弥补的。

行为跟进

法国哲学家笛卡尔曾经说过："最有价值的知识是关于方法的知识。""先学后教"是课程改革之后很多学校采用的方法。

一、先学和后教的特征

所谓"先学",就是在课堂上,教师让学生围绕学习目标自己阅读文本材料或进行操作,自主学习。

"先学"具有以下特征:

(1) 超前性。先学即学生的学习在前,教师的教学在后,超前性使教与学的关系发生了根本性的变化。先学可以变"学跟着教走"为"教为学服务"。

(2) 独立性。先学强调的是学生要摆脱对教师的依赖,独立开展阅读、思考乃至作业活动,自行解决能够解决的问题。教师教学是对学生独立学习后的深化、拓展和延伸。

(3) 差异性。从时间上讲,先学要求每个学生按自己的进度和方式进行超前学习;从效果上讲,由于每个学生的基础和能力不同,同样的内容,先学的效果和理解的深浅也不一样,这种差异是在课堂上开展合作学习的宝贵资源。

所谓"后教",是指在课堂上,教师在学生自己独立学习和组内交流的基础上,针对学生仍然存在的问题进行有针对性的指导。

"后教"具有如下特征:

(1) 针对性。教师要根据学生先学中提出和存在的问题进行教学。学生已会的不讲,自己能学会的不讲,讲了学生也不会的不讲。教师集中力量讲学生学习过程中的易混点、易错点、易漏点,讲学生想不到、想不深、想不透的知识点,讲学生解决不了的问题。

(2) 参与性。先学为学生的参与打下了基础,学生通过先学,带着自己的问题、困惑、思考、想法、见解和意见进课堂,课堂真正成为学生求知和展示的舞台。在这样的舞台上,学生不仅参与学,也参与教,师生真正成了互教互学的学习共同体。

(3) 发展性。先学后教的课堂具有使每个学生都得到发展的作用。先学后教可以使教学走在发展的前面,并因此引导和推动发展,从而不断地创造最近发展区,并把最近发展区转化为新的现有发展区。

二、"对话—比较—研讨"式动感课堂教学模式

在学习了洋思中学、杜郎口中学、东庐中学、青浦实验、山东潍坊等地的先进教改经验后,通过不断摸索与实验,我探索出一种适合小学高年级的"对话—比较—研讨"式动感课堂教学模式。这种模式的突出特点是:先学后教,以学定教,互动生成、及时反馈、师逸生乐;真正让学生在课堂上产生愉悦感、充实感、成就感。此模式追求的目标是:真正把学习的主动权还给学生,培养学生"能够带着走"的能力。

此教学模式的大致流程是(见图4-1):

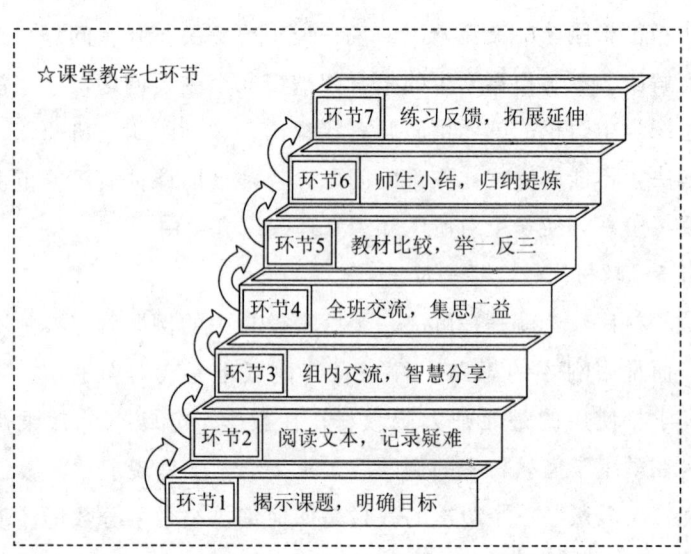

图 4-1 "对话—比较—研讨"式动感课堂

让课堂有序运转是教师的责任。一套完整的课堂教学程序,可以保证每节课都能顺利进行。这个流程图,家长和学生都非常了解,上课时学生知道教学的大致流程,知道每个环节自己该做什么。

环节 1:揭示课题,明确目标

精心设计与本节课有关的现实情境,激发学生的学习欲望,引出数学问题,揭示课题,明确本节课的学习目标,使学生心中有数。

环节 2:阅读文本,记录疑难

学生阅读教材和教师补充的学习材料,独立思考,自己作答,教师不

做任何提示、暗示，不干扰学生。这个环节需要营造的课堂氛围是"这里的学习静悄悄"。学生在学习过程中把自己不明白的问题记下来。

环节3：组内交流，智慧分享

学生在四人小组内把自己不明白和不理解的问题提出来，大家互帮互学。在这个环节教师要注意巡视，注意调控课堂秩序和学生发言的音量，并检查各小组是否真正在研究问题。特别要注意处理好学优生、中等生和学困生之间的关系，让每个学生在此环节都有所得，都能看到自己的收获和进步。

环节4：全班交流，集思广益

各小组汇报刚才的交流情况，说一说主要解决了什么问题，还有什么问题没有解决。教师根据学生的发言归纳出几个主要问题，学生没有提出但需要组织学生讨论的问题由教师直接提出。教师组织全班交流，能解决的全班解决，不能解决或比较难的问题，教师借助课件演示或范例讲解帮助学生释疑解惑，使学生对所学知识真理解、真明白。

环节5：教材比较，举一反三

所谓教材比较，就是在解决一个版本教材中的例题后，教师不急于得出结论，而是用刚才的思路，看一看其他版本是怎样处理这一问题的。如，我们学校使用的是北师大版教材，在教学五年级《分数乘法（二）》一课时，在学生学懂教材中的例题后，我又给学生呈现了"苏教版"、"青岛版"和"浙教版"三个版本的教材是如何编排整数乘分数的。下面是当时上课的演示文稿（图4-2至图4-9）：

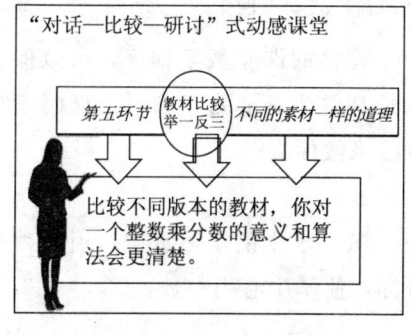

图 4-2

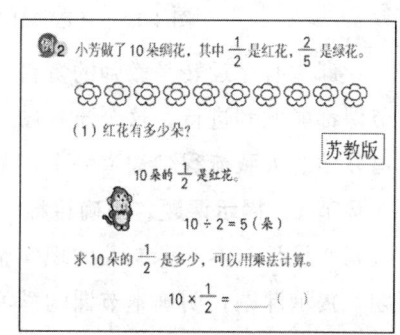

图 4-3

主张4 先学后教，少教多学

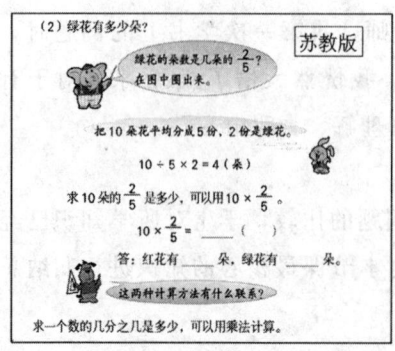

图 4-4

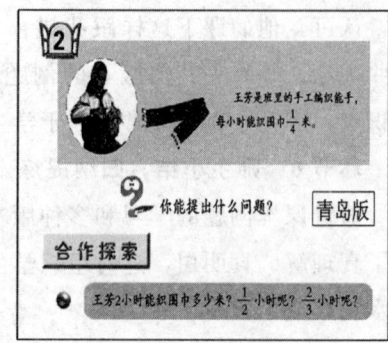

图 4-5

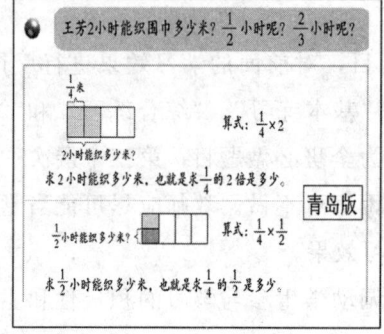

图 4-6

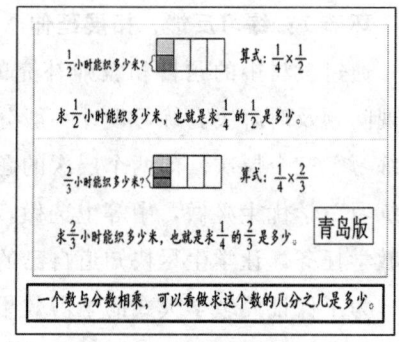

图 4-7

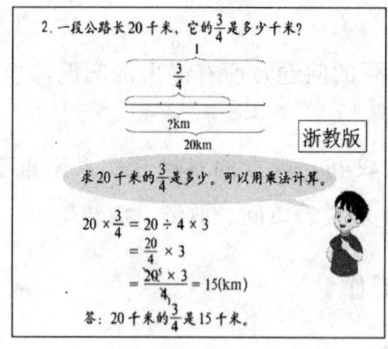

图 4-8

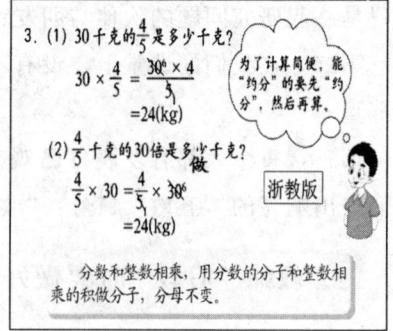

图 4-9

由于有了前面的学习，学生一看就明白，边看还频频点头。而且从苏教版中还能学会如何用过去学过的"整数方法"来解有关分数乘法的问题；从浙教版中学生还了解了法则的详细推导过程。很多学生对这个环节

非常认可,他们课下这样跟我讲:"老师,我第一次学书上的例题时,还有些糊涂,等看完其他版本的例题后,我恍然大悟了。"看来,对于有些知识点,多几个例子非常有利于学生真理解、真明白。

环节6:师生小结,归纳提炼

通过课本例题的学习和多种版本例题的比较,学生对所学知识已经达到了真理解、真明白,这时组织学生对本节课最核心的知识进行归纳总结就水到渠成了。

教师对需要掌握的重点内容和难点内容进行必要的归纳小结,引导学生发现一些规律性的东西。

环节7:练习反馈,拓展延伸

通过教材中的题目和教师补充的题目,对前面的学习效果进行反馈,发现问题及时解决。练习设计一般分为"基本练习"、"综合练习"和"拓展练习"三个层次。前两个层次的题目为全班必做题目;第三个层次"拓展练习"学优生必做,中等生选做,学困生可不做。教师应尽可能当堂完成教学任务,让学生尽快知道自己的学习效果。

为了保证此教学模式的学习效果,调动学生参与学习的积极性和主动性,我在第一节课上和学生"约法三章":

第一,在我们的课堂上,没有老师,没有权威,没有好生与差生,有的只是一起研究问题的伙伴与朋友;

第二,在我们的课堂上,没有不重要的问题,所有提出的问题都应得到尊重;

第三,每个人都有发表自己观点的权利,观点的对错其实并不重要。我们提出响亮的"五敢"口号:"敢想、敢说、敢问、敢辩、敢错"。

三、教师"后教"时要做好的工作

1. 学生"道不明",教师就"点拨"

例如,人教版五年级下册《因数和倍数》一课学生先学后,我是这样组织教学的:

师:同学们,昨天大家自己学习了《因数和倍数》一课,谁能举例说一说什么是因数,什么是倍数?

主张4 先学后教，少教多学

生：3×4＝12，3和4是12的因数，12是3和4的倍数。

师：关于因数和倍数，你还知道什么？

生：我知道一个数的最小因数是1，最大因数是它本身。

生：我还知道一个数的倍数的个数是无限的，最小倍数是它本身，没有最大倍数。

生：老师我知道怎样找一个数的因数和倍数了。

……

师：你们还有什么不明白的地方吗？

生：老师，我找一个数的因数时有时找不全，您能告诉我窍门吗？

生：老师，课本上为什么说"为了方便，在研究因数和倍数的时候，我们所说的数一般指的是整数（不包括0）"？为什么不研究0呢？

生3：老师，课本第14页中"你知道吗？"中的"完全数"我看不明白。

教师根据学生的上述问题，先组织学生交流，互相解决，根据学生的发言，教师适当启发、点拨、指导。

师：刚才有的同学提到了找一个因数的窍门的问题，这个问题提得好！谁能帮帮他？

生1：老师，我们可以从最小的1开始试，一直试到它本身为止。因为一个数的最小因数是1，最大因数是它本身。

师：是个好办法。其他同学呢？

生2：老师，我是两个两个找的。比如12，我先想1和谁相乘得12，再想2和谁相乘得12，再想3和谁相乘得12。当两个数离得越来越近，挨到一起时，这个数的因数就找全了。

师：他的意思大家听明白了吗？有序思考，成对去找，真会动脑筋！

师：你们用这种方法找一找36的因数。

学生做完后教师提问：在找36的因数时，你们又遇到了什么新问题？

生：我们最后找到六六三十六，两个数一样了，贴到一块了。老师您说这个时候是写一个6，还是写两个6？

师：你们的意见呢？

生：我觉得只要写一个6就行了。

钱守旺的小学数学教学主张

师：是这样，在找一个数的因数时，如果出现了像"五五二十五"、"六六三十六"、"七七四十九"这类情况，写一个数就行了。

师：咱们班同学预习得非常好，不但看了教材的正文，而且看了课后的阅读材料。刚才有的同学提到有关"完全数"的问题，老师这里有一个补充资料，请同学们自己读一读。

教师出示以下资料让学生阅读：

　　古时候，自然数6是一个备受宠爱的数。有人认为，6是属于美神维纳斯的，它象征着美满的婚姻；也有人认为，宇宙之所以这样完美，是因为上帝创造它时花了6天时间……

　　自然数6为什么备受人们青睐呢？

　　原来，6是一个非常"完善"的数，与它的因数之间有一种奇妙的联系。6的因数共有4个：1、2、3、6，除了6自身这个因数以外，其他的3个都是它的真因数，数学家们发现：把6的所有真因数都加起来，正好等于6这个自然数本身！

　　数学上，具有这种性质的自然数叫做完全数。例如，28也是一个完全数，它的真因数有1、2、4、7、14，而1+2+4+7+14正好等于28。

　　在自然数里，完全数非常稀少，用沧海一粟来形容也不为过。有人统计过，在1万到4000万这么大的范围里，已被发现的完全数也不过寥寥5个；另外，直到1952年，在两千多年的时间里，已被发现的完全数总共才有12个。

学生们阅读完以上资料后对完全数有了进一步的了解。

2. 学生理解"有困难"的，教师就"演示"

在教学《圆的面积》一课时，为了向学生渗透"极限思想"，教师就可以借助课件演示"把圆先切割成若干个相等的小扇形，再拼成近似平行四边形"的过程；在教学《长方体的展开与折叠》一课时，为了让学生发现长方体的11种展开图之间的内在联系，教师可以通过动画演示长方体展开图的11种情况；在教学《一个数除以分数》一课时，为了帮助学生理解算例，真正理解算法，教师可以利用"分数墙"帮助学生直观地理解"除以一个数等于乘这个数的倒数"。

3. 书上"看不到"的，教师就"补充"

学生的知识面和资料毕竟有限，有些知识是隐性的，学生在自己学习时难以看透教材，体会到教材中所蕴涵的数学思想和方法。这就需要教师在课堂上适时"补充"，充分发挥主导作用。

例如，北师大版四年级上册《确定位置》一课，学生自己学习后我是这样进行教学的：

师：通过自己学习你知道了什么？

生：我知道了如何用数对表示某个同学在教室中位置。

教师让学生用数对说说本班同学的位置。

(1) 分组，学生拿本组标识。

(2) 想一想自己的位置用数对怎样表示。

(3) 教师请下面这些同学起立，教师在黑板上板书：

(1, 1)、(1, 2)、(1, 3)、(1, 4)、(1, 5)、(1, 6)。

师：哪些同学站起来了？你们发现了什么？

师：谁能利用数对的知识发一个口令，请这一横排的同学起立？

师：如果让图中（教师出示教材中的学生座位图）对角线上这些同学站起来，你认为应该是哪些数对？

……

一些规律性的东西，学生通过预习有时是感悟不到的，通过教师富有启发性的问题，可以向学生渗透数对中隐含的一些规律。

如在第一组数对 (1, 5)、(2, 4)、(3, 3)、(4, 2)、(5, 1) 中，每组的第一个数一个比一个多1，而每组的第二个数一个比一个少1。在第二组数对 (1, 1)、(2, 2)、(3, 3)、(4, 4)、(5, 5) 中，每组中的第一个数与第二个数是相同的。这些知识对于学生到初中学习直角坐标系的知识，学习函数图像知识都非常有用。

参考文献

[1] 余文森. 课堂有效教学的理论与实践 [M]. 北京：北京师范大学出版社，2011.

[2] 刘金玉. 高效课堂八讲 [M]. 上海：华东师范大学出版社，2010.

主张 5　教不越位，学要到位

观 点 分 享

◆ 教师不可能代替学生学习，学习的动力应该是学生的求知欲和兴趣，而不是教师的威严。

◆ 教学是一种特殊的学习活动，是以学会学习为目的的学习活动，"教，是为了不需要教"，"不需要教"的人，就是学会了学习的人。

◆ 教师要改变角色、改变姿态、改变位置，让自己从居高临下的位置上走下来，使自己进入孩子的世界，成为他们良性发展道路上的伙伴和朋友。

◆ 好的教师不仅教数学，而且能引导学生自己去学数学。只有当学生通过自己的思考形成自己的数学理解力时，才能真正学好数学。

◆ 学生是自我教育和发展的主体，他们的学习不是一个被动吸收、反复练习和强化记忆的过程，而是一个以学生已有知识和经验为基础，通过个体与环境的相互作用主动建构的过程，从这个意义上说，学生的学习过程本身构成了一个解决问题的过程。

◆ 一个好老师，不见得非要苦口婆心、喋喋不休才有最好的教育效果。好老师，有时候就是画龙点睛，因为他让学生自己去完成思考和彻悟的过程。

◆ 如果把掌握知识的过程比喻为建造一幢大房屋，那么教师应当提供给学生的只是建筑材料——砖头、灰浆等，把这一切砌垒起来的工作应当由学生去做。（苏霍姆林斯基）

◆ 学生们共同学习的时间越长，对自己的学习任务承担的责任越大，学习的效果就越好。

主张 5 教不越位，学要到位

行为跟进

卢梭曾经说过类似的话："由于错用时间而带来的损失，比在那段时间里一事不做的损失还大。一个受了不良教育的孩子，远远不如没有受过教育的孩子聪明。"

好的教学活动，应是学生主体地位和教师主导作用的和谐统一。《义务教育数学课程标准（2011年版）》［以后简称"《数学课标（2011年版）》"］指出："教学活动是师生积极参与、交往互动、共同发展的过程。有效的教学活动是学生学与教师教的统一，学生是学习的主体，教师是学习的组织者、引导者与合作者。"

教师的"引导"作用主要体现在：通过恰当的问题，或者准确、清晰、富有启发性的讲授，引导学生积极思考、求知求真，激发学生的好奇心；通过恰当的归纳和示范，使学生理解知识、掌握技能、积累经验、感悟思想；能关注学生的差异，用不同层次的问题或教学手段，引导每一个学生积极参与学习活动，提高教学活动的针对性和有效性。

一、教不越位，是实现课堂自主学习的关键

有人认为育儿有两件事是最成功的：一件是学会说话，另一件是学会走路。按理说，学会这两件事是十分困难的，可是家长并没有刻意去教，是孩子在尝试中学会的。当孩子能站立的时候，最笨的妈妈也知道要放手让孩子自己试着走。永远抱在妈妈怀里的孩子是学不会走路的。教师应该从这里得到启示。

"不越位"，就是把那些本来应该由学生本人完成的事情留给他们自己。真正高明的老师是教给学生终身学习的本领，让学生没有了教师也能学得好。

弗莱登塔尔说："泄露一个可以由学生自己发现的秘密，那是'坏的'教学法，甚至是罪恶。"孔子有句大家非常熟悉的话——"不愤不启，不悱不发"，意为不到学生想弄明白而又弄不明白时，不要告诉他什么意思；不到学生想说而又说不出来时，不要告诉他如何表达。

当教师确定要教什么和怎么教的时候，要考虑学生的兴趣、学习风格、需要和预备知识；要把握每一个机会，把任何时机都变成教室里的学习事件，任何时候都要尽可能利用当前的事件和学生的兴趣。

福建师范大学的余文森教授经过二十多年的学习、实践和研究，曾经提出过教学的三条教学"铁律"：铁律之一，当学生已经能够自己阅读教材和自己思考的时候（处于相对独立和基本独立的阶段），就要先让他们自己去阅读和思考；铁律之二，当学生不能独立阅读教材和思考问题的时候（处于依靠教师的阶段），教师要把教学的着眼点放在教学生学会阅读和学会思考上面；铁律之三，一切教学都必须从学生的实际出发（根据学生的原有知识状况进行教学）。

陈文斌校长谈英国教育印象时说，在英国的课堂上，很多时候都是老师围着学生转，在课堂上都有足够的时间留给学生自学，学生自己钻研教材或独立做作业与练习。教师只是提纲挈领地讲透教材的主要内容，然后进行巡回解答和指导。学生在课堂上的学习方式五花八门。走进教室，你会看到有的在研读课本、有的在讨论、有的在操作教具、有的在向教师询问。尽管教学秩序看上去不太安静整齐，可是学生们的神情都很专注、很投入，而且课堂气氛十分活跃。这种以儿童主体活动为主的教学方式使学生始终处于开动脑筋、独立思考的积极状态。在这样的教学过程中，学生不仅习得了知识，还学会了学习的方法，培养和锻炼了发现知识、探索真理的创造意识和能力。

李庚南老师创立的"自学·议论·引导"教学法历时30多年，不断发展，2010年获全国基础教育课程改革教学研究成果一等奖。

"自学·议论·引导"教学法是针对20世纪70年代末，教师"满堂灌"，学生学习效率低下而提出来的，目的是使学生在想懂问题中达到懂想问题，在学会知识中达到会学知识，在自学中达到自主学习。

"自学·议论·引导"教学法包括三个基本环节：

一是独立自学，即学生独立地开展学习活动。活动形式有"阅读"、"倾听"、"演练"、"操作"、"笔记"，等等，关键是学生的积极思维和独立思考。

二是群体议论。议论是指学生与学生、学生与老师之间开展小组或全

主张 5　教不越位，学要到位

班的交流讨论，是合作学习的基本形式、主要形式。教师通过议论推动合作学习。

三是相机引导，即教师运用点拨、解惑、提示、释疑的方法起引导作用。教师创设合适的情境，生成课题，激发学生的研究兴趣，明确研究内容和研究方法；根据学生学习中出现的问题，或是进行启发性的描述，使学生仿效和借鉴；或是对有关问题的前景进行生动的描述，使学生打开眼界，拓宽思路；或是列举一些矛盾的现象，选编一些容易发生错误的习题，让学生在实践中总结经验教训，等等。引导使学生自学有内驱力、有内容、有方法，使议论有序、有激情、有见地、有深度，最终使课堂学习达到课程学习的目标。

在这三个环节中，"独立自学"是基础，"相机引导"是关键，"群体议论"是枢纽。三者相辅相成，融为一体，贯穿教学的全过程。

在教学中要确保学生的主体地位，教师必须做到：目标让学生明确；教材让学生阅读；过程让学生参与；结论让学生总结；疑问让学生讨论；错误让学生剖析。

二、学要到位，是实现课堂学习自主的根本

一堂真正的好课不是看教师教得怎么样，而是看学生学得怎么样。即使是最有魅力的教师，都无法与学生在自主探索知识时教室里兴奋的呼声相比。

建构主义教育理论认为，教育不是把零碎的知识不分巨细地硬塞给学生，而是让学生主动探究，学习把握知识的内在联系，建构自己的认知结构，从而培养一种终身学习的能力。教师应该意识到：不是书上的所有内容都要由教师在课堂上讲授，也不是由教师讲过的内容才算学过，不是教师能给学生讲明白就是好老师，而是会引导学生想明白的人才是好老师。

只有让儿童有充分的自主，他们身上的自然力量和生命潜能才能被调动起来。教学是一种"奔跑"。有时教师在领跑，引领学生走向知识的殿堂；有时学生在自主地奔跑，教师在学生后面助力，在学生旁边加油呐喊。教师与学生在互动中不断改变前后位置，奔向一个又一个终点，又从一个个新的起点出发。

看看不同的教学模式下学生对知识的平均吸收率如何（见图5-1）。哪种模式下学生是通过听和看被动地学习，哪些模式通过鼓励让学生积极地学习？

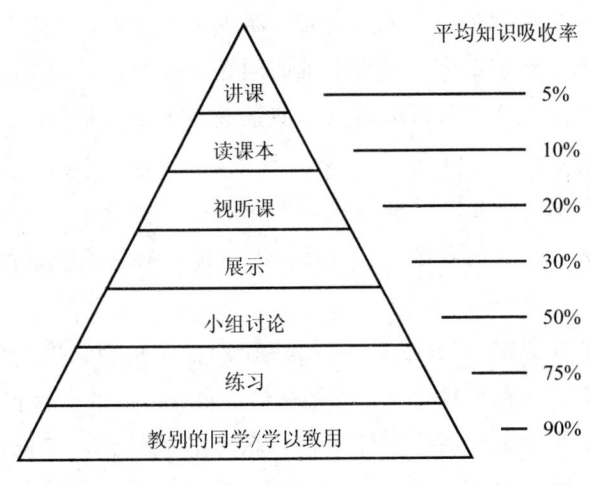

图 5-1

1. 优化"看"的过程，观察到位

观察能力是学生获取知识过程中一种非常重要的能力。观察是获取感性认识的一个主要途径，学生可以通过有目的、有计划的观察来获得大量的感性材料，为进一步思维发展打下基础。教师平时应多创造机会让学生有计划、多角度地进行观察，分析总结，养成勤于观察的好习惯。

例如，在教学《商不变规律》时，先让学生口答算式结果，教师板书：

18÷3＝6
180÷30＝6
1800÷300＝6
18000÷3000＝6

然后教师引导学生观察：仔细观察上面四个算式，你发现了什么？（被除数和除数变了，商没变。）把第二个算式和第一个算式相比，被除数和除数是怎么变的？商怎样？你还能从哪些算式的比较中得出这个结论？这样从上向下观察，你能发现什么规律？如果从下向上观察呢？由此很顺

利地得出"商不变的性质"。

以上教学由整体到部分，由部分又回到整体，自上向下、自下向上、由表及里地引导学生观察，既教给学生观察的方法，又留给学生一定的自主观察的余地和时间，不仅培养了学生的观察能力，还让学生享受到发现的快乐和成功的喜悦，激发了其认知内驱力，提高了其学习的积极性。

又如，在教学《植树问题》时，教师就可以通过组织学生画图、列表和观察，引导学生自己发现植树的棵树和段数之间的关系。

下面呈现的是浙江省宁波市陆建英老师的一个教学片断：

（一）初次尝试，展现差异，初步感知模型

1. 媒体呈现实际问题情境："要在全长 24 米的小路一边植树"，请学生思考要考虑哪些因素。学生交流后补充条件："每隔 6 米种一棵"。然后由学生独立尝试把自己的想法通过画图表示出来，再收集不同图示进行展示，如图 5-2：

图 5-2

2. 就上述三种不同情况进行比较和辨析。

问题一：为什么在同样长 24 米的小路一边植树，都是每隔 6 米种一棵，会出现三种不同的结果呢？（关键是看两个端点处是否植树）现实生活中，什么情况下会出现两端不种或只种一端的情况呢？

在学生思考、交流的基础上完善板书，如图 5-3：

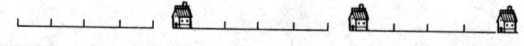

图 5-3

问题二：上述三种植树方案又有什么相同的地方？

学生能比较全面地指出三个关键要素：总长度 24 米、每隔 6 米、都分成了 4 段，并归纳出计算段数的基本方法，教师及时板书：$24 \div 6 = 4$（段）。

（二）再次尝试，合作探究，构建基本模型

1. 教师顺势引导：在这条长 24 米的小路一边植树，除了可以每隔 6 米种一棵，还可以每隔几米种一棵？学生纷纷说出各自的想法，每隔 2 米、

3米、4米、8米、12米,等等。

2. 请学生选择自己喜欢的相隔米数,再次通过画图来完成三种不同的植树情况。(事先为学生准备了独立探究的操作纸,操作纸的内容如下)

(1) 我选取每隔(　　)米种一棵,我先把线段平均分成(　　)段。

(2) 画出三种设计方案(图5-4):

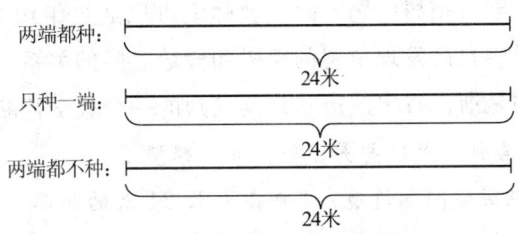

图 5-4

(3) 数据填入表格(表5-1):

表 5-1

全长 24 米	每隔几米种一棵	段数	两端都种的棵数	只种一端的棵数	两端都不种的棵数

第二次的尝试非常顺畅,学生都能独立画对图、填好数据。

3. 选择有代表性的学生作业进行展示,由学生自己汇报、交流想法和结果,再把各自的情况汇总到表5-2中:

表 5-2

全长 24 米	每隔几米种一棵	段数	两端都种的棵数	只种一端的棵数	两端都不种的棵数
	6	4	5	4	3
	2	12	13	12	11
	3	8	9	8	7
	4	6	7	6	5
	8	3	4	3	2
	……				

主张 5 教不越位，学要到位 65

教师追问：如果每隔 1 米种一棵树，三种情形下分别要种多少棵？（学生很快口答出是 25、24、23）为什么你们没有画图就这么快说出答案了呢？（很多学生抢着说这是有规律的）

教师顺势引导：那你们来说一说到底有什么规律。在学生汇报的基础上补充板书：

段数＋1＝棵数　　段数＝棵数　　段数－1＝棵数

4. 举例验证和解释规律。

（1）选用"15 米为总长度，5 米为间距"，学生再次画图验证结果符合观察发现的规律。

（2）教师引导：你能借助直观图来说明为什么两端都种要段数加 1，只种一端正好不加不减，两端不种要段数减 1 吗？

在学生思考交流的基础上用一棵树对应一个间隔的方法进行演示说明（如图 5-5），使学生进一步理解和说明他们观察发现的结论是正确的。

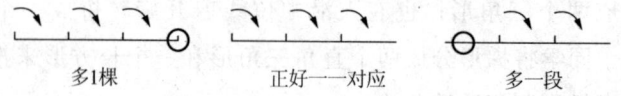

多1棵　　　　　正好——对应　　　　　多一段

图 5-5

2. 优化"做"的过程，操作到位

在课堂教学中要多给学生提供动手操作的机会，让学生的多种感官参与知识的探究发现，提高独立获取知识的能力。小学数学教学内容具有很强的逻辑性和抽象性，而小学生受知识、经验的限制，其思维能力往往停留在具体形象的水平上。一位教育家说过："儿童的智慧就在他的手指尖上。"让学生动手实践操作有助于他们对概念理解得更深刻，有助于发展空间观念，有助于建立起形和数之间的关系。因此，要多安排学生动手画画、剪剪、拼拼、量量、摸摸、数数，让他们通过摆弄和操作获取知识、理解知识，从而发展思维能力，培养数学智慧。

如，在教学《三角形的内角和》时，老师发给学生一个信封，让学生利用信封中的材料来寻找三角形的内角和是多少，学生的兴趣一下子被调动起来了，他们想出了许多方法：有的学生用量角器量出各个角，求出了三角形的内角和；有的学生用"折一折"的方法，把三个角折在一起，组

成一个平角；有的学生用"撕一撕"的方法，把三个角都撕下来，拼成了一个平角……在"做数学"的过程中，学生人人动手，个个动脑，自主发现了三角形的内角和。

又如，在探究三角形的稳定性时，教师没有安排学生动手去拉三角形木架，而是选择三根不同长度的小棒作为学习材料，让学生摆出三角形。学生在摆这三根小棒的过程中发现，无论这三根小棒的位置怎么放，都只能摆出同一种三角形，于是学生就产生了疑问：明明摆的方法不一样了，怎么还是摆出同一种三角形呢？通过摆放小棒这一操作活动，学生对探究三角形的稳定性产生了强烈的好奇、急于想知道这其中道理的心理，使学生对三角形稳定性的学习产生了持久而有效的兴趣。

有时教师多给学生一点时间，学生会还你一个惊喜。梯形面积计算公式的推导，书上是由两个完全一样的梯形旋转平移，拼成一个平行四边形来推导的。可上课时很多学生不满足于这一种方法，有人将一个梯形沿对角线剪下分成两个三角形；也有人沿中位线剪开旋转拼成一个平行四边形；还有一个同学将梯形分成两个直角三角形和一个长方形来推导，都正确地推导出了梯形面积计算公式。

重视过程的数学课程，意味着学生在学习过程中可能获得成功的体验，也可能面临困惑和挫折。学生会花很多时间和精力进行探索与思考。学生在这个过程中成长、发展与创造，在这个过程中耗费的时间和精力都是值得的，因为带给学生的可能是对他们终生有用的东西，是丰厚的回报。

3. 优化"听"与"说"的过程，表达到位

课堂教学中的有效交流不仅仅表现为学生与教师、学生与学生之间的对话，更是学生与数学本质的一种对话。有研究者认为，学生在知识学习中，能够听懂别人的讲述是一个层次，属于浅层次；能够用一定的方式方法讲出来使别人听得懂，属于一个较高的层次；能够用多种方式方法讲解以使别人听懂，则属于最高的层次。教学实践表明，只有学生的数学语言得到发展，才能逐步摆脱动作和表象的束缚，从动作思维和具体形象思维向抽象思维过渡。研究还发现：当教师与学生、学生与学生之间频繁地交流时，学生会取得更大的学业成就。

主张 5 教不越位，学要到位

建构主义认为，学习既是个性化行为，又是社会性活动，学习需要对话与合作。人们是以自己的经验为基础来建构或者解释现实的，不同的人看到事物的不同方面，这也正是个体经验的局限性，只有通过对话与协商式的合作学习，才能了解与自己不同的观点，获得丰富、全面的认识。

美国全国数学教师委员会制定的数学课程标准要求学生"学会数学交流，会读数学、写数学和讨论数学"。数学的工具作用不仅表现在运用数学解决问题，同时它也是人们进行交流、表达自己对某些问题认识的工具。教师应当在教学过程中给学生创造交流的机会，提供具体的情境让学生去表达、倾听，提出自己的想法。

数学交流是以数学语言为载体和工具的。"如果我们把语言看成一个文化参数，那么这个参数影响着学校数学的教与学。"要很好地进行数学交流，必须善于使用数学语言。与自然语言相比，数学语言更具有一般、简洁、精确和抽象等特点。掌握数学语言，其实也是掌握数学知识的过程。因为数学语言本身就是数学学习的内容。数学语言学习要求学生必须具备较强的语言转换能力。通常数学语言可分为文字语言、符号语言、图形语言三类。建立起各种形式的语言之间的"互译"关系，在数学学习中具有重要意义。普通语言的通俗具体，图像语言的直观、形象，符号语言的形式化，实际上是使思维活动进行了若干次"具体—抽象—具体"的转换，因而有助于对数学知识的理解。

教师可以根据不同的教学内容，确定说的内容和说的形式，如采用听后学说、个别说、集体说、同桌说、邻座小议等。教师要让每一个学生都有说的机会，都能表达自己的想法。通过这种交流，达到相互启发、共同提高的目的。

教师要特别鼓励学生与同伴对话。在对话中，学生要能够提出自己的观点和主张，并能够有效地与同学交流。学生之间的对话不能只停留于经验和观点的交流，必须产生碰撞和引发问题，否则就不能引起思维上的变化。学生之间的对话是一种民主和平等的关系，是交流与合作的关系。

(1) 要会听。倾听是人类交流的第一步，也是人类了解周围世界的基本工具。良好的听力技巧对学业成功至关重要。首先，要培养学生专心倾

听别人说话的习惯。教师应要求学生听别人发言时专心,别人发言时不随便插嘴打断,有不同意见,要耐心听别人说完后再提出。其次,要努力听懂别人的发言,边听边想,记住要点,并考虑别人说的话是否符合实际,有没有道理。最后,听后要做出思考,也就是对别人所说的话做出判断,在倾听别人意见的基础上反思自己的观点,学会站在对方的立场上考虑问题,体会别人的看法和感受。

《从教第一年——新教师职场攻略》一书中介绍了帮助学生改进听力的一些小技巧:

◆ 积极的听众会专心听别人讲话,让学生明白这一点。

◆ 跟学生谈谈虚心听别人讲话的重要性。他们应该认真听教师讲课,不能因为与教师的某个观点不一致而放弃听讲。

◆ 教学生怎样在讨论中认真听别人发言并找出主要观点。要想让学生学会积极倾听,这一点很重要。

◆ 让学生学会就你所讲的内容提出问题,但是应该等到你允许他们提问的时候才发问。

◆ 如果学生不确定自己是否理解了教师授课的主要内容,那么让他们试试自己总结。如果他们能够总结出来,那么说明他们已经学会积极倾听了。

(2)要会说。帮助学生认识到发言在学习中的价值是至关重要的。教师要培养学生敢于说的勇气,要让每一个学生都敢于表达自己的观点。小组讨论时,要有次序地发言,声音要轻,不影响其他小组学习。要训练学生说完整的话,说话时要条理清楚,有逻辑性。此外,还要教育学生独立思考,敢于提出自己的设想。要学会开动脑筋,提出自己的看法及理由,提出具体的行动方案和措施。

(3)要会交流。在交往中,要训练学生耐心倾听别人的发言,乐于陈述自己的意见,敢于修正他人的观点,善于采纳别人的意见,修改和补充自己原来的想法。当别人提出疑问时,要针对问题耐心解释,尽可能做出令人满意的答复。要虚心考虑别人的意见,修正和补充自己原来的看法中不正确、不完善的地方。敢于公开承认自己的错误认识,肯定与自己不同甚至相反的正确看法。教师要加强学生在交往中具体技能的训练,比如,

别人说话时,自己应如何注视对方;在恰当的地方,如何打断别人的谈话,陈述自己的观点;自己说话时又如何让别人有插话的机会;有不同见解不能统一时,如何学会保留自己的意见;学会站在对方的立场上考虑问题,体会别人的看法和感受。

在李庾南创立的"自学·议论·引导"教学法中,"议论"是一个非常重要的环节。李老师的经验告诉我们,组织"议论"时,教师要从学生思维能力的实际出发,逐步使"议论"深入展开。有效"议论"的形式,大约要经历三个培养阶段:

第一阶段是问答式。开始时只是简单的问答,即教师根据学习要求提出明确的问题,让学生议论,学生从书本中,从自己原有的知识经验里,或通过实验操作、演练计算可以直接寻找答案,做到有问能答;有了初步的基础后,教师可提出稍复杂的问题让小组或大组开展议论。这些问题需要学生从书本或自己的知识经验里选取材料,而后经过整合加工得到解答。

第二阶段是讨论式。即学生不仅能回答老师的问题,而且针对问的内容和答的内容能再联想引申,产生新的问题或新的答案,征求解答和评价。

第三阶段是议论式。即围绕一个较大的、内涵丰富的问题,引导学生依据自己的思路,自由发表见解,相互启发、促进甚至热烈讨论,引起"连锁反应"。这种议论范围广、自由度大,各人从自己的实际出发提出的问题、发表的见解适合各人的水平层次,往往课堂气氛活跃、热烈而且深入。

4. 优化"想"的过程,思维到位

数学教学的理想状态是通过学习使学生走进数学本质,进而学会思维。爱因斯坦说过:"我们体验到的一种最美好、最深刻的情感,就是探索奥秘的感觉。"数学教学是数学过程的教学,数学教学不仅要反映数学活动的结果,而且要反映数学思维活动的过程。课堂教学中教师要给学生提供独立思考的机会,让他们自主探索,提高探究能力,通过学生自己的思考去"发现"规律,研究问题。

教师要鼓励学生在学习过程中不断反思。弗赖登塔尔指出,反思是数

学思维活动的核心和动力。波利亚认为，如果没有了反思，就错过了解题的一个重要而有效益的方面。通过回顾所完成的解答，通过重新思考和重新检查这个结果和得出这一结果的思路，学生们可以巩固他们的知识和发展他们的解题能力。对解题的全过程进行自觉、深入、反复的思考，再看一看、想一想：逻辑上有无漏洞？解题方法是否正确？有无其他方法？有无捷径？结论能否推广？能否变化条件得出新的命题？等等。

为了让每一个学生都能真正参与思考过程，教师可以采用"学习单"的形式组织学生学习。学习单是指教师根据教学目标和教学主题而设计的，由教师提供给学生并帮助学生完成学习任务的一种学习、教学和评量工具。它能有效地实现分层教学、个别指导、随时指导，能有效地帮助学生有目的、有计划地开展自主、合作的学习探究活动，因而越来越受到教师们的青睐并被广泛运用。

如在教学《一个数的几倍是多少》时，可提供如下学习单（表5-3）让学生独立完成。教师围绕重点，明确提出探究的方法和操作要点，学生在操作中思考，在思考中操作，从而达成多元教学目标。

学生用小棒摆出正方形，并填写学习单：

表5-3　学习单

几个正方形	几个4根	4的几倍	乘法算式
3个正方形			
4个正方形			
5个正方形			

又如，教学三位数的乘法，可以在复习用两位数乘的基础上引导学生类推，着重研究乘数百位上的数怎样去乘被乘数，积的末位应写在什么地方，这样学生很容易掌握，还可节省教学时间。

5. 优化"练"的过程，训练到位

练习是学生形成完整认识结构不可缺少的环节，是课堂教学的重要组成部分，是教学过程中学生实践的主要形式。在数学教学中，它是学生把知识用于实际的初步实践，是教师了解学生和检查教学效果的一个窗口，

主张 5 教不越位，学要到位 71

是一种培养学生能力、开发学生思维的手段。课堂上应保证练习的时间，做到有计划、有目的地练习，使学生通过各种形式的练习巩固知识、掌握规律、发展智力、培养能力，在教师的主导作用下，充分发挥学生在学习中的主体作用。那么如何优化练习，确保演练到位呢？

第一，组织练习要及时。每教完一个知识点，应立即安排练习加以巩固，做到一练一得，要保证每节课有足够的练习时间。

第二，要注意练习的层次。练习的设计要遵循由易到难、由简到繁、由基本到变式、由低级到高级的顺序去安排。

第三，要注意练习设计的灵活性。练习的设计要有利于促进学生积极思考，激活思路，充分调动起学生内部的智力活动，使其能从不同方向去寻求最佳解题策略，通过练习要使学生变得越来越聪明，思维越来越活跃，应变能力越来越强，而不被模式化的定式所禁锢、所束缚。

第四，练习方式要多样。练习方式多样是指既有笔写，也有口述、动手操作；既有单项练，也有综合练、系统练，应根据学生的年龄特点，采取相应的练习形式。练习题目要注意紧扣内容，围绕教学重点、难点、疑点，具有典型性，具备一定的变式。

第五，要面向全体，兼顾差异。做到既确保基本要求，又照顾两头，使全班学生通过练习都能有所发展。

教不越位，学要到位，是对教和学辩证关系的生动概括，是学生"自主学习"的前提和保证，是深化课堂教学改革、落实新课程理念的有效途径。

从生命发展的角度看，生命被认为是教育的本原、教育的本体。既然如此，教育就应当把学生当做一个完整的生命主体，并充分地尊重这一生命主体。这就要求教师从生命的高度用动态生成和发展的观点去分析、看待教育过程，使自己施行的教育行为符合学生生命的意义。当然，需要特别强调的是，突出学生的主体地位，并不意味着教师教学主导性的削弱，相反，是对教师提出了更高的要求，即需要教师从一个单纯的知识传授者转变成数学学习的组织者、引导者、合作者。这种角色转变是对数学教师教学技能和素养的挑战，也应该成为数学教师专业发展的目标。

参考文献

[1] 余文森. 一位教育学教授的听课评课与教学断想[M]. 福州：福建教育出版社，2011.

[2] 李亚男，主编. 小学数学教学攻略大全[M]. 长春：东北师范大学出版社，2010.

[3] 余慧娟. 我怎么看当下流行的教学模式——特级教师李庚南访谈录[J]. 人民教育，2011（7）.

[4] 沈百军. 一堂充分体现学生自主学习的好课——听"植树问题"一课有感[J]. 小学数学教师，2011（11）.

主张 6 植入文化，增加浓度

观点分享

◆ 数学是一种文化，数学的发展与人类文化休戚相关，数学一直是人类文明主要的文化力量，同时人类文化发展又极大地影响了数学的进步。

◆ 英国有位数学史家说过："任何一门学科，尤其是数学，如果把历史割断了，其损失是不可想象的。"

◆ 数学是人类最高超的智力成就，也是人类心灵最独特的创作，音乐能激发情怀，绘画能使人赏心悦目，诗歌能动人心弦，哲学能使人获得智慧，科学可以改变物质生活，而数学能给予以上的一切。（克莱茵）

◆ 数学老师有三种境界：仅仅停留于知识层面——教书匠；能够体现数学的思维——智者；无形的文化熏陶——大师。（郑毓信）

◆ 历史已经证明，而且将继续证明，没有相当发达的数学的文化是注定要衰落的，一个不把掌握数学作为一种文化的民族也是注定要衰落的。（齐民友）

◆ 数学文化，如果我们把它打扮起来，数学就是一位光彩照人的科学女王。但是如果你仅仅把数学看成逻辑，看成枯燥的几条公式，那么这个美女就变成 X 光下面的骷髅，就是 X 光的照片。我们现在看到更多的是 X 光照片，看不到数学科学女王的光彩照人的美貌，我们只是看到了她的骨骼。（张奠宙）

◆ 如果你所追求的只是那种表面的、显而易见的刺激，以引起学生对学习和上课的兴趣，那你就永远不能培养起学生对脑力劳动的真正的热爱。（苏霍姆林斯基）

行为跟进

文化往往给人一种"雾里看花"之感，数学文化亦然。正因为如此，新课程实施以来，虽然"数学文化"一词广为传播，但究竟什么是数学文化，数学具有怎样的文化价值，以及如何让数学文化真正在小学课堂落地生根，如何让数学文化价值素朴而平和地流淌于学生的心灵深处，这恐怕是广大教师苦苦追求、深深困扰却一直未真正落到实处的问题。

数学文化与数学同在，只要有数学，就一定有数学文化。但是，数学知识教育往往不重视、不挖掘、不渗透数学知识中包含的丰富而深刻的文化内涵，关注的往往是数学表层知识，而不是包括数学文化在内的全部数学知识。在课堂教学中，常常会无视知识的形成过程，而直接给出最终的答案，许多数学知识就这样被"掐头去尾"，没有了来龙去脉。这不仅不利于学生形成正确的数学观，而且这种"重知识，轻文化"的教学价值取向，甚至会导致学生"有知识，没文化"。

一、深入挖掘数学课程内容的文化元素和教育价值

小学数学课程中，数学文化的素材俯拾皆是。诸如：数学与自然和人类生活之关联——宇宙中的自然现象所蕴涵的数学知识和原理、人类生活中隐含的数学知识和原理、数学在人类生活中的应用。数学与其他学科之关联——其他学科中隐含的数学知识和原理、数学在其他学科中的应用。数学本身的特征——美妙的形，有趣的数，精致的数学概念、公式、定理，精巧的数学问题，神奇的数学规律，深邃的数学哲理，玄妙的悖论，趣味益智数学游戏。数学家的创造活动——数学家的名言故事、思维技巧、思想方法、学习态度、个性品质、人文精神。数学发展史——数学的过去、现在和将来，数学的哲学基础，历次数学危机，数学发展的连续性和完整性，数学研究的方法论，数学发展的社会背景，数学与民族文化传统，等等。

二、像小品植入广告一样，巧妙地植入数学文化

谈到小品植入广告，给我印象最深的当数赵本山和他的三个徒弟表演的小品《捐款》，一个小品同时植入了"搜狗"拼音输入法、国窖1573两个广告，而且植入得恰到好处，令人叫绝。

据网上资料介绍，当年春晚之后，虽然很多人反对在小品中植入广告，但"国窖"在观众的热议声中成为大年三十后走亲访友时最时尚的一款白酒。尤其在北方，春节期间沈阳几家超市的工作人员均表示，国窖1573酒已经卖到脱销、断货，很多顾客在买酒的时候嘴里还念叨着王小利的台词："这不是国窖一、一、一五七三嘛？!"

看来，要把文化元素和教育价值转化并融入到课堂教学中，教师就要学一学本山大叔的本事，像小品植入广告一样，在数学教学中巧妙地植入数学文化。植入贵在"潜移默化"，贵在"无痕"。

如，一位教师在教学《9的乘法口诀》时，从"大成门"上的门钉引入：一排有9个，2排、3排……9排有几个？引导学生列出算式，推出得数，编出9的乘法口诀。之后，教师很自然地植入了《门钉的故事》：

在古时候，大门上门钉的数量是很有讲究的。皇宫城门上的门钉，每扇门九排，一排九个，一共九九八十一个。为什么用九呢，因为在古代"九"是最大的阳数，象征着"天"，所以，皇宫的门钉都是九九八十一个。但是唯独东华门的门钉少一排，是八九七十二个。为什么呢？那时候，文武百官上朝都走东华门，这门是给官员们准备的，所以少了一排门钉，剩八九七十二个啦。王府的门钉是七九六十三个；到了公侯家，就不能用九了，是七七四十九个；再到官员家，连七都不能用，是五五二十五个……最后到咱们老百姓家，一个不能有！不信？你们去看看，只要不是官府，多阔的财主家，那门修得再漂亮，门上也不能有一个门钉，所以古时候管平民百姓叫"白丁"，"白丁"的叫法就是这么来的。

三、揭示数学知识产生的历史过程

提到数学文化，最容易想到的就是数学史。对数学过程的了解，可以使学生体会到一种活的、真正的数学思维过程，而不仅仅是教材中那些千

锤百炼、天衣无缝,同时也相对地失去了生气的、已经被标本化了的数学。从这个意义上说,介绍历史可以为学生创造一种探索与研究的课堂气氛。

如在讲《用数对确定位置》时,教师可以介绍笛卡尔。

笛卡尔是法国著名的哲学家、数学家、物理学家,解析几何学奠基人之一。有一天,笛卡尔生病卧床,但他的头脑一直没有休息,还在反复思考一个问题:通过什么办法,才能把"点"和"数"联系起来呢?突然,他看见屋角上的一只蜘蛛在左右拉丝。他想,可以把蜘蛛看做一个点,蜘蛛的每个位置就能用一组数确定下来。于是在蜘蛛的启示下,笛卡尔用一对有顺序的数表示平面上的一个点,创建了直角坐标系。

在讲《用字母表示数》时,教师可以介绍用字母表示数的来历。下面是西南师大版课标教材中的例子(图6-1),老师们可以参考。

用字母表示数的来历

早在公元3世纪,古希腊的丢番图(Diophantus)就开始简单地用字母表示数。

法国韦达(F.Vieta,1540—1603)是第一个系统地用字母表示数的人。

他在研究丢番图的著作时,产生了用字母表示数的想法。他用一些字母表示已知数,用另一些字母表示未知数。

图6-1

另一个法国人笛卡尔(T. Descartes, 1596—1650),完成了对韦达所使用代数符号的改进工作。

* 笛卡尔用拉丁字母中的前几个字母($a, b, c, \cdots$)表示已知数,用后几个字母($\cdots, x, y, z$)表示未知数。这种用法一直沿用到今天。

续图 6-1

再如,教学《面积的概念》时,教师可以介绍面积概念是如何产生的。在古代埃及,尼罗河每年泛滥一次,洪水给两岸带来了肥沃的淤泥,但也抹掉了田地之间的界线标志。水退了,人们需要重新划出田地的界线,这就必须丈量和计算田地。于是,逐渐有了面积的概念。

四、渗透数学之美,使数学文化直接地感染学生

数学之美,美在简洁。0—9,简简单单的几个数字,任你再大再小的数,它都能表示;配上"+、-、×、÷"等简洁的符号,就可将这个世界上亿万的数量说得清清楚楚。数学之美,美在和谐。加与减,乘与除,奇与偶,曲与直,平行与相交,有限与无限……其间的正反、互补与辩证,让事物间的关系显得如此稳定而协调。数学之美,美在奇异。亲和数、完全数、数字黑洞等,数之间,自有玄妙;黄金分割、勾股定理、圆周率等,魅力无穷。数学之美,在于智慧。如果找一个最简单的例子,也许可以取大家熟知的故事 $1+2+3+\cdots+100$。要是一个数一个数地去加,加着加着可能就乱了。但若是再取一组数 $100+99+98+\cdots+1$ 与之相配,逐对相加,$1+100$, $2+99$, $3+98$, ……不必真的加完,便知每一对的和

都是101。共有100对，故总和为10100。这是两组数的和，故原来一组数的和为5050，这就得到了答案。这个方法多么智慧、多么优美！用这个方法，哪怕从1加到10000，也不增添多少困难，马上知道答案是50005000。但若不知道这个"秘诀"，一个数一个数地去加，加到10000，恐怕任何人都要晕了。这个高度智慧的方法，据说是高斯在少年时代发现的。这是人类的发现，是人类智慧的花朵。

五、体现数学知识本身的理性精神和方法魅力

数学的抽象化、形式化、逻辑化特点看上去冷冰冰的，但是，如果能够揭示数学背后的理性精神，展现数学思想方法的魅力，使学生能够体察理性思维的精确、奥妙、完善，那么数学文化也就呈现出来了。可以说，数学文化就是被推广的数学思维习惯和方式，它的核心意义在于数学的观念、意识和思维方式。

大家熟知的哥尼斯堡城七桥问题就是一个很经典的例子。在18世纪的哥尼斯堡城里，一条河中有两个小岛，还有七座桥把这两个小岛与河岸联系起来。问：怎样才能不重复地一次走遍七座桥，最后又回到出发点呢？当时的青年数学家欧拉以无与伦比的洞察力，建立了数学模型：把河岸和小岛缩小成点，把桥视为边。这样问题就转化为：从任一点出发，经过每条边且只经过一次而回到起点是否有可能？欧拉运用"奇偶点"定性得出结论：七桥问题无解。从这个问题及其解答过程，我们可以看到数学思想方法的魅力。

六、让数学故事走进课堂，让学生更好地了解数学的价值

通过讲数学故事，让学生体会数学在人类活动中的作用，诱发其学习数学的动机。比如，学习了《约数和倍数》后，教师可给学生介绍"中国剩余定理——韩信点兵"的故事。教学环节如下：

1. 教师介绍《韩信点兵》的故事情节。

（大屏幕显示）回禀皇上，臣也不知带了多少兵马。只是三个三个地数，还剩两个；五个五个地数，还剩下三个；七个七个地数，还剩下两个。

主张6 植入文化,增加浓度

教师启发:那么,韩信当时到底带了多少兵呢?请同学们算一算。

2. 教师引导学生小组合作探究。学生很快用两种方法算出了答案,总共带了23名士兵。学生汇报,教师板书。

解法一:直接用列举法解决。

列举出除以3余2的数:2、5、8、11、14、17、20、23、26……再列举出除以5余3的数:3、8、13、18、23、28……

再列举出除以7余2的数:2、9、16、23、30……

从这三列数中可知,第一个共有的数是23,即符合条件的数是23。

解法二:用猜测验证发现法解决。

从最大的除数7入手。由乘法口诀可知,三七二十一,21+2=23。而通过验证:23÷5=4……3,23÷3=7……2,23是符合全部条件的数。

3. 教师进行总结和拓展。学生完成后,教师充分肯定,表扬他们比张良还聪明。然后教师介绍这就是有名的《韩信点兵》的故事,早在晋朝的《孙子算经》一书中就有记载,还给出了具体的解答。一千多年后,西方人开始研究类似的问题时,发现原来很久以前中国人就对此有了一定的研究,于是他们称这个定理为"中国剩余定理"。教师要求学生课后搜集有关"中国剩余定理"的资料,下节课汇报。

到了第二天,学生迫不及待地汇报他们的收获,他们不但会用"中国剩余定理"直接解答,还会用口诀解答。

直接运用"中国剩余定理":用除以3的余数乘70,用除以5的余数乘21,用除以7的余数乘15,再把三个乘积相加。如果这三个乘积的和大于105,那么就减去105,直到小于105为止。这样就得到满足条件的解:2×70+3×21+2×15=233,233-105×2=23,即这个数最小是23。

"中国剩余定理"口诀:三人同行七十稀,五树梅花廿一枝,七子团圆正半月,除百零五便得知。

学生通过探讨,还发现了用列举法可以解决一些不太复杂的问题,而复杂一些的问题用"中国剩余定理"来解决比较方便。

当数学文化的魅力真正渗入教材、到达课堂、融入教学时,数学就会更加平易近人,数学教育就会从文化层面让学生进一步理解数学、喜欢数

学、热爱数学。

再比如，教师在讲《比例的知识》时，可以给学生讲《金字塔的高度》这样有趣的小故事。

约公元前600年，泰勒斯从遥远的希腊来到了埃及。在此之前，他已经到过很多东方国家，学习了各国的数学和天文知识。到埃及后，他学会了土地丈量的方法和规则。他学到的这些知识能够帮助他解决"金字塔的高度"这个千古难题吗？

泰勒斯已经观察金字塔很久了：底部是正方形，四个侧面都是相同的等腰三角形（有两条边相等的三角形）。要测量出底部正方形的边长并不困难，但仅仅知道这一点还无法解决问题。他苦苦思索着。

当他看到金字塔在阳光下的影子时，他突然想到办法了。这一天，阳光的角度很合适，地上的东西都拖出一条长长的影子。泰勒斯仔细地观察着影子的变化，找出金字塔地面正方形的一边的中点（这个点到边的两端的距离相等），并做了标记。然后他笔直地站立在沙地上，并请人不断测量他的影子的长度。当影子的长度和他的身高相等时，他立即跑过去测量金字塔影子的顶点到做标记的中点的距离。他稍做计算，就得出了这座金字塔的高度。

故事讲完后，教师组织学生讨论：泰勒斯依据的是什么原理？

然后教师小结：其实，泰勒斯是利用了比例的性质。在同一时刻，任何两个物体的影子长度和本身高度的比是相等的。也就是说，金字塔影子的长度：金字塔的高度＝任一物体的影子长度：这一物体的高度。所以，在已经量出一个物体的高度的前提下，并不一定要像泰勒斯那样在自己影子的长度等于身高时测量。在任何时刻，只要同时量出这个物体及其影子的长度和金字塔塔尖的影子到金字塔底边的距离，再准确地算出塔尖的影子到底面中心的距离，就能算出金字塔的高度。

参考文献

[1] 葛斌华，梁超，武修文，编著．数学文化漫谈 [M]．北京：经济科学出版社，2009．

[2] 宋乃庆，张奠宙，主编．小学数学教育概论 [M]．北京：高等教

育出版社，2008.

[3] 李铁安. 文化驱动数学课堂的实践路径 [J]. 新世纪小学数学，2011 (3).

[4] 赵忠喜. 数学"文化五分钟"的实践 [J]. 新世纪小学数学，2011 (3).

主张 7 渗透思想，增加深度

观 点 分 享

◆ 爱因斯坦说：什么是教育？当学生离开学校以后，把在学校里学到的知识全忘记，剩下的东西就是他所受到的教育。剩下的东西是什么？素质、思想、能力、心态。

◆ 数学思想方法是数学的灵魂和精髓，又是知识转化为能力的桥梁。

◆ 数学教学内容贯穿着两条主线，即数学基础知识和数学思想方法，数学基础知识是一条明线，直接用文字形式写在教材里，反映着知识间的纵向联系。数学思想方法则是一条暗线，反映着知识间的横向联系，常常隐藏在基础知识的背后，需要人们加以分析、提炼才能使之显露出来。

◆ 真正有价值的教育是使学生透彻理解那些普遍的原理，这些原理适用于各种不同的具体事例。直到你摆脱了教科书，烧掉了你的听课笔记，忘记了你为考试而背熟的细节，这时，你学到的知识才有价值。你时刻需要的那些细节知识将会像明亮的日月一样长久保留在你的记忆中；而你偶然需要的知识则可以在任何一种参考书中查到。(怀特海，《教育的目的》)

行 为 跟 进

《数学课标（2011年版）》在"课程总目标"中明确指出："通过义务教育阶段的数学学习，学生能获得适应社会生活和进一步发展所必需的数学的基础知识、基本技能、基本思想、基本活动经验。"它第一次明确提出了"四基"的培养目标。

主张 7　渗透思想，增加深度

中央民族大学的孙晓天教授认为："四基"是十年数学课程改革最重要的收获；"四基"是数学课程改革取得的最重要、最具成长性的标志性成果。

数学思想和数学方法既有区别，又有密切联系。数学思想的理论和抽象程度高一些，而数学方法的现实性更强一些。人们实现数学思想往往要靠一定的数学方法；而人们选择数学方法，又要以一定的数学思想为依据。因此，二者是有密切联系的。我们把二者合称为数学思想方法。数学思想方法是从具体数学认识过程中提炼和概括出来的，带有一般意义和相对稳定的特征。它揭示了数学发展中普遍的规律，对数学的发展起着指引方向的作用。应该说，数学思想方法是数学的灵魂，在小学阶段有意识地向学生渗透一些基本的数学思想方法可以加深学生对数学知识的理解，提高学生的数学素养，为学生今后的数学学习积攒后劲。

日本数学家和数学教育家米山国藏在从事多年数学教育研究之后，说过这样一段话："学生在初中或高中所学到的数学知识，在进入社会后，几乎没有什么机会应用，因而这种作为知识的教学，学生通常在出校门后不到一两年就忘掉了，然而不管他们从事什么业务工作，那种铭刻于头脑中的数学精神和数学思想方法，却长期地在他们的生活和工作中发挥着作用。"漫长的数学发展史也告诉我们，一个人要想在数学上有所作为，仅简单地拥有大量的知识是不够的，他必须同时具备数学的精神，掌握数学思想与方法。

小学数学教学中涉及的数学思想方法很多。如：对应思想方法、假设思想方法、比较思想方法、符号化思想方法、类比思想方法、转化思想方法、分类思想方法、集合思想方法、数形结合思想方法、统计思想方法、极限思想方法、代换思想方法、可逆思想方法、化归思想方法、变中抓不变的思想方法、数学模型思想方法、整体思想方法，等等。

一、数学思想方法在教学中落实的现状分析

数学概念、法则、公式、性质等知识都明显地写在教材中，是有"形"的，而数学思想方法却隐含在数学知识体系里，是无"形"的，并且不成体系地散见于教材各章节中。教师讲不讲，讲多讲少，随意性较

大，常常因教学时间紧而将它作为一个"软任务"挤掉。

为了了解数学思想方法在教学中的现状，我对一些学校不同年龄段和不同年级的老师进行了问卷调查和访谈，并通过邮件的形式向外省市的骨干教师和网友们进行了询问。

我一共设计了5个问题：

（1）你知道《课程标准（修订稿）》中"四基"的目标指的是什么吗？"四基"中的"基本思想"指的是什么？

（2）"数学思想"和"数学方法"有什么区别与联系？你怎样理解"数学思想方法"？

（3）你知道哪些数学思想方法？

（4）请你谈一谈"分类思想"在小学数学教学中的应用。

（5）请你举一个教学片断，谈一谈你在教学中是怎样渗透数学思想方法的？

从问卷和访谈的结果来看，"四基"的内容大部分老师都能准确地说出来；老师们想到最多的数学思想方法是"转化思想"（有的老师说成"化归思想"）、"分类思想"、"类比思想"、"极限思想"；分类思想在教学中的应用老师们都能举出两三个例子；在教学中渗透思想方法的例子老师们首先想到的是"转化思想"，很多老师想到了平行四边形、三角形、梯形、圆面积公式推导过程中转化思想的运用。

长期以来，传授知识与教书育人相分离。在数学知识教育中，教师十分重视数学知识的传授，往往只注重知识点，特别是与考试有关的知识点，千方百计地加以深化和强化，却不注意对数学思想和本质的揭示，不注意促进学生的发展，忽视对学生成长的关注。教师只教书不育人，甚至"目中无人"。我们对数学教学效果的评价总是围绕显性知识的掌握而展开的，相对削弱了对学生数学思想方法的有效考察。调查发现，老师们平时教学中对于数学思想方法的渗透大部分处于无意识状态，随意性很强，很多教师对这部分内容缺乏设计。还有很多老师根本不知道每节课中到底应该渗透什么数学思想方法。究其原因，多数教师对挖掘教材中的数学思想方法感到有困难，甚至不少教师对特定数学知识背后隐藏着什么样的数学思想方法全然不知，因为教学参考书中没有明确地写出来，平时可参考的

主张 7　渗透思想，增加深度

教学资料很少。当进一步追问老师们，"你们平时听课时关注老师如何渗透思想方法吗？"回答是"很少关注这方面"，有的年轻教师说"即使有渗透，我也看不出来"。看来，对数学思想方法教学缺乏意识是一个比较普遍的问题。

二、数学思想方法形成的大致路径

数学思想蕴涵在数学知识形成、发展和应用的过程中，是数学知识和方法在更高层次上的抽象与概括，如抽象、分类、归纳、演绎、模型等。学生在积极参与教学活动的过程中，通过独立思考、合作交流，逐步感悟数学思想。

小学数学教学中蕴涵着丰富的数学思想方法。虽然数学思想方法教学比数学知识教学困难，但仍有规律可循。学生对每一种思想方法的领会和掌握都要经过较长时间、不同内容的学习才能真正达到。学生理解掌握数学思想方法的过程一般有三个阶段：

1. 潜意识阶段

在这个阶段，学生往往只注意数学知识的学习，面对隐藏在知识后面的数学思想方法未能引起注意，或者只是处于一种朦朦胧胧、似有所悟的状态。

如，低年级学生对于"分类思想"、"数形结合思想"、"对应思想"只是刚刚接触，这个阶段主要是积累数学活动经验，主要方法是通过不断出现让学生"混个脸熟"。

2. 明朗化阶段

随着运用同一种数学思想方法解决不同数学问题的实践机会的增多，隐藏在数学知识后面的数学思想方法会逐渐引起学生的注意和思索，以至于产生某种程度的领悟。当经验和领悟积累到一定程度，这种事实上已被运用多次的数学思想方法就会凸显出来，甚至"呼之欲出"。这就是数学思想方法学习的明朗化阶段。

如，在教学《平行四边形面积》时，学生会想到把平行四边形转化成长方形；在推导三角形面积时，学生会想到把两个完全一样的三角形拼成一个平行四边形；在推导梯形面积时，学生会想到把两个完全一样的梯形

拼成一个平行四边形；在教学《圆的面积》时，学生会想到把圆分成若干个小扇形，再拼成平行四边形或长方形。至此，学生对于转化思想达到了明朗化阶段，转化思想已经深入学生内心。

3. 深刻化阶段

这时，学生已能正确运用某种数学思想方法进行探索和思考，以求得问题的解决。同时，在问题解决的实践过程中，学生又加深了对思想方法的理解，经过多次应用，逐步运用自如。

如，到了毕业复习阶段，学生对转化思想的理解就比较深刻，学生除了能够利用转化思想解决图形类题目，还会迁移到计算题和较复杂的应用问题，甚至最后能够自己总结出用转化思想解决问题的形式：化繁为简、化整为零、化曲为直、化生为熟、化静为动、化形为数、化数为形、化一般为特殊等。

三、教学设计中如何"抽出"思想方法这条线

数学思想方法总是隐藏在各知识板块中，体现在揭示、应用知识的过程中。可以这样说，数学教材的每一章节乃至每一道例题，都体现着数学基础知识与数学思想方法的有机结合。这是因为，没有脱离数学知识的数学思想方法，也没有不包含数学思想方法的数学知识。

教材中，除个别思想方法外，大量的、较高层次的思想方法蕴涵于表层知识之中，处于潜形态。作为教师，应该将深层知识揭示出来，将这些深层知识由潜形态转变为显形态，把对数学思想方法的朦胧感受转变为明晰、理解和掌握，这样才能根据学生实际，采取适当措施在教学中体现思想方法。

如"符号思想"在"数与代数"领域主要出现在"数的表示"、"数的运算"、"数的大小比较"、"运算律"、"方程的认识"等教学内容中；在"空间与图形"领域主要出现在"用字母表示计量单位"、"用符号表示图形"、"用字母表示公式"等教学内容中。具体到某一节课，也有很明确的数学思想渗透。如植树问题渗透的是模型思想，乘法分配律渗透的是模型思想，三角形面积公式渗透的是模型思想，正反比例渗透的是函数思想，积的变化规律渗透的是函数思想，三角形的分类渗透的是分类思想，在低

年级利用数直线比较数的大小和进行加减法计算渗透的是数形结合思想。比如说加法,2和3加起来等于5,这个答案"5"是唯一确定的,写成数学式子就是2+3=5;如果把左端的3变成4,右端的5就变成6,把左端的2变成7,右端的5就变成10。右端的数被左端的数唯一确定。在数学里,数量之间的确定性关系叫做函数关系。加法实际上是一个函数,由两个数确定一个数,是个二元函数。如果把式子里的第一个数"2"固定了,右端的和就被另一个数确定,就成了一元函数,这里面就蕴涵着函数思想。

要想准确找出每节课的数学思想方法,需要教师对教材进行深入解读,教师需要对教学内容所承载的教育价值进行分析,思考内容背后所蕴藏的丰富的思想方法。

合理的知识结构对教师的成功教学起着重要的作用。除了认真研读教材和教学参考书,建议大家读一些相关的专著,通过阅读专著提升自己的专业素养。教师自己先要搞懂有哪些数学思想方法,每一种思想方法的含义是什么,这样才能以较高的视点驾驭数学教学内容,进行小学数学思想方法的教学。

四、教学中"明线"与"暗线"如何自然穿插

数学思想方法是数学知识的精髓,它蕴涵在数学知识发生、发展和应用的全过程,是数学发展的内在动力,是知识化为能力的桥梁,是学生形成良好认知结构的纽带。

由于数学思想方法往往隐含在知识的背后,知识教学虽然蕴涵着思想方法,但是如果不是有意识地把数学思想方法作为教学对象,在数学学习时,学生就常常只注意处于表层的数学知识,而注意不到处于深层的思想方法。因此,进行数学思想方法教学时必须以数学知识为载体,把隐藏在知识背后的思想方法显示出来,使之明朗化,这样才能通过知识教学过程达到思想方法教学之目的。

也就是说,数学教学内容贯穿着两条主线,即数学基础知识和数学思想方法。数学基础知识是一条明线,直接用文字写在教材里,反映着知识间的纵向联系。数学思想方法则是一条暗线,反映着知识间的横向联系,

常常隐藏在基础知识的背后，需要加以分析、提炼才能使之显露出来。

如，在圆的周长和圆的面积公式推导过程中，公式的获得是明线，而"转化思想"与"极限思想"的渗透则是暗线。为了引导学生在数学思想方法的体验和浸润中学习数学知识，教师可以适当拓展教学内容，在教学《圆的周长》一课时，可以给学生介绍古代杰出的数学家刘徽的"割圆术"；在教学《圆的面积》一课时，可以通过学生操作和课件演示，使学生直观感受把圆等分成4份、8份、16份、32份、64份、128份所拼成的图形的变化，使学生发现等分的份数由少到多，拼成的图形越来越接近于长方形。从而渗透"转化思想"和"极限思想"。

又如，在教学《一个数除以分数》一课时，我就巧妙地利用"分数墙"引导学生理解"为什么一个数除以分数等于这个数乘分数的倒数"。

利用"分数墙"帮助学生理解"$4 \div \frac{1}{2} = 4 \times 2$"（见图7-1）。

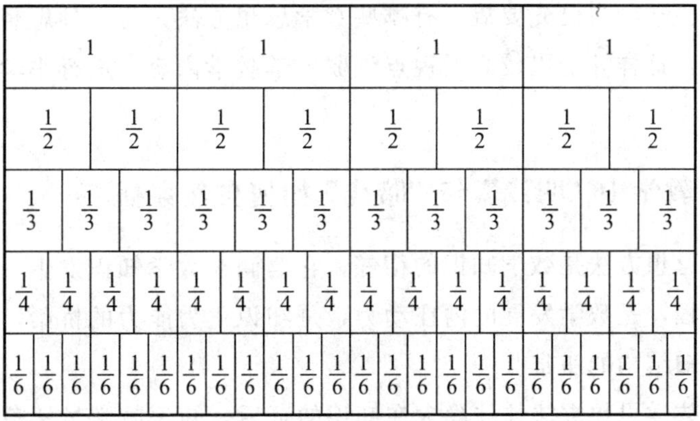

图7-1

教师分两步引导学生思考：

第一步，"一个一个"数，结合课件演示，数出4里面一共有8个$\frac{1}{2}$；

第二步，"一组一组"数，1里面有2个$\frac{1}{2}$，2里面有4个$\frac{1}{2}$，3里面有6个$\frac{1}{2}$，4里面有8个$\frac{1}{2}$，一共是"4个2"，列式是4×2；

引导学生得出：$4 \div \frac{1}{2} = 4 \times 2$。

"分数墙"是一种非常好的数学模型，通过分数单位的个数，引导学生数形结合，用图形语言刻画运算过程，帮助学生直观理解四则运算的算理，教学中教师组织学生进行"圈一圈"的活动，"几个几"的图像便跃然纸上，表象的建立使问题的数量关系更易于理解，使抽象的算理具体化。

五、数学思想方法教学应注意的问题

在开展数学思想方法的教学时，我们应注意把握好以下六个问题：

（1）要把数学思想方法的学习纳入教学目标，教师在进行教学设计时，要考虑如何使数学思想方法在每一个教学环节得到有效落实。

（2）对学生进行数学思想方法的渗透，并非一朝一夕就能见到学生数学能力的提高，数学思想方法的渗透必须循序渐进并经过反复训练，才能使学生真正地有所领悟。因此，教师要重视数学知识发生、发展的过程，采取"小步走"、"多层次"、"步步为营"的方法，不求快，但求稳、求实。

（3）在进行某种数学思想方法的教学之前，要精心设计一些与此思想方法相关的问题，做好铺垫工作，引导学生思考；由于同一内容可蕴涵几种不同的数学思想方法，而同一数学思想方法又常常分布在许多不同的表层知识之中，所以及时小结、复习就显得非常重要；当实施了一种数学思想方法的教学之后，还应要求学生按照一定的程序和步骤进行练习，使学生初步巩固刚刚形成的数学思想方法，促使学生的认识产生从感性到理性的飞跃。

（4）不同类型的数学思想方法应有不同的教学要求。对宏观型数学思想方法应着重理解其思想实质，认识到它们的重大作用；对操作型数学思想方法应着重培养运用的技能、技巧，并注意不断扩大应用的范围。

（5）注意不同数学思想方法的综合运用。虽然在学习数学思想方法时，只能是一个方法一个方法地去学习，但是在实际解决数学问题时，往往是多种思想方法的综合运用。

（6）注意度的把握。教师要认真研究教材，当一个数学思想方法明确后，怎么渗透，特别是渗透到什么程度一定要认真考虑，不要为了追求形式搞花架子，也不要生搬硬套、和盘托出。教师一定要记住：讲了学生也不懂的东西最好不要讲。

总之，教师要提高对渗透数学思想方法重要性的认识，要结合不同阶段不同内容的知识教学，有意识地进行渗透。同时教师要意识到，数学知识教学与数学思想方法教学有着显著的区别。数学知识教学是数学认识活动结果的教学，呈静态点型，重在记忆理解；数学思想方法教学是数学活动过程的教学，呈动态线型，重在思辨操作，离开数学活动过程，思想方法也就无从谈起。数学思想方法不同于一般的概念和技能，概念和技能通过短期的训练很快就能掌握，而数学思想方法的教学应该是一个缓慢的过程，需要通过长期的渗透和影响才能够最终沉淀下来。

参考文献

[1] 朱成杰．数学思想方法教学研究导论［M］．上海：文汇出版社，2001．

[2] 中华人民共和国教育部，制定．义务教育数学课程标准：2011年版［M］．北京：北京师范大学出版社，2012．

[3] 顾泠沅，朱成杰．数学思想方法［M］．北京：中央广播电视大学出版社，2009．

[4] 张景中．感受小学数学思想的力量［J］．人民教育，2007（18）．

主张 8　适度拓展，增加广度

观点分享

◆ 根据数学知识的内在联系，在学生能够接受的情况下，教师应尽可能伸长"学习的触角"，对所学知识进行适当拓展延伸，让学生通过学习能够收获更多"能带走"的东西。

◆ 研究工作者决定"教什么知识"，教师决定"怎么教知识"，这样一种格局从总体上已经确定了教师在课程与教学中的执行的地位。然而，对"教什么知识"缺乏思考和理解的教师是很难成为优秀教师的。

◆ 教学深刻，并不是无限制地挖掘知识到深透，更不是一味讲难题，而是要从学生的生活实际出发，尽可能调动学生已有的生活经验和知识储备去研究新问题，或从新的角度认识老问题。

◆ 课堂教学的目的不是让儿童知识化，而是让儿童智慧化。要提升学生的智慧，教师就不能"教材上有什么就教什么"。

行为跟进

数学知识的教学，要注重知识的"生长点"与"延伸点"，把每堂课教学的知识置于整个知识体系中，注重知识的结构和体系，处理好局部知识与整体知识的关系，引导学生感受数学的整体性，明白对于某些数学知识可以从不同的角度加以分析、从不同的层次进行理解。

现在很多老师备课，基本上是"教材上有什么就教什么"，仅仅满足于书上的例题"讲过"，课后的习题"练过"。长期这样教下去，不利于学

生数学思维的培养，学生真有可能被教师"教傻"。在日常教学中，教师要根据数学知识的内在联系，在学生能够接受的情况下，尽可能伸长"学习的触角"，对所学知识进行适当拓展延伸，让学生通过一节课的学习能够收获更多"能带走"的东西。

一、为新知识"寻根"

现代学习理论表明，学习过程是认知结构的形成、变化和完善的过程。在影响学生学习的诸多因素中，认知结构是决定学习的关键和直接因素。我们在数学教学中，应该注意让学生理解一个数学问题是怎样提出来的、一个数学概念是怎样形成的、一个数学结论是怎样获得和应用的，通过这个过程学习和应用数学，让学生经历数学知识形成的过程。数学家华罗庚先生曾经说过："善于退，足够地退，退回到最原始而不失去重要性的地方，是学好数学的一个诀窍。"教师在教学时，如果能够适度关注知识的形成过程，就能让学生感受到学习此知识的必要性。

如，讲《角的度量》一课时，教师不要一上来就教学生认识量角器，可以先让学生了解量角器的发明过程。具体的教学设计，老师们可以参考华应龙和强震球两位老师的经典课例。

又如，在讲《厘米的认识》时，北京的鲍海影老师是这样设计的：

第一个环节：创设情境，激发兴趣。

1. 要为照片配个小相框，得配个多长多宽的呢？

2. 课件演示：同学们用小积木、水彩笔、小橡皮与照片长边进行比较，并引起争论。

第二个环节：自主探究，感受新知。

1. 让学生体会测量时需要统一工具：

（1）按照你们量的结果，相框能买到吗？

售货员叔叔，您好！我想为我的照片买一个漂亮的小相框，同学们都帮我量好了，要 2 块橡皮那么长，3 个小方块那么长也行，或者比一块大积木再长出一些。

售货员叔叔，你知道我这照片有多大吗？

他为难了！我哪儿没说清楚？他怎么不能帮我解决呢？

主张8 适度拓展，增加广度

看来我们要这样去买东西，还真是难为售货员了。

（2）都用一样长的小棒来量，就能知道物体有多长了。

2. 让学生知道1厘米的长度：

（1）其实，古时候，人们在测量和相互交流的时候，也遇到了同样的问题。他们想来想去，最后决定都用这么长的小棒来进行测量。（师出示一根小棒）

只要知道有几根小棒这么长，我们就能知道这个物体的长度了。你们看，要是有了小棒来帮忙，售货员就不会这么为难了。

（2）知道这一根小棒有多长吗？每人都用手比一比1厘米有多长。

（师抽出一个学生手中的小棒）我从中轻轻抽出，你的手别动，让大家看看，1厘米是这么长。

（师对另一名学生说）没有小棒你也能比出1厘米有多长，你可真棒！拿起小棒，轻轻地抽出来，1厘米是这么长！

两人手指相对，比一比是不是一样长？可得比准呀！

（3）厘米是个长度单位。（板书：厘米　板书：cm）

（4）你们在生活中见过1厘米长的物品吗？

（5）世界各国的小朋友都知道1厘米多长，他们用什么字母表示？

（6）投影显示：2厘米、3厘米、4厘米……又是多长呢？用小棒摆一摆。

3. 经历由数小棒到用尺量的过程：

（1）我们有了统一的标准了，也知道怎么使用了，那刚才小照片的问题我们能解决了吗？（师边问边比着照片，指着长边问）

都用小棒来量量吧！（小组活动）

（2）体会用小棒测量带来的不便：用1厘米长的小棒测量照片的长边有多长。

这个问题我们终于解决了！可是刚才同学们量的时候可真是不容易呀！遇到什么困难了？

（3）我们才量了个小照片，小棒就这么不听话。如果再量量书本有多长，课桌有多宽，那得多困难呀！看来我们真得想想办法，怎么能管住它们呢？

（4）用彩色纸条测量照片短边的长度。

（5）体会用彩色纸条测量较长物体时的不便：量量物体的长边吧！

这样一厘米、一厘米地去数看起来挺费劲的，看来咱们这工具还不够

完美,能不能想个办法,不用大家这么费力地去数,一眼就能看出来这本书的长到底是几厘米?

你们有什么好办法?小组内先说一说。

(师巡视:各小组在彩条纸上添上数)

(6)比着书量,能一眼看出是21厘米吗?(学生投影出示标上数的彩条纸)

4.你们看标上数后的彩纸条像什么呀?你们的发现太重要了!

古时候的人肯定像你们一样,当初就是这样一步一步地创造、发明了尺子,给我们的生活带来了这么大的便利,你们和他们一样了不起!

整节课鲍老师让学生在不断的矛盾冲突中不仅充分感知了1厘米的长度,还不知不觉中感悟出了直尺产生的必要性。引出了直尺,但又没有去讲直尺,而是始终围绕"小彩条",让学生不仅去量照片,还去量数学书的长度,使学生在对几厘米的感知之中,反过来加深了对1厘米的认识。

二、让学习材料更加丰富

在教学《数的认识》一课时,为了培养学生的数感,教师可以为学生提供直观模型;在教学《长方体的认识》时,教师可以发给学生一些纸片,让学生先做一个长方体;发给学生一些塑料管和橡皮泥,让学生先插一个长方体的框架,然后再让学生汇报自己是怎样做的。做成的同学肯定有成功的经验,而没有成功的同学也一定会有失败的教训。在汇报的过程中学生不知不觉已经理解和掌握了长方体"面"和"棱"的特征。

在教学《数字编码》一课时,我补充了一些非常有趣的材料,这些材料对于学生理解编码规则和编码的必要性非常有帮助。下面是我补充的一些素材:

资料1:奥运冠军谁"名气"最旺?全国9065人名叫郭晶晶。(详见http://news.qq.com/a/20080812/001417.htm)

资料2:看看双胞胎的身份证是什么样子的。

资料3:身份证中的"千年虫"问题。

1999年,美国堪萨斯州一位105岁(1894年出生)高龄的老太太,突然收到了户籍机构电脑发出的幼儿园入学通知单,因为在电脑数据库中,她的出生日期年份没有"18"两个字,电脑便认为她是1994年出生的,今年5岁。

资料4:著名学者、《百家讲坛》主讲人纪连海日前到杭州参加活动被

主张8 适度拓展，增加广度

警方当成通缉犯带走。后经核实系主办方人员在酒店登记时使用通缉犯的身份证所致。（详见 http://news.qq.com/a/20110423/000114.htm）

资料5：2010年4月5日，山西王家岭煤矿因"3·28"透水事故被困井下8天8夜的115名矿工获救。每名获救工人一从井下被救到地面便设定了编号，随即被送上相同编号的救护车，分别送往3家医院救治。而在医院，为每一编号矿工都准备了相对应的床位和医治小组，以保证他们在最短的时间里得到救治。整个施救过程有条不紊。在这里，编号对于迅速、有序地组织施救起到了重要作用。

再如，推导圆锥体的体积计算公式时，很多老师只是上课时组织学生用等底等高的一组圆柱体和圆锥体推导公式，学生就是"操作工"，为什么一定要用等底等高的呢？可能学生根本没有思考过。

为了使教学过程更加充实，使学生真正经历公式的推导过程，教师可以多为学生提供一些学具。效果比较好的教学过程应该是这样的：

（1）先引导学生猜想：圆锥体的体积可能怎么计算？然后组织学生分组实验。教师给学生提供的实验材料有：红色水1盆，圆锥体容器1个，与圆锥体等底等高、等底不等高、等高不等底的圆柱体（圆柱体均标号）各1个，让学生以小组为单位动手做实验，并填写实验报告单。

（2）各组汇报实验结果，教师对学生的实验情况进行汇总。

（3）引导学生观察表格中的数据，说一说自己有什么发现。学生很容易发现圆锥体的体积与和它等底等高的圆柱体之间有着固定的倍数关系，圆柱体的体积是和它等底等高的圆锥体体积的3倍。

（4）进而推出圆锥体的体积公式。

三、把"眼光"放长远一些

新知识的学习如何为后续学习打基础？

张齐华老师曾多次执教《圆的认识》一课，我非常欣赏张老师在最后一个环节的"审美延伸"。这个环节，在课件的动态演示中，既让学生感受到图形之美，也为学生的后继学习打下了坚实的基础。下面是其中的教学片断：

师：最后，让我们再一次回到平面图形的世界，感受圆与其他图形错综复杂的关系。瞧，这里有一个正三角形，现在，我们沿着它的中心把它稍做

旋转（如图 8-1）。旋转以后的三角形与原来的三角形有没有完全重合？

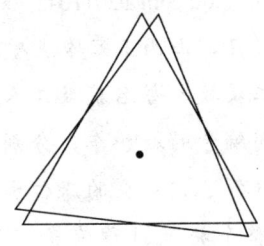

图 8-1

生：没有。

师：不行，我还得再旋转一次。

生：还是没有。

师：再来看圆。想象一下，如果我们沿着圆心把圆也旋转一下，情况会怎样？

生：不管怎么转，都会重合。

师：是不是这样呢？来，拿出刚才的圆，用铅笔尖抵住圆心，并按在桌面上，轻轻转一转。（学生操作）我们把圆的这一特点叫做旋转不变性。那么，三角形具有旋转不变性吗？

生：没有。

师：不过别遗憾。如果我们按照特定的角度继续把这个三角形旋转下去，情况又会怎样呢？让我们拭目以待。（课件演示，最终呈现图 8-2）

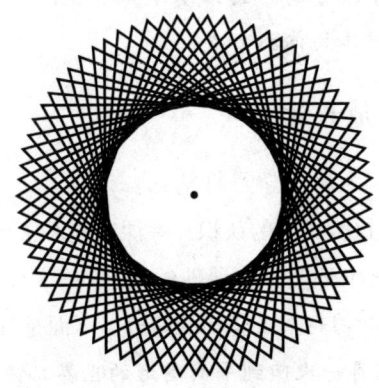

图 8-2

生：哇，太棒了，居然是一个圆！

生：不对，是一个近似的圆。

师：瞧，直线图形转着转着，又回到了圆，真有意思。不过，刚才我们是绕着平面图形的中心点旋转的。如果绕着其他点旋转，还会出现这样近似的圆吗？

生：应该不会！

生（声音很小）：可能会。

师：会还是不会，还是用事实来说话吧！瞧，这是一个正方形，现在，我们绕着它的一个顶点旋转。（课件演示旋转过程，最终呈现图8-3）

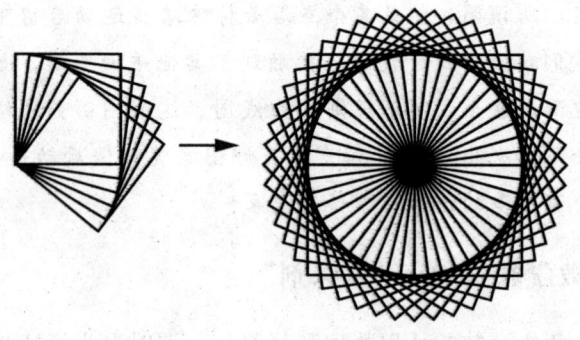

图 8-3

生：居然也行！

生：好漂亮！

师：更漂亮的还在后面呢！（课件呈现图8-4）

图 8-4

生：哇！

师：别光顾着感叹，能看出这两幅图是由什么图形旋转而成的吗？

生：椭圆。

生：线段。

师：想不想看看线段是怎样旋转成这样美妙的图案的？

生：想！

师：观察时，请大家牢牢盯住线段的两个端点，看看线段旋转时，这两个端点是沿着怎样的轨迹移动的。（教师利用课件演示线段旋转的完整过程，学生根据观察到的情形，用手比画线段端点移动的轨迹，见图8-4）

师：其实，所谓圆，就是某个点沿着特殊路线运动后留下的轨迹，到了中学，同学们就会明白。我们还接触到了其他平面图形，如长方形、梯形、平行四边形，甚至还有不规则的曲线图。这些图形如果绕着其中的某一点旋转，会不会也出现和圆有关的美妙图案呢？课后动手去试一试吧！相信，一定会有更多的惊喜在等待着大家！

四、为数学教学加点"调味剂"

在教学六年级《数的认识整理和复习》一课时，为了让学生加深对数的认识，感受到数是人类交流的一种语言，我在课上补充了材料：

材料一：古人是如何计数的。

材料二：0的演变过程。

0 零号

在阿拉伯数字中，没有哪一个数字比"0"更奇特了。然而，如此简单的零的诞生，却经历了十分漫长的过程。

0的发现和十进位记数法有着密切关系。比如"五十加三"可记作"53"，但"五个一百加三"就不能记做"53"了，这时要在5和3之间留一个空位，记做"5 3"。当然这个空位可以不写什么，但容易发生混淆。人们自然想用一个符号填在这个空位上。

大约在6世纪的时候，印度人在《太阳手册》这本书里，就用符号"·"表示过空位。后来印度数字在漫长的旅行中，由"·"逐渐演变成为椭圆形的"0"。

材料三：小数点的演变。

小数点号

从历史上看，世界各民族都是先认识了整数和分数，后来为了满足日益精确化的要求，又认识了小数。

15世纪的比利时数学家斯蒂文对十进分数颇感兴趣。十进分数的分母是1后面带有1个或若干个0的分数，比如$\frac{3}{10}$、$\frac{27}{1000}$等。

斯蒂文想：能不能不写出分母而表示一个十进分数呢？

许多想法涌现在斯蒂文的脑海里。

任何一个十进分数都可以用分母是10，100，1000，……而分子是一位整数的分数之和表示，例如：

$$\frac{27}{100}=\frac{20+7}{100}=\frac{2}{10}+\frac{7}{100},$$

$$\frac{27401}{1000}=\frac{27000+400+1}{1000}=27+\frac{4}{10}+\frac{1}{1000}.$$

17世纪初，英国数学家威廉·奥垂德用符号"↓"表示记号"①"。例如把$\frac{27}{100}$表示为"0↓27"。

到了17世纪末，英国数学家约翰瓦里斯用一个圆点"."代替"↓"，小数点号出现了。这时，$\frac{27}{100}=0①2②7=0↓27=0.27$。

因为用小数点"."表示小数既简明又方便，所以到了18世纪，这种记写小数的符号已经成为一种通用的方法了。

五、把课本习题"用足"、"用活"

不管哪一个版本的教材，在例题教学后，都配有练习题。我平时听课时发现，大部分老师只是就题论题，满足于学生正确地填出得数。比如，人教版五年级下册《分数的意义》一课中的"做一做"（见图8-5）。

一般老师的处理方法是，学生只要填出四个分数，这道题就算处理完了。稍微好一点的老师可能会追问学生："你是怎么想的？"

我在处理这道题时，在原题的基础上做了进一步的变化：

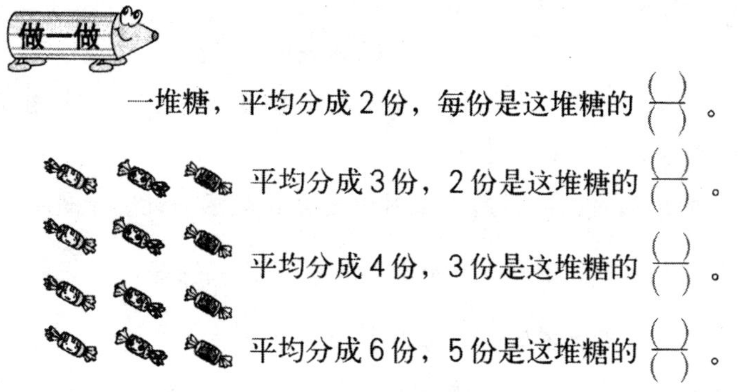

做一做

一堆糖，平均分成 2 份，每份是这堆糖的 (　)。

平均分成 3 份，2 份是这堆糖的 (　)。

平均分成 4 份，3 份是这堆糖的 (　)。

平均分成 6 份，5 份是这堆糖的 (　)。

图 8-5

1. 把 12 块糖变成 24 块糖，问学生：四个分数有没有变化？

2. 把 24 块糖变成 36 块糖、48 块糖，一直到满屏幕都是糖（如图 8-6），问学生：四个分数有没有变化？

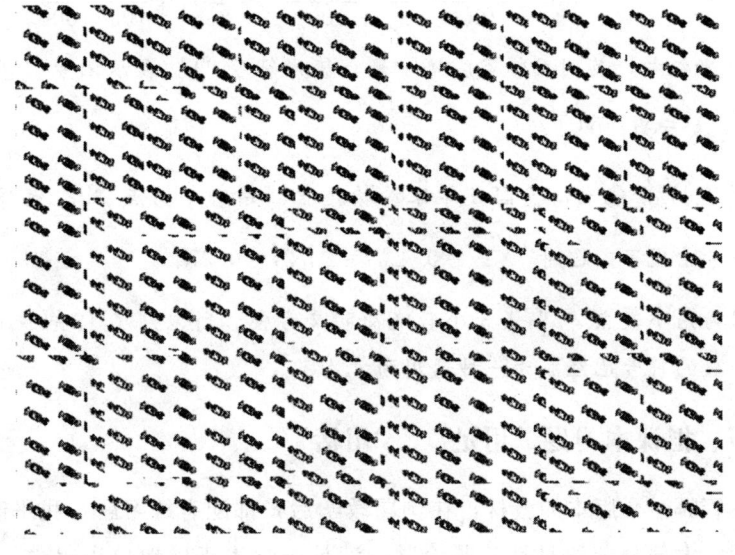

图 8-6

通过这样的变化，突出分数最本质的特征：不管有多少块糖，我们都可以把它们看做一个整体。只要把一个整体平均分成 2 份，每份就是它的 $\frac{1}{2}$；只要把一个整体平均分成 3 份，2 份就是它的 $\frac{2}{3}$；只要把一个整体平

均分成 4 份，3 份就是它的 $\frac{3}{4}$；只要把一个整体平均分成 6 份，5 份就是它的 $\frac{5}{6}$。

这样一变化，这道题就起到了"以一当十"的作用。

老师们在使用课本中的练习题时，可以问自己这样几个问题：这道题能否把条件变一变？这道题能否把问题变一变？这道题还有哪些价值没有挖掘出来？

参考文献

季苹. 教什么知识：对教学的知识论基础的认识 [M]. 北京：教育科学出版社，2009.

主张 9　局部美容，增加亮度

观点分享

◆ 一个人，割了"双眼皮"或者换了发型，都会使整个人看起来比较精神。课堂教学也是这样，某个教学环节如果设计得特别精彩，学生非常投入，学生的情感就会被激发出来，课堂气氛就会非常活跃，教学效果就会非常好。

◆ 课堂不只是教师的舞台，而且是师生互动的场所；课堂不是训练学生的营地，而是学生学会学习的场所；课堂不只是传授知识的场地，而且是学生自主学习、合作探究的场所；课堂不是教学行为模式化的车间，而是师生智慧充分发展的场所。

◆ 为使每个学生都受到良好的数学教育，数学教学不仅要使学生获得数学知识技能，而且要把知识技能、数学思考、问题解决、情感态度四个目标有机结合起来，整体实现课程目标。

行为跟进

一节数学课要想出亮点，有两种途径：一是教师在备课时精心设计某个教学环节——"预设亮点"；二是教师在上课过程中抓住时机，科学调控——"生成亮点"。下面结合一些名师的课例加以说明。

一、精心设计，预设亮点

1. 导入环节出亮点

巧妙的课堂导入可以把学生的兴趣一下子调动起来，使学生很快进入

学习状态。成功的导入一定建立在熟悉教学内容、掌握课程标准、了解学生心理特点的基础之上。常用的导入新课的方式和技巧有：开门见山、温故知新、问题引领、组织活动、故事激趣、类比联想、制造冲突、游戏竞赛、联系生活、现场取材等。

如在教学《异分母分数加减法》一课时，我就通过一个有趣的"父子对话录"制造认知冲突，进而揭示课题。

父 如果有1个男人、1个女人，男的占全部的几分之一？

子 男的是2个人中的1个，所以是$\frac{1}{2}$。

父 当有1个男人、2个女人时，男的占全部的几分之一？

子 男的是3个人中的1个，所以是$\frac{1}{3}$。

父 这两种情况合到一起的话，男的占全部的几分之一？

子 全部是5个人，男的有2个，所以是$\frac{2}{5}$。

父 因此，$\frac{1}{2}+\frac{1}{3}=\frac{2}{5}$，是吧？

子 嗯，是。

教师组织学生讨论：$\frac{1}{2}+\frac{1}{3}$到底应该等于多少呢？引导学生结合"分数墙"进行探究。

2. 探究新知出亮点

教育家布鲁姆说："高峰学习体验（具有高峰体验所包含的某些品质）是极为生动的，以至于学生在多年后还能详细地回忆起来……一般来说，它们是对学科产生新的兴趣的源泉，是重大的态度与价值变化的刺激物，它们起到了使学习变得真正令人兴奋的作用。"这样看来，高峰体验是教育性之所以发生的一个基本条件。

中国教育学会小学数学教学专业委员会于2009年5月4—9日在河南省洛阳市举办了"全国第九届深化小学数学教学改革观摩交流会"，北京的于萍老师执教的《小数加减法》一课，以折断软尺的事例设置问题情境，用"尝试法"让学生自己计算解决问题，经历小数减法计算的过程，

并通过"讨论法"强化对小数减法的感知。在这个基础上，由老师提出"还有哪些新情况？"用"发现法"展开探究新情况的活动，让学生独立思考探索小数加减法的各种情况。再用"讨论法"引导学生总结小数加减法计算方法。之后，综合运用"练习法"、"讨论法"，让学生多次经历小数加减法的计算过程、经历发现和纠正错误的过程。老师灵活运用多种方法，并以与之相应的全体、个别、小组等不同组织形式展开数学活动，为学生的学习创造了良好的条件和空间，保障了教学目标的达成。下面是这节课非常出彩的"学生出题"的教学片断：

师：光会做这道题可不够，除了刚才这一种情况，小数加减法还有哪些新情况呢？我们来一起研究。以往学习计算，都是老师出一道题，大家做一道题。今天咱们改改，老师不出题了，那谁出啊？

生：我们出！

师：好啊，就按你们说的，请你们每人都编一道一步的小数加法或减法题，看谁编的题能给大家带来新情况。先写横式，再写竖式算一算。

（生独立思考编题，探寻"新情况"）

师：大家真是编出了很多好题，很有研究价值。可我们不能光满足于算对了，还得知道为什么要这么算。那我们就围绕同学们自己编的题展开研究吧。

（1）小数部分位数不同的。

（教师出示 $0.8+3.74=4.54$）

师：你们看出什么新情况了？

生：第一个加数是一位小数，而第二个加数是两位小数。

师：这道题是谁出的？到前面来，大家猜中你的心思了吗？全班同学试做，请出题的同学当小老师，看看大家做得有没有问题，如果有人需要帮助，你也可以帮帮他。

（学生独立计算）

师：你们以前做过很多加减法题，无一例外的都是把末位的两个数字对齐，可这道题为什么不末位对齐呢？

生：整数的末位是个位，末位对齐也就是个位对齐了；而小数的末位不一定是相同的，所以不能末位对齐。

主张9 局部美容，增加亮度

师：你们虽然没把末位对齐，但把谁对齐了？

生：把小数点对齐，也就是相同数位对齐。

师：你看得很深、很准，这样做肯定有这样做的道理。可为什么一定要小数点对齐、相同数位对齐呢？

生1：如果不对齐算出来就错了。

生2：如果不把小数点对齐，而把末位对齐的话，十分位的8就和百分位的4对齐了，相加之后肯定就不对了。

生3：我举个例子说吧，比如买两种东西，一种是0.8元，另一种是3.74元，如果把末位的8和4相加，就是用8角加4分，那肯定不对了。

师：我们研究同一个问题时可以从不同角度研究，比如，可以讲道理，也可以举例子。刚才这道题，就有同学想到了用我们都熟悉的"元角分"举例子来解释，简单的事说明了深奥的道理，你真棒！看来只有相同计数单位的个数才能够相加减。

小结：原来看似和整数加减法不太一样的"小数点对齐"其实和"末位对齐"一样，都是为了确保"相同数位对齐"，而相同数位对齐背后的道理就是"相同计数单位的个数直接相加减"。你们不仅找到了方法，还理解了方法背后的数学道理，真了不起！

（2）小数部分位数少减位数多的（整数减小数）。

师：刚才这位同学的题编得真好，这个"新情况"让我们收获多多。还有呢？读一读，你又看出什么新情况了？我们也来算算看吧！

（教师出示：3－0.6）

（在学生试做过程中，教师寻找不同情况进行对比）

师：一样的题，结果却不一样，哪个对呢？

生：第一个对，因为在十分位上是0减6，而不是0加6，所以十分位应该得4而不是6。

师：你们给整数的后面添上小数点和0，根据是什么？

生：小数的性质。

师：不添行不行？

生1：不行。

生2：行吧。

师：其实不添也是可以的，但我们刚刚学习小数加减法，建议大家还是添上。别小看这个小小的0，添上它不仅一眼就能看出是几减6，而且还变成可以末位对齐的情况了，新情况转化成熟悉的情况了，小数和整数的计算方法竟然统一起来了，真是好方法！其实这种"新情况"是小数加减法中一种重要的也是非常容易出错的情况。第一次做这样的题，出错也是很容易理解的。正是你们今天出的错，给了我们重要的提示。

（3）欣赏更多的"新情况"。

师：除了刚才我们重点研究的几道题以外，同学们还编出了很多好题呢，有连续退位、连续进位的。

（教师出示学生作品：3.14－1.89＝1.25，3.57＋4.87＝8.35）

有小数部分位数比较多的。

（教师出示学生作品：0.007＋0.025＝0.032）

这位同学的题挺有意思，你看计算结果是怎样的数？

（教师出示学生作品：9.65－8.75＝0.90）

生：是小数部分末尾有0的小数，可以化简。

师：的确，如果在计算结果中，小数的末尾有0，我们都要将它化简后在横式上写出来，这也是数学简洁美的体现。在计算中第一次遇到这种情况，你们就能想到刚刚学过的小数的性质，真了不起！

还有一位同学也编出了这种情况，这道题的结果该是多少呢？

（教师出示学生作品：24.147＋4.853＝29）

生：是整数29。

师：不仅小数末位的0被化简了，连小数点也藏起来了，结果是整数了。

计算结果是个整数（小数末位有0），这样的结果还可以怎么写？根据是什么？

（4）改错交流。

师：请带着你的收获，回顾刚才自己做过的题，同桌两人互相检查，有问题的尽快改正过来。

总结：通过研究同学们自己编的题，相信大家现在一定不光会算小数部分位数相同的，还会算小数部分位数不同的，甚至小数部分位数少减位数多的，还有结果需要化简的……这些题使大家对小数加减法有了全面的

认识，同学们编的题可以说是千变万化，但万变不离其宗，基本的方法和道理都是一样的。相信大家有了这些认识，一定能够正确而灵活地应对各种新情况。

于萍老师的上述教学环节真是太有新意了，她为学生营造了自主探究的空间，让学生在主动地尝试与探究中学会计算的方法，并传递给学生认识或研究一类新事物的方式方法。学生探寻"新情况"的过程，就是学习小数加减法的过程。学生落笔写下一道题，很可能是从头脑中思考的几种情况中筛选出来的，这些丰富的认知体验，都为后面的交流学习打下了基础。用学生自己编的题作为全班研究的"例题"，学生会有兴趣，对各种"新情况"也有思考、有感受，激发出了学生浓厚的学习热情。

3. 文化渗透出亮点

《圆的周长》是小学数学的经典课程。通常老师们的做法是简单介绍一下祖冲之以及"他对圆周率研究至小数点后第七位"的史料。不同于其他教师简单呈现数学史料的方法，河南省的席争光老师在全国比赛中对这个环节的处理却别具特色，打动了听课的老师和评委，彰显出别具一格的魅力。下面是其中的一个教学片断（在网上能够找到本节课的视频资料，有兴趣的老师可以到"百度视频"中去搜索）：

师：早在两千多年前，我国的数学专著《周髀算经》中就有记载，"周三径一"。意思是说，圆的周长总是直径的3倍。而我们得出的结论是……

生：圆的周长和直径的比值是比3多一点。

师：很不简单嘛！这个结论在当时的生产生活中起了巨大的作用，但随着时代的不断进步，这个结论已经不能适应生产生活的需要了。为此，我国的数学家又用了新的方法来研究，同学们想了解一下吗？

生：想。

师：（摆出一幅图）：在这幅图中都有哪些图形？

生：圆和正六边形。

师：观察正六边形的边长和圆的半径的长度，你们有什么发现？

生：正六边形的边长和圆的半径相等；正六边形的周长是半径的6倍、直径的3倍；圆的周长比直径的3倍多一些。

（课件演示，在圆内接正六边形的基础上，出示圆内接正十二边形）

师：注意观察，比较正十二边形和圆的周长，你们有什么发现？

生：正十二边形的周长还是比圆的周长少，但比正六边形更接近圆的周长。

（课件以类似方法呈现圆内接正二十四边形、正四十八边形）

师：接着观察，你们又有什么新发现？

学生回答略。

师：如果再等分，又会是多少边形？

生：正九十六边形、正一百九十二边形……

师：就这样一直分下去，你们有什么发现？

生：越往下分，正多边形的周长就越接近圆的周长。正多边形的周长和"直径"的比值就越接近圆的周长和直径的比值。

师：这正是1700年前我国伟大的数学家刘徽提出的用"割圆术"求圆的周长与直径比值的方法。刘徽从正六边形入手，计算到正九十六边形，得出圆的周长和直径的比值是3.1416。继刘徽之后，在南北朝时期，有一位伟大的数学家，他更深入地进行了圆周长和直径比值的研究，并取得了杰出的成就，这位数学家就是祖冲之。在直径3.3333米的圆里，祖冲之一直分割到正12288边形，这时每条边的长度是0.852毫米。祖冲之没有停步，他继续分割得到正24576边形，这时每条边的长度大约是0.4毫米，不足半毫米。用针尖一点，它的长度大约就是半毫米。此时，正多边形的周长和圆的周长相比会怎样？

生：已经非常接近。

生：几乎就可以当做圆的周长了。

生：这时求出的正多边形的周长和直径的比值就会非常精确了。

师：同学们，祖冲之是我们民族的自豪和骄傲。为纪念他的杰出成就，月球上有一座环形山被命名为"祖冲之山"；宇宙中第1888号小行星也是以祖冲之的名字命名的。不过，圆的周长和直径比值的研究还远远没有结束。（课件播放近代圆周率的研究结果。教师板书：3. 141 592 653 589 79……）

有人说，席老师对这一片断的独特处理，源自于其对数学"历史真实"的准确了解与翔实把握。是的，席老师之所以能构造出上述具有思想冲击力的课堂图景，源自于他对数学史料内在文化价值的深刻洞察能力和

再加工能力。

4. 教学形式出亮点

黄爱华老师教学《万以内数的大小比较》一课时，就通过精心设计的"三轮游戏"把比较数的大小的方法巧妙地蕴涵在三轮"抽数"游戏比赛中，让学生在轻松、刺激的比赛中感悟并总结出"比较万以内数的大小"的方法。

第一轮比赛，规则规定："第一次抽到的数字放在个位上，第二次抽到的数字放在十位上，第三次……"抽到的数字先放在个位，再放在十位、百位、千位。在游戏的过程中，学生抽了个位上的数字，教师引导：要不要继续抽下去？抽到十位上的数字，老师又问：要不要继续抽下去？让学生逐步懂得，个位上、十位上、百位上的数字再大，但千位上数字小，这个数就小。游戏中学生深刻地体悟到"数的大小"与"数位"有着密切的关系，逐步体会到高位上数字的决定性作用。

第二轮比赛，规则规定："第一次抽到的数字放在千位，第二次抽到的数字放在百位上，第三次……"抽到的数字先放在千位，再放在百位、十位、个位。在游戏的过程中，学生领会到，比较两个数的大小，千位上数字大的那个数大，千位上的数字相同，百位上数字大的那个数就大……让学生更加深刻地体会到高位上数字的决定性作用，以及千位相同比百位，百位相同比十位这一比较的顺序。

第三轮比赛，规则规定："每次抽到的数字由抽签者自己决定放在哪一位上。"在游戏中，学生为了取得胜利，想尽一切办法使最高位上的数字最大，这样，既使孩子的注意力高度集中，又培养了孩子思考的缜密性。为了帮助自己的代表队赢得胜利，下面的学生也和代表"同呼吸、共命运"，不时为代表出主意。学生们对比较大小与数位及每一位数字的关系有了比较深刻全面的认识。

竞赛极大地调动起学生学习的积极性。每场比赛结束，教师让学生记下比赛结果，进行数学的思考，组织学生交流比较数大小的方法和体会。整堂课老师都让学生痛痛快快地玩，开开心心地学，轻轻松松地悟。

5. 教具、学具、课件设计出亮点

教学手段的合理运用，直接影响着学生学习的效果。设计巧妙的教

具、便于学生操作的学具和形象生动的课件都能为课堂教学"增色"不少。就拿近几年全国小学数学教学大赛来讲，很多老师的教具、学具和课件设计都给人们留下了非常深刻的印象。北京市的赵震老师讲《生活中的负数》一课时所使用的"大温度计"让很多老师记忆犹新，它对于学生深刻理解负数的意义、理解负数与0的关系起到了非常重要的作用；陕西省的杨维鸽老师执教的《统计》一课，在播放《喜羊羊与灰太狼》、《猫和老鼠》、《海绵宝宝》、《大耳朵图图》四部动画片的情节后收集整理数据的活动中，用4个玻璃筒对应这四部动画片，请学生用乒乓球表达自己的喜爱，把乒乓球投给自己最喜欢的动画片……放入乒乓球的4个玻璃筒恰是形象的直方图，对学生认识条形统计图会产生积极的作用；天津市的叶鸿琳老师执教《打电话》，为每个学生准备了15个圆形卡片，让学生凭借学具的帮助探寻打电话的方案，降低了学生思考的难度。

二、机智调控，生成亮点

交往、互动的本质意味着课堂教学过程充满了不确定性，这恰恰反映出教学的生成性特点。从表面上看，课堂上学生的"旁逸斜出"使教学活动离开了原有的思路和教案，但若教师能给予恰当的引导，教学就完全有可能超越教师的预设，使学生获得非预期的生成性发展。处理得好，往往能够"因祸得福"，生成亮点。

如在《小数乘法》一课的教学中，当学生用各种方法解决了"0.3×4=?"后，教师又提出了新的问题，推算"0.3×0.4=?"，学生有了两种不同的意见：

(1) 0.3×0.4=1.2

(2) 0.3×0.4=0.12

当两种意见出来的时候，教师不动声色，让学生展开激烈的讨论，有人认为(1)对，有人认为(2)对。

楚：因为三四十二，0.3小数部分有一位，0.4小数部分也有一位，合起来是两位，所以乘积要把小数点向前移动两位。0.3×0.4=0.12。

宋：我不同意她的观点，乘数中的小数都是一位小数，所以乘积应该把小数点向前移动一位。0.3×0.4=1.2。

主张9　局部美容，增加亮度

孙：我支持宋，我觉得两个乘数都是一位小数，积也应该是一位小数。0.3×0.4＝1.2。

王：我想（1）是对的，因为乘法是相同的加数连加，不会越加越少的。

张：刚才我们计算过4×0.3＝1.2，0.3×0.4怎么可能也等于1.2呢？

李：我们再看，把0.3看成3扩大10倍，把0.4看成4也扩大了10倍，一共扩大了100倍，那么乘积就应该缩小1/100，所以0.3×0.4应该等于0.12。

徐：我也感到很疑惑，根据计算，（2）是对的，但是我有一个问题，0.3×0.4越乘怎么还越小呢？

好一个越乘越小！多好的问题啊！这时，教师依然不动声色，而是在旁边"煽风点火"："这个问题怎么这么奇妙，我都不知道为什么。"进一步激励学生积极思考。

刘：0.3乘0.4，乘数连1都不到，而是十分之四，所以就越乘越小！

启：为什么会越乘越小呢？我给大家解释一下。3×0.4＝1.2，这是3个0.4相加，即0.4＋0.4＋0.4＝1.2，但是，0.3×0.4连1个0.4都不到，所以会越乘越小。

班：我可以深入解释一下，0.3×0.4是0.3个0.4相加，也就是$\frac{3}{10}$个0.4相加，把0.4平均分成10份中的3份，也就是0.12。

学生由疑惑到理解，思维由混沌到清晰，这种学习过程和学习状态对学生来说是多么可贵！然而，学生的思维并没有停下来，又有新的问题产生了：是不是所有的小数乘法都会越乘越小呢？

在这一教学片断中，教师敏感地抓住了对学生深入理解算理和算法颇有价值的错误资源，引导学生展开讨论，暴露他们的真实想法，让学生在讨论中越辩越明，但同时又生成了新的问题：根据已有经验，整数乘法越乘越大，可小数乘法为什么越乘越小呢？教师在整个研讨过程中始终没有告诉学生正确结论，而是给了学生很大的思考空间，让他们在猜测、试误、解疑中逐步打破原来的思维定式，通过剖析算理，实现了知识的迁移。这一过程，对于学生正确理解小数乘法的算理、建立小数乘法的认知结构至关重要，相信学生理解起来会比教师直接讲授时更为深刻。

参考文献

[1] 黄爱华,主编. 怎样上出好课:数学卷 [M]. 重庆:重庆大学出版社,2008.

[2] 中国教育学会小学数学教学专业委员会会刊,小学数学教育 [J]. 2009 (7/8).

[3] 高枝国. 从错误中挖掘有益的教学资源.

主张 10　问题引领，增加温度

观点分享

◆ 学习数学必须有问题，没有问题学不好数学，不仅要能解决别人的问题，更重要的是自己要有问题。

◆ 以问题为导向的教学，能把知识的学习和今后的能力需要结合起来，把被动的知识灌输变成能力培养。

◆ 问题是数学的心脏，解决问题是数学教学的核心。教师不仅要设计好问题，还要启发学生从数学的角度提出问题。

◆ 数学教学应追求一个更高的目标，即"由教师提出问题"逐步过渡到"由学生自己提出问题"。

◆ 新课程背景下的课堂是展示问题的广场，是挑战问题的赛场，是生成问题的牧场。

◆ 为了实现教学的有效性，教师应该逐渐做到从对"学"的关注转向对"人"的关注，从对"结果"的关注转向对"过程"的关注，从对"教师独白"的关注转向对"教学对话"的关注。

◆ 很多教师没有意识到，是自己的教学方式阻碍了学生的课堂参与，却抱怨学生不发言。

◆ 研究发现：老师提出问题后，学生们通常只有不到 1 秒钟的时间去回答问题，若将问题的回答时间延长到 7 秒，学生就能给出考虑更周全的回答，同时这将有助于学生成绩的提高。

行为跟进

"问题"是课堂中最为重要的元素,没有问题的课堂是没有活力的。思维是从疑问和惊奇开始的,常有疑点和问题,才能常有思考和创新。"发明千千万,起点是一问。"提问是创造的起点,是创造的开端。重视学生问题意识和提问能力的培养,应该成为学校教育的重要内容和目的之一。优秀教师总是擅长用"问题"这根纽带把课堂教学的诸多元素有机地联系在一起,让课堂充满智慧,让课堂富有生命活力。

一、课堂提问存在的问题

关于课堂提问,余荣军老师曾经组织教师专门进行过讨论,他们认为当前的课堂提问主要存在以下几个方面的问题:

(1) 问题"过多"。一节课上教师的问题过多,表面上看课堂气氛很活跃,实际上学生根本没有思考的时间。

(2) 问题"过宽"。为了体现教学的开放性,有的教师把问题设计得过大、过宽,由于没有明确的指向性,很难引起学生的数学思考。

(3) 问题"过难"。过难的问题超出了学生的认知水平,学生无所适从,时间长了,会打击学生的学习积极性,抑制学生的思维。

(4) 对象"过窄"。有的教师在课堂上总是提问成绩比较好的学生,忽略了其他学生,没有做到面向全体学生。

(5) 候答"过快"。有的教师在提出问题之后,对候答时间考虑欠妥,总是急于让学生回答,表面上看教学任务完成了,但大部分学生无法有效地参与思考。

(6) 理答"过简"。有的教师对学生的回答评价过于简单,没有在关键处点拨,课堂提问的评价激励太少,起不到评定、反馈、激励、促进的作用。

近年来的研究表明,中小学教师一般每堂课的有效提问仅为56%,而且,由于教师提问频率过高,学生也无暇对这些问题进行深层次的思考。

二、教师如何设计问题

课堂提问是一种有效的教学组织形式,合理的课堂提问是引发学生积

主张 10　问题引领，增加温度

极思考、沟通师生情感、调节课堂气氛、诊断学生学习状况、改进教学策略的有效手段。精彩的提问既能体现教师的基本功，又能启发学生的思维，真正实现课堂教学的优化。高层次的提问策略往往能鼓励学生在组织答案时运用高层次的思维过程。

美国教育专家斯蒂文经过长期的研究后发现，在课堂教学中教师80%的时间都花在了向学生提出问题上。可以说，课堂提问是一种艺术，教师必须讲究提问的策略和技巧。

提问的教学功能是多方面的，主要可归纳为如下几点：

（1）激发学习动机。提问可以引发学生认知的需要和学习的兴趣，并且使学生集中注意力。

（2）提示学习重点。提问可以帮助学生了解教材的重点和难点，掌握学习的方法，自觉地组织学习过程以及增强记忆能力。

（3）发展思维能力。提问可以使学生明确思维方向，拓展思维的深度和广度，提高思维的层次，培养良好的思维品质，发展抽象思维、直觉思维和创造性思维的能力。

（4）培养参与能力。提问提供给学生参与讨论和发表意见的机会，有助于他们发展组织能力和表达能力。

（5）诊断学习成效。提问提供了学生做出反馈的机会，有助于教师了解学生学习的成果、弱点及障碍，了解他们心智活动的过程，以便修正教学方案，改进教学方法。

"问"是一种教学方法，更是一门教学艺术。有个教育家说：什么是教育？如果你告诉学生2+3=5，这不是教育；如果你告诉学生2+3为什么等于5，这是踏进了教育的门槛；如果你告诉学生2+3=4，你们一起论证这个结论是否正确，这才是真正的教育。

有关研究表明，一个好的问题应该具有以下特点中的一条或几条：

（1）具有一定的趣味性和一定的启示意义，也就是说，应有利于学生在充满趣味的过程中掌握有关数学的知识和思想方法。

（2）具有一定的现实意义或与学生的实际生活有着直接的联系。

（3）具有较强的探索性。

（4）具有多种不同的解法或有多种可能的解答。

（5）具有一定的发展余地，也就是说，由此可以引出新的问题和进一步的思考。

（6）表述简明易懂。

如果把上述几条归纳起来，就可以得出这样的结论：有趣、来源于现实或富有挑战性、通过努力可以获得成功并具有一定启发性的数学问题，符合学生知识水平的提高及与之相应的心理的发展，有利于促进学生更主动地学习数学。

三、教师要把握好提问的时机

1. 在知识的关键处设问

教学中教师应该根据教材的目标要求，抓住教学内容的关键提出问题，这样能起到突出重点、突破难点的作用。

例如，在教学《圆的周长》一课时，教师先鼓励学生利用手中的学具测量出用纸板做成的"大圆"、"中圆"和"小圆"的周长。当学生用"滚动"的方法在直尺上滚动一周，测量出圆形纸板的周长时，教师肯定了这种测量方法，又提出问题："如果要测量学校圆形水池的周长，还能用滚动的方法吗？"这一问题激活了学生的求异思维，学生经过思考，又想出了"绳测"的方法，先用绳子绕圆形纸板一周，然后将绳子拉直测量。这时，教师又一次创设疑问："如果要测量一个圆形湖泊的周长，还能用绳子绕一周吗？"学生感到"滚动法"和"绳测法"都有局限性，不得不独辟蹊径，自然而然地进行了新的探索。"圆的周长到底与什么有关系呢？圆的周长究竟有没有普遍性的规律呢？"教师再一次提出富有挑战性的问题。最后，教师引导学生分小组开展探究活动，分别量出用纸板做成的"大圆"、"中圆"、"小圆"的周长和直径，并计算出它们的周长和直径的比值。通过实验操作、观察思考、统计分析、比较归纳，学生终于发现了"圆的周长总是它的直径的3倍多一点"这一规律，并归纳得出"圆的周长＝直径×圆周率"。在这一过程中，教师层层设疑，逼着学生变换角度思考问题，一步一步地把学生的思维引向深入，有效地培养了学生思维的深刻性。

2. 在新旧知识联结处设问

数学知识间有着紧密的联系，旧知识是学习新知识的基础，新知识是旧知识的延伸和发展。在新旧知识联结处提问，有利于学生理解新知识。

3. 在知识易混处设问

教学内容中的许多相近或联系紧密的概念、法则、公式极易混淆,会影响学生准确地掌握和运用。因此,在这些相似处设问,可以引导学生进行分析、比较,搞清它们的区别。

4. 在探索规律中提问

引导学生自己发现规律,不仅有利于调动学生的积极性,而且有利于培养学生观察、比较、判断和推理的能力,在探索规律中设问,可以使学生相互启发、相互争辩、相互补充订正,以加深印象。

5. 在思维转折处提问

人的思维总要受到现实生活和个人经历的影响,所以常规思维大多为顺向思维。而事物本身又往往具有多面性,阅历较浅、涉世不深的小学生往往不容易理解。这就要求教师在学生思维处于转折时,适当给予点拨,引领他们一步一步地去寻找正确的答案。

四、教师如何有效地追问

追问是指在学生解答了教师预设的问题后,为使学生能够更好地理解、把握学习内容,教师根据学生的回答所做的再一次或更多次的提问。它可以再次激活学生的思维,启发学生主动质疑,促进学生深入探究,培养学生的综合运用能力和创新思维能力。

课堂的数学问题不是单一的,往往具有层次性,包含一个主问题与若干个小问题。教师在操作时可一步到位,也可逐级展开,后者就是倾听中的追问深入法。追问不是简单地问"为什么",而是对前一次提问的延伸和拓展,是促进学生思考、实现有效教学的重要教学手段。追问有以下几个切入点:

一是在认知冲突处追问;二是在理解粗浅处追问;三是在出现尴尬处追问;四是在发生错误处追问。

五、如何培养学生的问题意识

美国学者布鲁巴克认为:"最精湛的教学艺术遵循的最高准则就是让学生提出问题。"另一位美国教育家胡佛也指出:"整个教学的最终目标是培养学生正确提出问题和回答问题的能力。任何时候都应鼓励学生提问。"

鼓励学生成为提问者和探索者,而不是简单的、被动的接受者,这有利于培养他们的创造力、思维能力和学习能力,也是新课程的要求。

对学生提问,最为重要的是要让学生形成问题意识,自己学会发现问题,并提出问题。我们帮助别人学习最重要的方法之一就是接受别人的提问,并把提问变成他们思考和学习的机会。

教学研究表明:学生的思维活动总是由问题开始,又在解决问题中得以发展。学生的学习过程就是一个不断提出问题、不断解决问题的过程。在数学课堂教学中,应努力培养学生的问题意识,教师应给予学生发起对话的机会,也就是说,给学生创造发现问题、提出问题的机会,打破只是"教师问,学生答"的传统提问教学模式。

那么,如何培养学生的问题意识呢?

1. 培养学生敢问问题

趋利避害、求成避败是人的本性,学生也不例外,他们总是追求成功,避免失败,喜欢肯定,害怕否定。学生不敢问问题,多是认为问了问题会暴露出自己在学习上没学会的地方,怕挨老师的批评,怕被同学笑话。因此,教师不仅要给予学生更多的言语表扬,而且要用微笑、点头、注视、肯定的手势等对学生进行鼓励。摸摸头、拉拉手等动作都能拉近教师和学生的距离,消除学生的心理障碍,给予他们精神上的鼓舞,使学生的思维更加活跃,主动参与到学习活动中,放心大胆地提问。对学生提出的问题应认真倾听,设身处地地感受学生的所思所想,积极鼓励学生质疑问难,允许出错,允许改正,允许保留意见。课堂上,教师要尽量选择学生提出的问题作为全班研讨的任务。这样既给了提问者一个表现自我的机会,也给了全班同学一个互相欣赏、模仿借鉴的机会。

课堂上我们应努力营造和谐愉悦的教学环境,使学生敢于发问。陶行知的"六大解放"告诉我们,在教学中要解放学生的大脑,让他们敢想;解放学生的嘴巴,让他们敢问。

2. 培养学生会问问题

学生敢问,还要会问、善问。波利亚在《怎样解题》一书中写道:"重要的一点是可以而且应该使教师问的问题,将来学生自己也能提出。"如何引导学生会问?教师在教学中要精心创设问题情境,激发学生探索新知的欲望,让

学生忍不住地想问。学生问问题是从模仿开始的,所以教师要做好问问题的言传身教。不仅要告诉学生问问题的方法,也要做出问问题的示范,要站在学生的角度去问问题,然后慢慢放手,由学生来问,达到学生会问。

3. 培养学生善问问题

如果问题由学生提出,更能激发学生的学习动力。学生提出问题的同时,会自觉地承担起学习的责任,真正实现学习自主。

有些教师常说的一句话是:学生不爱问问题或者没有问问题的习惯。其实主要是教师没有给学生问问题的机会。提问是孩子的天性,孩子不问则表明我们的教育出了问题。教师在平时的课堂教学中,要创设自然生成问题的氛围,使学生有疑敢问;一定要留给学生问问题的时间和空间,促使学生为问题而思,为问题而问,为问题而学。

4. 培养学生解决问题的能力

对学生在学习中提出的各种"问题",如果教师不给予妥善的解答,就可能损伤学生问问题的积极性。教师不要按标准答案要求学生,而应注意鼓励学生的独创性。

教师一定要鼓励学生在课堂上积极发言,帮助学生认识到发言在学习中的价值。教师可以通过图 10-1 向学生说明课堂发言的价值:

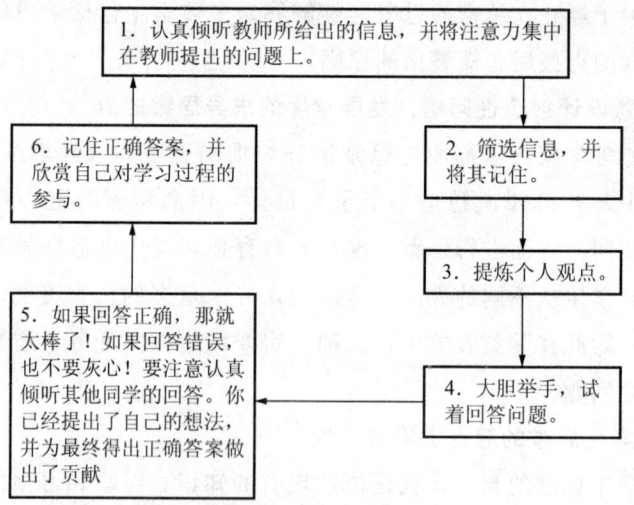

图 10-1

在解决问题的过程中,教师要鼓励学生敢于大胆尝试。教师要特别向学生说明:在课堂上回答问题时,每个错误的回答对其他同学的进一步思考都是一个刺激,都会有所帮助。因此,错误的回答在课堂上也有着重要的作用。

六、教师如何才能提高提问水平

根据优秀教师的经验,要科学地、有效地组织提问必须注意下述几个方面。

1. 设置问题的情境,激发学生思考兴趣

所谓设置问题情境,就是从学生熟悉的或感兴趣的社会现象、自然现象和日常生活现象出发,让学生分析解决,以引发学生的认知需求,使他们产生强烈的求知欲。

2. 要根据学生的实际情况适度提问

这里的"适度"主要表现在:一是适当的广度和难度。所提问题以学生已有知识、生活经验为基础,不能过易,也不能过难。教师提问既要有尽可能大的广度(面向班级的绝大多数学生),又要有一定的难度。提问的难度要控制在学生"跳起来能摘到果子"的水平上。提出的问题应遵循少数学习尖子经独立缜密的思考能够解答,多数学生包括学习后进生经老师不同程度的点拨后也能答出的原则。

3. 注意设计创造性问题,发展学生的求异思维能力

美国心理学家吉尔福德把思维区分为求同思维和求异思维两种类型。传统教学中,获得知识乃是一个重要目标,因此学习的重心在于求同思维,要求在同一方面进行思考。现在的教育强调学生创造性思维能力的培养,即引导学生从不同的方向思考问题,寻求众多的适当答案,发挥自己的创造性。因此在课堂教学中,教师一定要结合教学任务,适当地多设计一些创造性问题。

4. 在学生思维的起点上设计问题

所谓学生思维的起点,就是他们现有的知识、经验和习惯使用的思维方式。这些东西有正确的,也有错误的。以这些知识、经验和思维方式,特别是其中错误的东西作为起点设计问题,可以激发学生的认识兴趣,发

主张 10　问题引领，增加温度

展他们的抽象思维能力，增强他们对新知识、新概念的记忆。

例如，在教学《分数的基本性质》一课时，教师一上课就可以提出这样的问题：$\frac{3}{4}$ 和 $\frac{6}{8}$ 这两个分数是否相等？你怎么证明它们之间相等或不相等？

结果学生经过小组合作后，想出了四种方法说明两个分数是相等的：利用画图说明两个分数大小相等；利用分数与除法的关系和小数除法来说明；利用分数与除法的关系和商不变的性质说明；利用分数的意义采用设数的方法验证。学生面对问题与自己的经验建立链接，有的学生善于形象思维，有的善于计算，有的善于逻辑推理，学生在想办法验证时不断积累活动经验，逐渐完善解决策略。学生在交流中会在思维方法和思维过程中互相启发、碰撞，进而使学生"聪明"起来。

5. 要充分利用学生所提出的各种问题

学生的思维是十分活跃的，他们在预习教材时和在课堂教学进程中会提出各种教师想不到的问题。这些问题以他们的现有知识经验作为起点，极容易引起班上同学的共鸣和争论。这些问题中有不少直接关系到如何理解教材中的重点与难点，是教师所设计问题的重要补充。及时地肯定学生所提出的有意义的问题并进行讲解或展开讨论，是科学地组织提问的一项基本功。

参考文献

[1] 袁振国. 教育新理念 [M]. 北京：教育科学出版社，2007.

[2] 吴立岗，夏惠贤，主编. 现代教学论基础 [M]. 南宁：广西教育出版社，2007.

[3] 余荣军. 有效提问：引领有效课堂的翅膀 [J]. 小学数学教育，2010 (12).

[4] 朱声海. 对课堂教学有效"追问"的思考 [J]. 小学数学教育，2010 (7/8).

主张 11　数形结合，化难为易

观点分享

◆ 几何直观主要是指利用图形描述和分析问题。借助几何直观可以把复杂的数学问题变得简明、形象，有助于探索解决问题的思路、预测结果。几何直观可以帮助学生直观地理解数学，在整个数学学习过程中发挥着重要作用。

◆ 数与形是数学中最基本的两大概念，也是整个数学发展过程中的两大基石。在小学生的认知结构中，数和形是两个紧密联系、互相依赖、互相促进的部分。

◆ 数学要研究的东西，基本上是数量关系和空间形式。在数学当中，几何具有非常重要的地位。几乎所有重要的数学概念，最初都是从几何中来的，所以有人说，几何是数学思想的摇篮。

◆ 美国数学家斯蒂恩曾说过："如果一个特定的问题可以转化为一个图形，那么思想就整体地把握住了问题，并且能创造性地思索问题的解法。"

行为跟进

在小学生的认知结构中，数和形是两个紧密联系、互相依赖、互相促进的部分。因为一方面小学生的抽象思维还不太发达，学习抽象的数学知识时还必须有形象的支持；另一方面，形象化的实例很容易引起学生的兴趣，愉快的情感能引发学生的有意注意，激发学生学习的积极性。因此，任何数形分开或先数后形、先形后数，都不符合小学生认识数学的心理特点。

主张 11 数形结合，化难为易

数形结合是数学中一种重要的思想方法。它将抽象的数学语言与直观的图形结合起来，使代数问题几何化或使几何问题代数化，为问题的解决提供简捷明快的途径。数形结合思想是根据问题的具体情况，把具有直观形式的图形性质的问题转化为具有算法性质的数量关系的问题，通过代数方法分析数量关系来探讨、论证、解释直观图形的性质；或者把数量关系的问题转化为图形性质的问题，用几何图形直观地反映、描述和刻画数量关系，从而使抽象思维和形象思维结合起来，使复杂问题简单化、抽象问题具体化，化难为易，使问题得到解决。数形结合不仅是一种数学思想，还是一种很好的教学方法。

从古到今，很多人曾经对数与形的关系做过生动的描绘：从《九章算术》里的"析理以辞，解体用图"到华罗庚"数形本是相倚依，焉能分作两边飞。数缺形时少直觉，形缺数时难入微。数形结合百般好，隔裂分家万事休。几何代数统一体，永远联系莫分离"的诗句；从古希腊数学家毕达哥拉斯的数阵图、毕达哥拉斯定理（勾股定理）到美国数学家斯蒂恩提出的"如果一个特定的问题可以被转化为一个图形，那么思想就整体地把握住了问题，并且能创造性地思索问题的解法"，等等，所有这些都向我们深刻地描绘了数形之间那种美妙的契合关系。

综观小学教材的各个学段和各个领域，适合渗透"数形结合"思想方法的教学内容可谓比比皆是。在北师大版和人教版小学数学教材中涉及的直观模型主要有以下几种：

小棒模型（图 11-1）：

图 11-1

续图 11-1

方块模型（图 11-2）：

图 11-2

主张 11　数形结合，化难为易

方格纸型（图 11-3）：

(2) 140 本故事书，每班 30 本，可以分给几个班？

140 ÷ 30 = _____

图 11-3

计数器模型（图 11-4）：

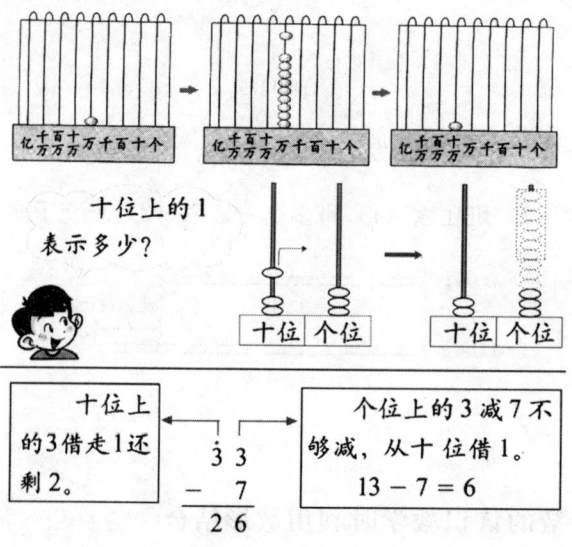

图 11-4

数线模型（图 11-5）：

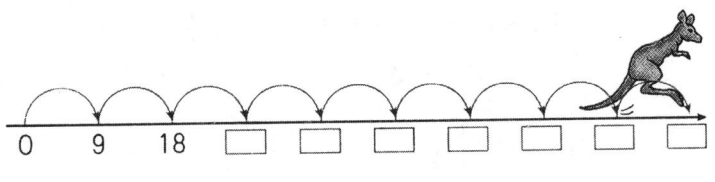

图 11-5

线段图（图 11-6 和图 11-7）：

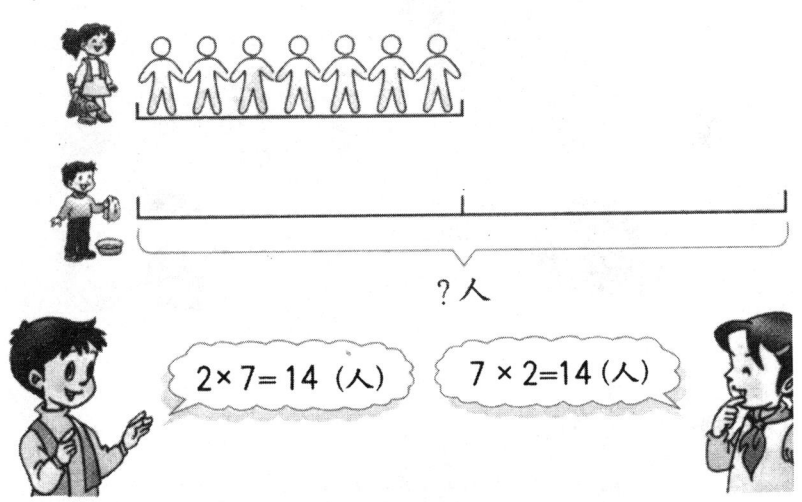

图 11-6

2 六年级举行"小发明"比赛，六（1）班同学上交 32 件作品，六（2）班比六（1）班多交 $\frac{1}{4}$。六（2）班交了多少件作品？

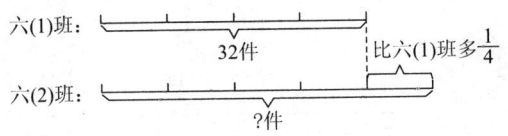

图 11-7

一、在数的认识教学时利用数形结合

数感主要是指关于数与数量、数量关系、运算结果估计等方面的感

主张 11 数形结合，化难为易 127

悟。建立数感有助于学生理解现实生活中数的意义，理解或表述具体情境中的数量关系。

《数学课标（2011 年版）》把培养学生的数感作为义务教育阶段数学教育的一个重要目标。只有为学生提供充分的可感知的现实背景，才能使学生真正理解数的概念。

这里仅以数的认识为例，来看一看中外教材中如何利用直观模型培养学生的数感。

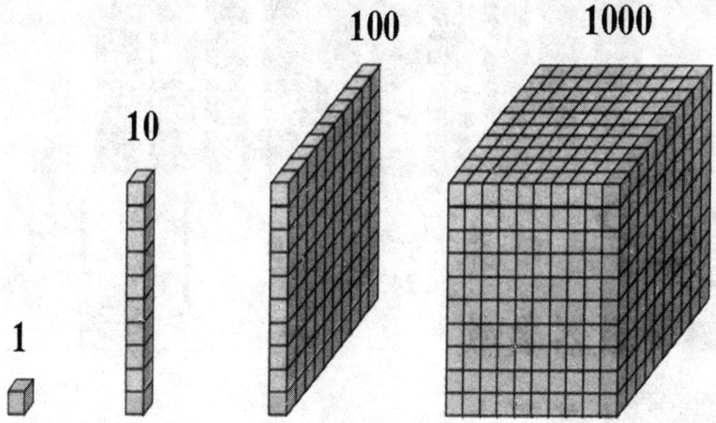

图 11-8

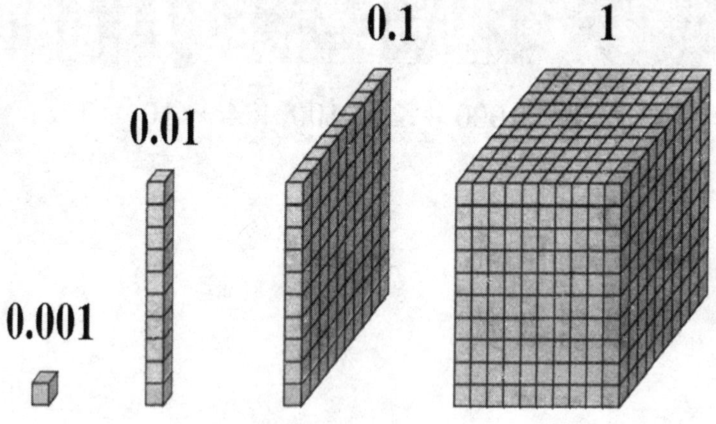

图 11-9

钱守旺的小学数学教学主张

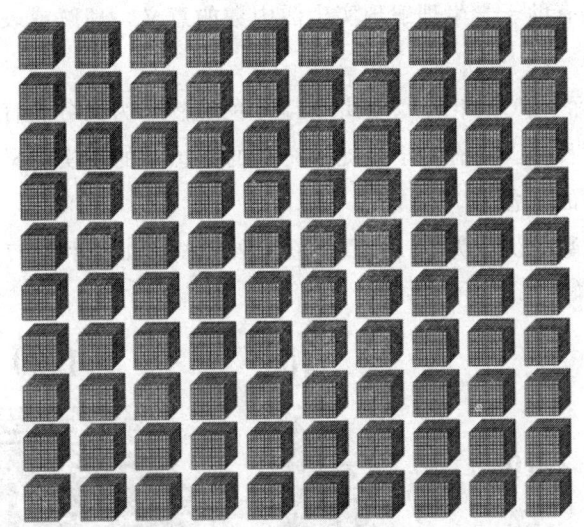

 你能用尽可能多的方式表示1243吗?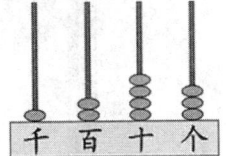

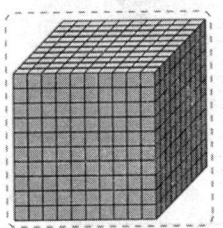 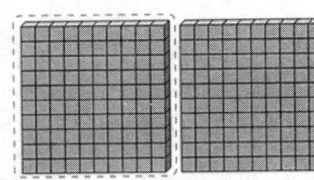 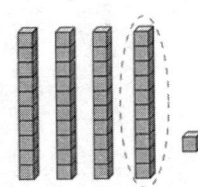

$$1243 = 1 \times 1000 + 2 \times 100 + 4 \times 10 + 3$$

图 11-10

主张 11 数形结合，化难为易 129

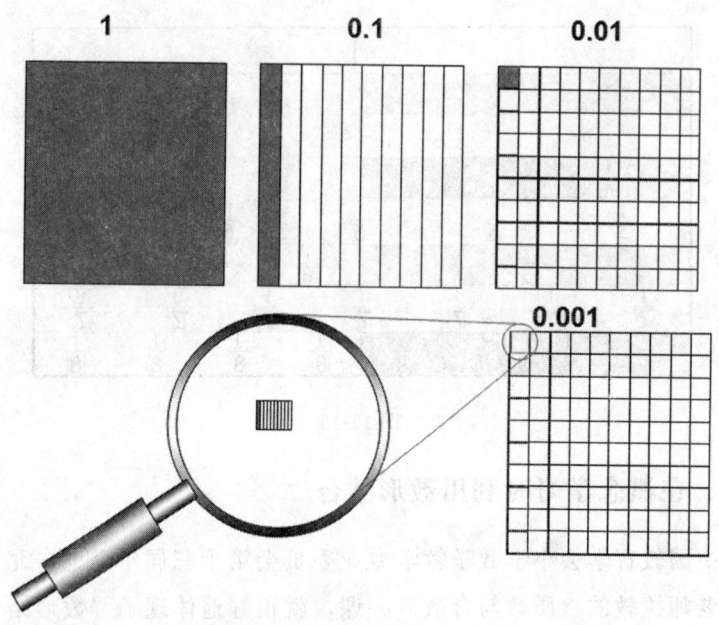

图 11-11

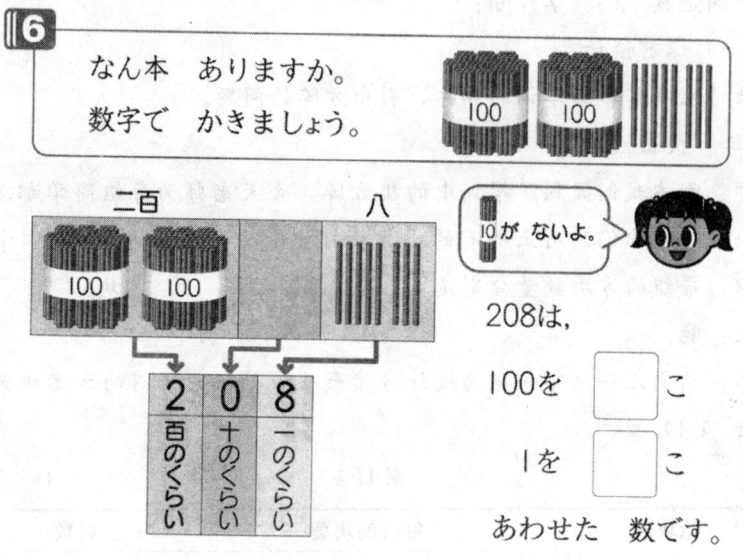

图 11-12

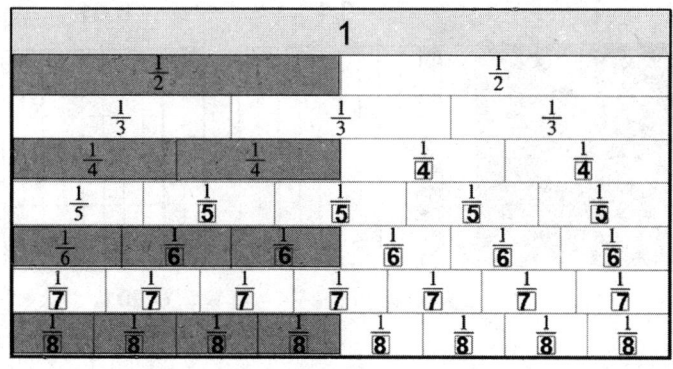

图 11-13

二、在概念学习时利用数形结合

在中国教育学会小学数学教学专业委员会第十三届年会上,北大附小的李宁老师执教的《质数与合数》一课,就很好地体现了"数形结合"思想在概念教学中的优势。这节课的教学过程清晰流畅,层次清楚,富有新意。下面是其中的教学片断:

(一)课前谈话

让学生欣赏参加军训的相片,引出方阵的问题。

(二)提出问题

师:刚才我们提到了军训中的排方阵,今天老师为每组同学都准备了一些小方块,你们能用上所有的小方块摆出长方形或正方形吗?(学生分成 7 组,每组的方块数量分别是 4、5、7、9、11、12、24 块)

生:能。

师:咱们比一比哪一组的设计方案最多,请将设计好的方案记录在表格(表 11-1)里。

表 11-1

总块数	每行的块数	行数

主张 11 数形结合，化难为易

学生分成 7 组研究并记录研究方案。

（教师进行巡视，解答学生研究过程中的问题，并注意收集学生对方案产生的疑惑，为引导学生进一步研究做好准备。这一环节设计的目的主要是引导学生初步建立数与形之间的感性认识，为进一步学习打下基础）

（三）交流并引发冲突

1. 引导学生分组汇报研究成果。（教师帮助学生记录研究成果）

第一组：4＝4×1＝2×2

第二组：5＝5×1

第三组：7＝7×1

第四组：9＝9×1＝3×3

第五组：11＝11×1

第六组：12＝12×1＝6×2＝4×3

第七组：24＝24×1＝12×2＝8×3＝6×4

师：第七组太棒了！你们设计的方案最多，真了不起！你们是今天当之无愧的冠军！（引发冲突）

生：不公平。

2. 教师收集学生的意见并记录下来。

教师板书学生的质疑：数的大小，奇数、偶数，因数个数。

3. 教师适时评价，引发学生进一步研究。

师：相信你们说的都有各自的道理，刚才我看到每个组的同学都在想办法，想使方案尽可能多一些，但有些数摆完后方案只有一种，有的就不止一种。我们一起来看一看。

（教师引导学生将方案中只有一种和方案不止一种的数形图选出来，分别呈现在黑板上）

师：那么方案的多少到底与谁有关呢？刚才老师提供的学具不公平，如果让你们自己选，你们愿意吗？

（教师通过课堂评价有意制造矛盾冲突，由此引发学生进一步探索和研究的欲望）

（四）再次尝试

1. 老师再次呈现可供选择的块数（46、25、59、32、36、51）。

2. 各组学生分别派代表自主选择并进行研究。

3. 引导学生交流研究体验，发现因数的个数是影响方案多少的决定性因素。

师：通过刚才的研究，对于影响方案的三种因素，你们有什么新的想法？

（通过再次的体验，引导学生关注数与因数之间的关系）

（五）比较归纳

1. 观察归纳。

师：既然因数的个数是决定性因素，就让我们一起来观察我们曾经研究过的数的因数。方案只有一种的这些数有什么特点？

（引导学生从因数的特点、因数的个数和数形图不同的维度进行观察）

2. 引导学生归纳质数的概念。

3. 在学生准确归纳质数的基础上归纳合数的概念。

以上教学片断，教师用军训方阵的具体情境引出用小方块摆方阵的操作。操作生成的丰富的方案引发学生思考：摆出长方形（或正方形）的多少，可能与小方块的个数是奇数还是偶数、大小或因数的个数有关。在此基础上，教师组织学生再次操作，探索"什么是影响方案多少的决定性因素"——直指质数、合数概念的内涵。数与形相结合，操作与思考融为一体，帮助学生清晰地构建了质数、合数的概念。

三、在理解算理、归纳法则时利用数形结合

算理是四则运算的理论依据，它由数学概念、运算定律、运算性质等构成；运算法则是四则运算的基本程序和方法。运算是基于法则进行的，而法则又要满足运算定律等。所以，算理为法则提供了理论依据，法则又使算理具有操作性。

数直线不但将抽象的数直观形象化，而且也有助于理解运算，将运算直观形象化。加法就是在数直线上继续向右数，或者看做向右平移若干个单位；减法就是在数直线上先找到被减数，然后再向左数，或者看做向左平移若干个单位；乘法就是在数直线上几个几个地向右数，或者把一个线段拉长几倍；除法就是在数直线上先找到被除数，然后向左几个几个地数，如果恰好数到 0，就是除尽，数了几次，商就是几。当不能恰好数到 0 时，就产生了余数。

主张 11　数形结合，化难为易 　133

图 11-14 是韩国小学数学教材中用实物模型帮助学生理解 12÷3 的计算过程和算理。

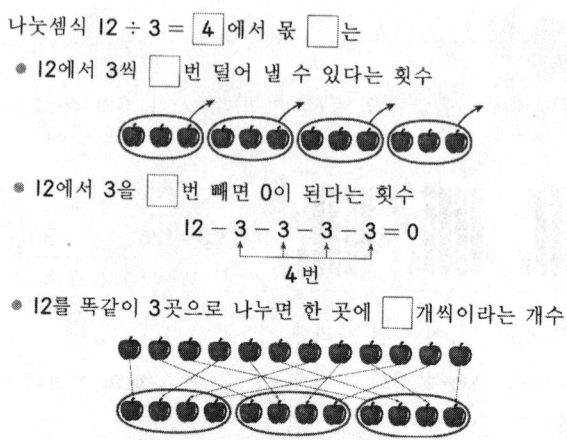

图 11-14

图 11-15 是韩国小学数学教材中用小方块模型帮助学生理解三位数减三位数的计算算理。

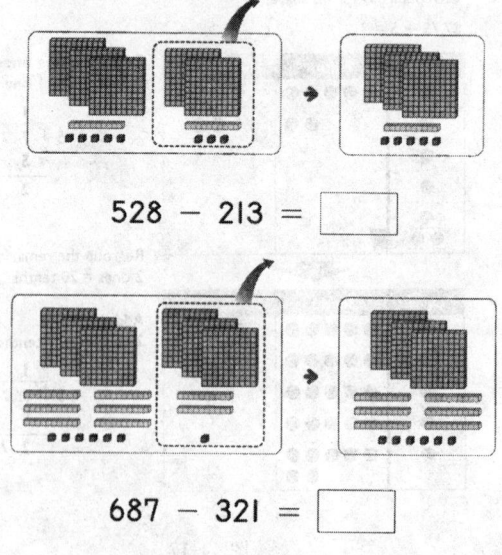

图 11-15

图 11-16 是韩国小学数学教材中利用方块模型帮助学生理解 42×3 的计算过程及算理。

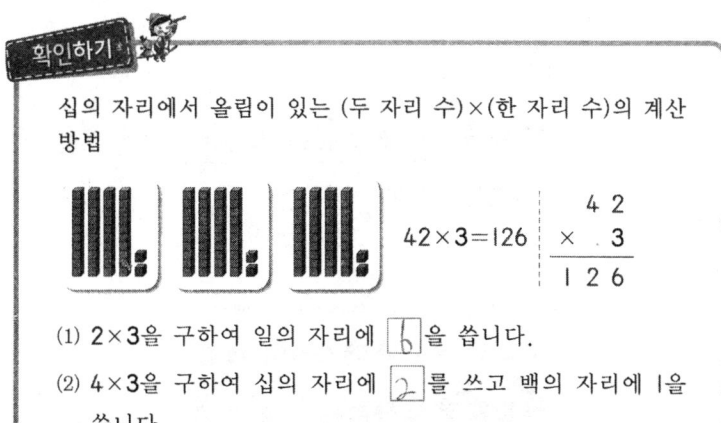

图 11-16

图 11-17 是新加坡小学数学教材中利用点子图帮助学生理解 7.75÷5 的算理的过程，直观、形象，可给我们很大的启发。

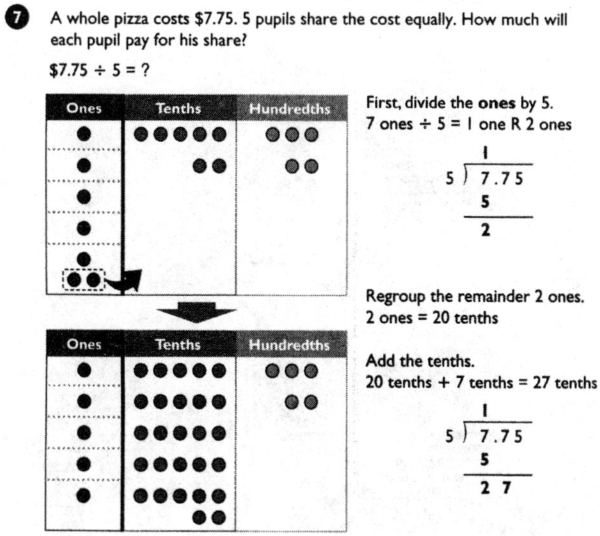

图 11-17

主张 11　数形结合，化难为易　　135

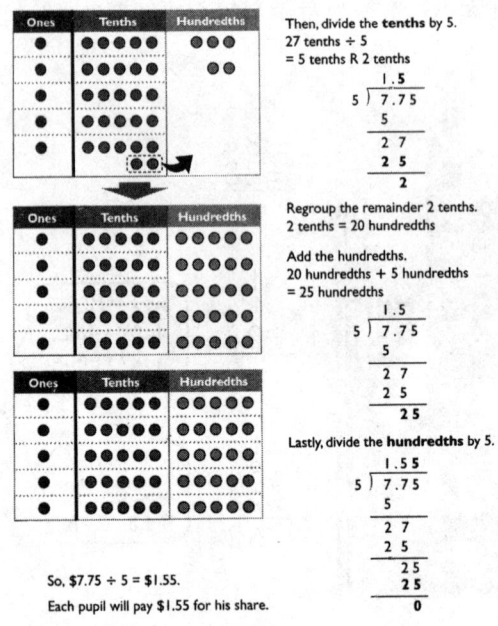

续图 11-17

图 11-18 是新加坡小学数学教材中用方格图帮助学生理解 253＋68 的算理。

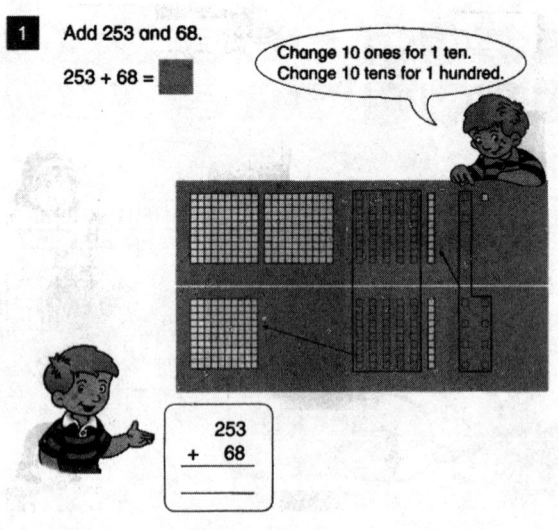

图 11-18

图 11-19 是日本小学数学教材中利用小棒图帮助学生理解 34＋28 计算算理的过程。

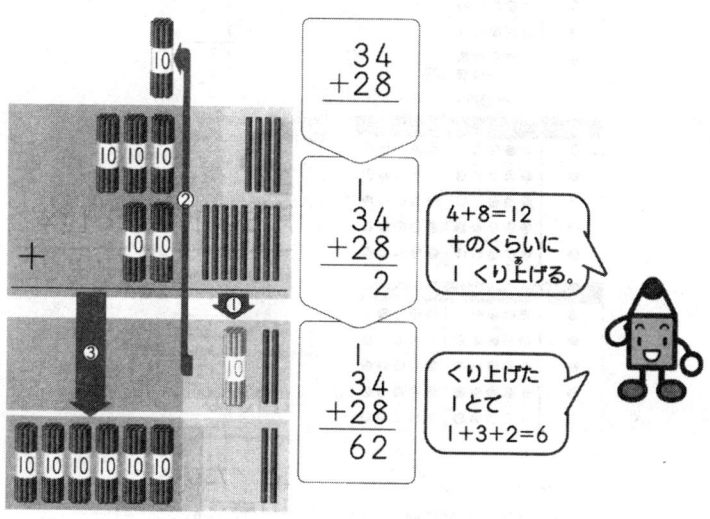

图 11-19

图 11-20 是我国香港地区小学数学教材中利用数字轨道帮助学生理解计算算理的过程。

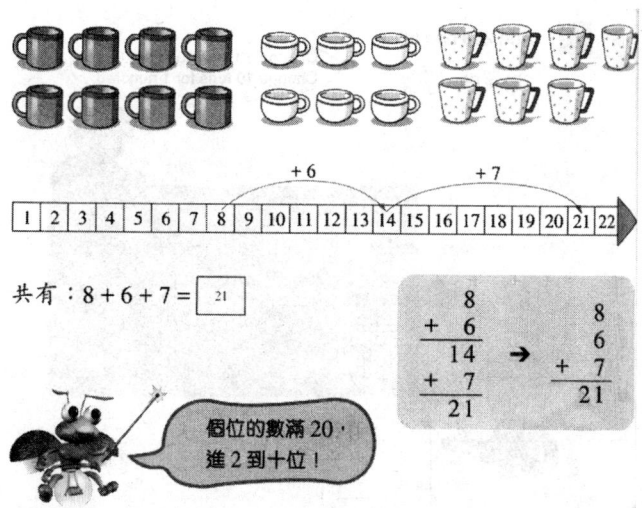

图 11-20

图 11-21 是我国台湾地区小学数学教材中利用方格图帮助学生理解分数除法算理的过程。

1 陳家有土地$\frac{3}{4}$公頃，林家有土地$\frac{2}{3}$公頃，陳家的土地是林家的多少倍？把做法用算式記下來。

$$\frac{3}{4}\div\frac{2}{3}$$

先通分為同分母分數，再相除。

$$=\frac{3\times3}{4\times3}\div\frac{2\times4}{3\times4}$$

$$=\frac{9}{12}\div\frac{8}{12}$$

$$=9\div8$$

9 個$\frac{1}{12}$除以 8 個$\frac{1}{12}$，可以看成 9 除以 8。

$$=\frac{9}{8}$$

答：$\frac{9}{8}$倍

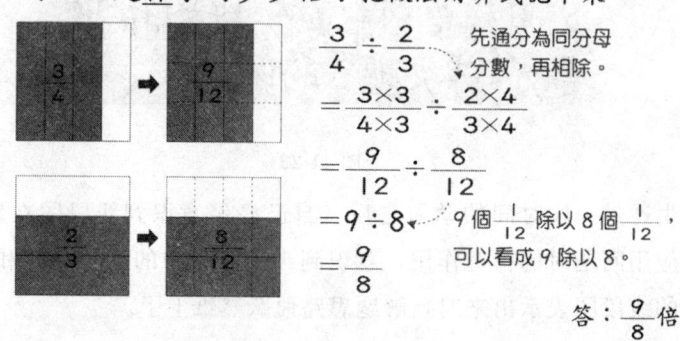

图 11-21

四、在解决问题时利用数形结合

小学生在解决问题的过程中，实质上是完成了两个认识上的转化。第一个转化是指从纷乱的实际问题中，收集、观察、比较、筛选出有用的信息，从而抽象成数学问题；第二个转化是根据已抽象出来的数学问题，全面分析其中的数量关系，探索出解决问题的方法并求解。

实际问题变化多端，把它们抽象成数学问题，有的结构较特殊，因此，并非所有的题目一开始就能发现其中的数量关系。如果能为学生提供一些有效的解决问题的策略，将有助于提高他们解决问题的能力和数学思维能力。

线段图采用了数与形相结合的形式将事物之间的数量关系明确地表示出来，也是小学数学常用的一种解题策略。线段图可以使抽象问题具体化、复杂关系明朗化，为正确解题创造条件，尤其在学习分数、百分数应用问题时，学生只要把部分与整体的关系、具体数量与比率的对应关系正确地表示出来，问题解决的任务便完成了一半。

教师要让学生尝试把应用问题画出来，提高学生的画图能力。

图 11-22 是我在教小学六年级数学课时，让学生自己总结的解答分数、

百分数应用问题的窍门。

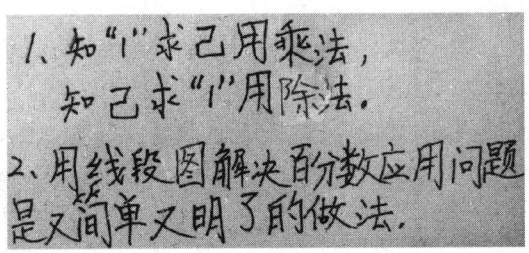

图 11-22

学生通过一段时间的学习之后，自己已经意识到线段图在解答分数、百分数应用问题时的神奇作用，意识到当把题目中的已知条件和所求问题用直观的线段图表示出来时，解题思路便跃然纸上了。

比如下面这道题目，是北师大版教材中的一道原题，看起来并不复杂，但刚开始学习的时候学生出现"乘除法分不清"、"1加还是1减分不清"的问题。

幸福村今年苹果大丰收，产量达到 3.6 万吨，比去年增长二成，去年苹果的产量是多少万吨？

在判作业时，我惊奇地发现，凡是正确画出线段图的学生，列式都是正确的。图 11-23 是三位学生自己画出的线段图：

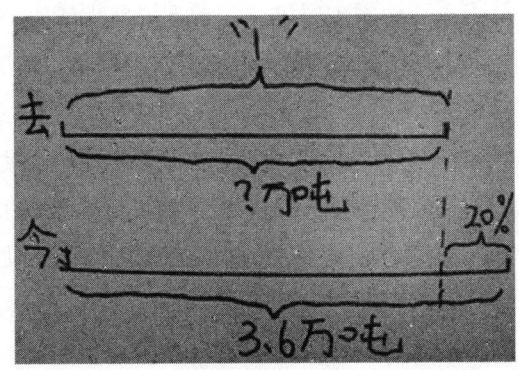

图 11-23（a）

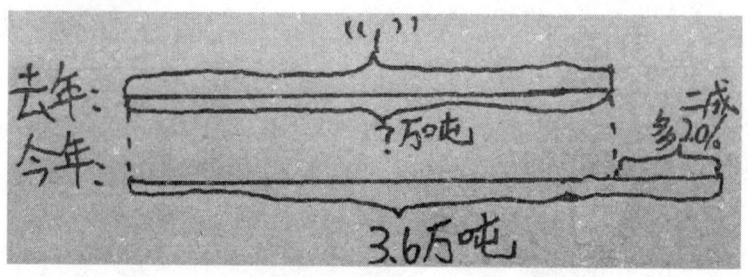

图 11-23（b）

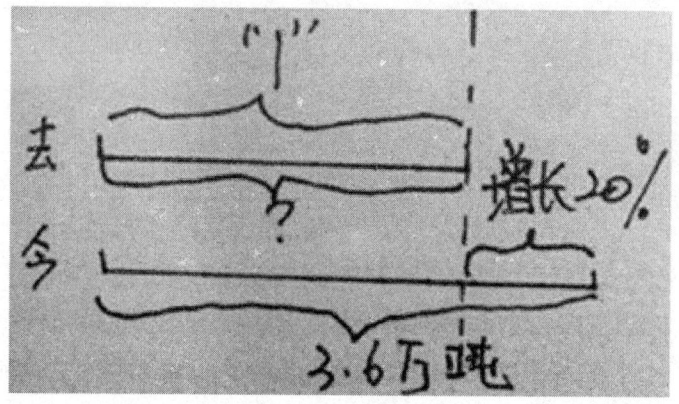

图 11-23（c）

在小学低年级教学有关"倍"的应用问题时，线段图也能很好地发挥作用（参见图 11-24）。

图 11-24

1. 画图表示蜻蜓和蝴蝶的关系（见图11-25、11-26），再列式计算。

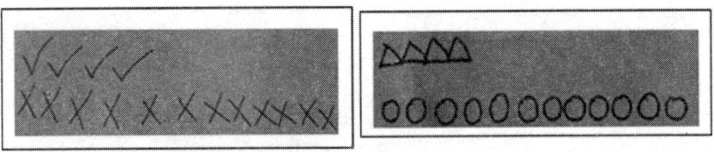

图11-25　　　　　　　　　图11-26

2. 有多少只蜜蜂？淘气是这样画图的（图11-27），你能看懂吗？

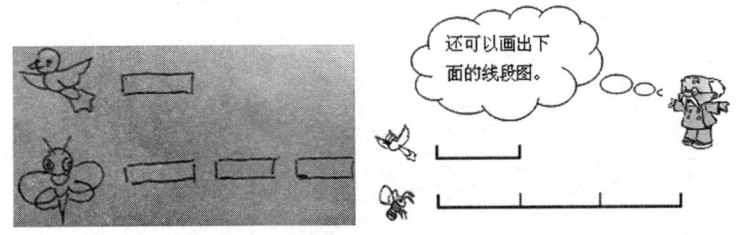

图11-27

教师提出"有多少只蜜蜂"的问题，要求学生找出相关的数学信息，"小鸟有9只"，蜜蜂说"我们的只数是小鸟的3倍"。学生根据这种倍数关系画出示意图，列出算式。由于数量变多，部分学生会想到概括地表示3倍的方法，从而自然引出线段图，体现出线段图的优势与作用。

五、在探索规律时利用数形结合

为了进一步理解倒数概念的内涵，教师可以安排快速求倒数的练习，并利用线段图（如图11-28），突出一个数与它的倒数的相互依存关系及真分数、假分数的倒数和单位"1"的关系，使学生体会到单位"1"的重要地位。之后，又通过让学生把刚才的一组组倒数作为长方形的长与宽想象长方形的环节，再次借助几何直观，在线段（一维）直观的基础上，进入面积（二维）直观，将图与数联系，直观与思辨并重，使学生获得比较深刻的情感体验和学习经验。

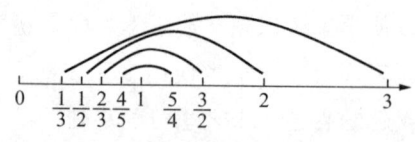

图 11-28

六、在突破难点时利用数形结合

波利亚曾指出:"抽象的道理是重要的,但要用一切办法使它们看得见、摸得着。"(《数学发现》p.333)

甲乙两车同时从 A、B 两地开出,相向而行,结果在距 B 地 80 千米的地方两车相遇,相遇后两车继续前进,甲车到达 B 地后立即调头开往 A 地,乙车到 A 地后也立即调头开往 B 地,结果在距 A 地 60 千米的地方两车又相遇,求:A、B 两地间的路程。

这道题我们可以根据题中的叙述画出下面的线段图(见 11-29):

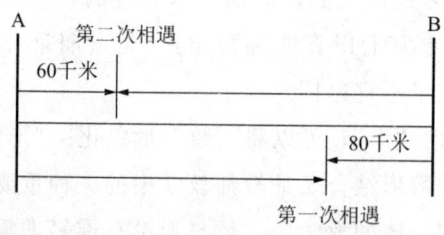

图 11-29

此题因为两车的速度、行驶的时间都是未知的,没有明显的等量关系,很难列方程解答,而用算术方法解,可借助线段图,根据两次相遇,两车共走三个全程,便可很容易地找到解题方法。

如图 11-29 所示,第一次相遇时,两车共行一个全程,乙车行 80 千米;到第二次相遇,两车共行三个全程,乙车也就行了 3 个 80 千米,则 AB 全长为 80×3－60＝180(千米)。

为了提高"数形结合"教学的效果,教师在平时的教学中要特别注意以下几点:

(1)经常使用直观模型。在日常教学中,教师应有意识地引导学生认识多种直观模型。例如:实物、点子图、面积模型和数线等。这些模型在

课堂上不断呈现，可以使学生认识到在数学学习中直观模型的重要作用。

（2）鼓励使用多元表征。鼓励学生使用多元表征有助于培养学生用自己的方式解决问题的兴趣，它还是未来学习的基础。

（3）培养数形转化意识。在日常教学中，应结合具体内容，有意识地引导学生见数想形、因形思数，培养学生数形相互转化的意识。

数形结合还有利于开发学生的右脑。左脑负责逻辑记忆，右脑负责直觉记忆。现代脑科学研究证明，直觉图像能力的大小和右脑对图像的感知能力密切相关，一个对图像感知能力强的人，他的直觉图像能力也就强，他的右脑也就更灵活。人类的右脑是一个潜能无穷的宝库，有两组数字可以说明：第一，右脑的记忆能力是左脑的100万倍；第二，右脑在10秒钟内可以产生350万个联想。从左、右脑的信息容量来分析，左脑的容量只占全部脑力的5%～10%，还有90%～95%的潜能储藏在右脑，如果右脑的记忆容量被开启，人脑就会有无限的记忆能力。英国学者哈莫尔说："右脑的图像思维能力是惊人的，调动右脑思维的积极性是科学思维的关键所在。"右脑开发专家七田真明确指出："儿童期是开发右脑的黄金时期，并且右脑开发宜早不宜迟！"

总之，"数"辅助"形"，可以将"数"形象化；"形"辅助"数"，可以使"数"直观化。数形结合既是教师教学中的一种重要手段，也是学生数学学习的目的。在具体的教学中，数与形没有谁轻谁重、谁先谁后的规定。教师要根据自己对数学及学生情况的理解，找到数形结合的关键点，在教学中努力体现这一教学思想。相信数与形相结合的数学学习必将促进学生的思维发展和数学素养的提高。

参考文献

[1] 张丹. 小学数学教学策略 [M]. 北京：北京师范大学出版社，2010.

[2] 丁艳玲，王彦伟. 思想引领课堂——渗透数形结合思想的策略研究 [J]. 小学教学：数学版，2010 (11).

[3] 李宁. 质数与合数：教学设计与实践反思 [J]. 小学数学教育，2009 (1/2).

主张 12　善于举例，深化理解

观点分享

◆ 抽象性常常被说成数学最为基本的一个特性。帮助学生较好地理解与掌握抽象的数学概念与数学理论是数学教学的一项基本任务。实现这个目标的一个基本手段就是恰当地举例——会举例，善于举例。这应当看成是数学教师的基本功。

◆ 什么是大师？大师就是那些下最深的工夫研究，用最浅显的表达方式表达研究成果的人。

◆ 从某种角度讲，能用恰到好处的实例来解读理论的人，比只会给出抽象理论的人更伟大，因为这不但表明了消化理论的能力，也代表了思考的透彻与思想的成熟。

◆ 教师要想在课堂教学中运用自如地举例，关键在于平时的搜集和积累。

◆ 教师所举的例子形式要新颖，内容要形象、具体、生动，可感性要强，表述要言简意赅、通俗易懂，使例子的形式、内容、表述都具有较强的感染力。

行为跟进

南京师范大学郑毓信教授曾撰文谈数学教师的三项基本功：善于举例、善于提问、善于比较与优化。他首先谈到的就是"善于举例"。

身边的事例看得见、摸得着，具有很强的说服力，能极大地增强事例

的可信度，进而促进事例对书本知识的阐释作用。举例对于数学教学的重要性是由数学的基本特性——高度的抽象性直接决定的。郑教授指出，数学教学工作最为基本的一个方面，就是能够通过适当的举例，帮助学生很好地理解与掌握抽象的数学概念与理论，特别是为学生较好地实现相应的数学抽象提供必要的基础。

从某种角度讲，能用恰到好处的实例来解读理论的人，比只会给出抽象理论的人更伟大，因为这不但表明了消化理论的能力，也代表了思考的透彻与思想的成熟。

一、教师举例要符合学生的接受水平

要从学生的知识水平、理解能力、生活经历等出发，选用学生容易观察、便于想象的例子或者亲身经历的事情。这样的例子可感性强，易于理解和接受。所举事例要浅显、贴切、自然，富有生活气息，语言要生动、幽默，这样才易于促进学生对知识的理解，才易于让学生集中注意力。

例如：学习解方程，"解方程"与"方程的解"是两个容易混淆的概念。用"钥匙"和"锁"来比喻，方程是一把没有打开的密码锁，比如方程 x－8=16，当 x 等于几时，就能"打开"呢？x=24 时，就能打开它，24 是打开锁的密码。x=24 就是这个方程的"钥匙"，我们把它叫做"方程的解"。寻找密码，把锁打开的过程叫开锁。求出方程的解的过程，类似于开锁的过程，叫做"解方程"。简单的钥匙和锁的比喻与实例，让学生一下子明白了难以分辨的"解方程"与"方程的解"。巧用比喻，会给数学课堂带来意想不到的惊喜，使教学事半功倍。

二、教师举例要恰当、确切，具有典型性和说服力

若所举事例在同类事物中具有代表性，则对学生理解观点具有普遍指导意义。即所举事例既要能较全面、清晰地感知事物的形象和基本属性，便于学生准确、加深理解观点的实质，又要能启发学生的思维，提高学生分析解决问题的能力，达到举一反三、迁移知识的目的，防止就事论事。

例如，在"除数是小数的除法"的教学中，会遇到小数点位置移动的问题，根据商不变的规律，被除数要随着除数小数点的变化而变化。为了

主张 12 善于举例，深化理解

让学生很快地理解并熟练掌握此内容，可以采用让学生训练小数点"齐步走"的方法。教师形象地将除数比做队长，被除数比做队员，队长、队员齐步走，队员要听队长的。用这样通俗易懂的比喻来描述小数点移动引起商的变化，学生更容易接受，理解更深刻，也不易遗忘。

"约数"与"倍数"这两个概念不是孤立的数学概念，它们彼此间存在着明显的相互依存关系，比如 8，就不能说"8 是倍数"，也不能说"4 是约数"，而一定要说"8 是 4 的倍数，4 是 8 的约数"。况且 8 对于 4 来说是倍数，而对于 16 来说又是约数。这种 8 既是倍数、又是约数的现象学生也不易理解。

老师可以现场叫起一个学生，对他说："你父亲是你的父亲，同时他又是你爷爷的儿子，因此不能简单孤立地说他是父亲或他是儿子，而一定要具体地说，他是谁的父亲或他是谁的儿子。"这样一讲，大家就都明白了。

"方程"定义往往以其外在的逻辑形式呈现出来：含有未知数的等式叫方程。这样的定义冷冰冰的，没有生活背景。我们可以进一步揭示它内在的数学本质，即方程是为了寻求未知数而在已知数和未知数之间建立的一种等式关系。于是，方程就和日常生活中的关系连接起来。比如，我们为了认识"未知数先生"，必须请"已知数先生"为中介，找到一种关系，根据关系就能认识"未知数先生"了。这样，我们就为方程找到了一个生活经验上的立足点，成为一种数学经验。

三、教师举例要具体而又形象

所举的例子形式要新颖，内容要形象、具体、生动，可感性要强，表述要言简意赅，通俗易懂，使例子的形式、内容、表述都具有较强的感染力。

为了帮助学生理解乘法分配律，教师可以举下面的例子：

a 代表爸爸，b 代表妈妈，×代表爱，c 代表我。

$(a+b) \times c = a \times c + b \times c$：爸爸和妈妈爱我，也就是爸爸爱我，妈妈也爱我；$c \times (a+b) = c \times a + c \times b$：我爱爸爸和妈妈，也就是我爱爸爸，我也爱妈妈。

在学完平均数以后，有的学生搞不清楚"平均数"和"平均分"有什么区别，这时教师就可以通过举例的方法帮助学生理解这两个概念之间的异同。

求平均数的基本方法，是用一组数据的总和除以这组数据的总个数，所得的商就是这组数据的平均数。它和过去学过的把一个数平均分成若干份，求每一份是多少，即"平均分"的方法基本相同，但"平均数"和"平均分"的意义是不一样的。例如，把6个苹果平均放在3个盘里，每盘放2个，这里的"2个"是每盘实际分得的结果，这是属于"平均分"。而6个西瓜一共重24千克，平均每个西瓜重4千克，这个"4千克"就是这6个西瓜重量的平均数，因为这6个西瓜有大有小，有轻有重，并不是每个西瓜都恰巧重4千克。这样一讲，学生对"平均数"和"平均分"两个概念就非常清楚了。

四、教师举例要内容丰富、形式多样

两步计算的应用题，第一步需要求出的是一个隐蔽条件（或者说"中间问题"）。对于这样一个既是条件、又是问题的数量，学生理解起来是很困难的。著名特级教师刘德武老师曾给学生举过这样一个例子：

"如果我们从虎坊桥出发，乘公共汽车到颐和园，有没有直达汽车？"

"没有。"

"那怎么办？"

"坐15路车，到动物园再倒车。"

"对！"

刘老师边说边在黑板上画了一幅示意图（图12-1）。

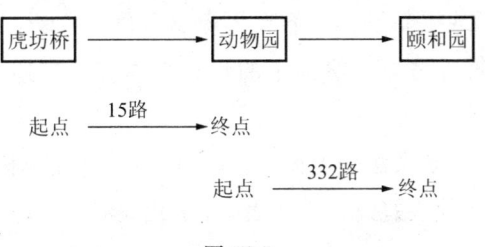

图 12-1

然后刘老师问学生："虎坊桥是我们出发的起点，颐和园是到达的终点，那么动物园是起点，还是终点？"

"动物园既是起点,又是终点。它是 15 路车的终点,又是 332 路车的起点。"

这样,再结合具体应用题进行分析,学生对两步应用题的结构和思路就十分清楚了。他们甚至在互相讲题时说:"你先得把这道题的'动物园'求出来。""动物园"成了隐蔽条件的代名词。

此外,在一道应用题中,所有的条件之间并不都存在着直接关系。有些条件之间是直接关系,而有些条件之间是间接关系,怎样才能区别并说明它们呢?刘老师曾举过一个"包饺子"的例子。

刘老师首先板书(如图 12-2),并说明这些都是包饺子的必要条件,那么哪两个条件之间具备了直接关系呢?

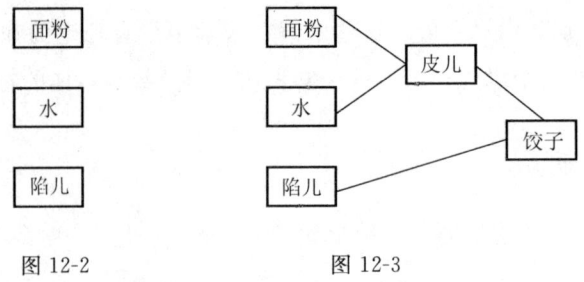

图 12-2　　　　　　图 12-3

学生都说面粉和水,面粉和水可以做成面团,擀成皮儿,皮儿和馅儿又有了直接关系,可以包成饺子(如图 12-3)。

如果勉强把面粉和馅儿或者把水和馅儿结合起来的话,那就一定包不成饺子了。

五、教师举例要能够突出学科特点

在教学加法解决问题时,老师问学生:"1 人加 1 狗是 2 人呢,还是 2 狗呢?"学生顿时安静下来,沉默一会儿后,一个学生突然醒悟过来,大声说:"老师,人跟狗怎么能相加呢?"学生们恍然大悟,原来人和狗是不能相加的,相同的量才能相加。像"相同的量才能相加"这样的话虽是千真万确,但听者是小学生,小学生听了之后会认为数学很枯燥。正是"人加狗"的幽默触动了学生的心弦,使得数学的面孔显得那么亲切、那么有意思,学生轻轻松松地就明白了其中的道理。

又如教同分母分数的加法时，老师将分母比喻成妈妈，将分子比喻成小孩，对小朋友来说妈妈只能有一个，是不会变的，所以不能相加；小孩的数量是可以改变的，所以要相加，所以：$\frac{2}{5}+\frac{2}{5}=\frac{4}{5}$，而不是$\frac{2}{5}+\frac{2}{5}=\frac{4}{10}$。

当然，比方终究只是比方，它的意义只在于帮助理解，不能代替严密的数学论证，但是它的重要性不可低估。

德国一位学者有过一个精辟的比喻：将15克盐放在你的面前，无论如何你也难以下咽。但当将15克盐放入一碗美味可口的汤中，你在享用佳肴时，就将15克盐全部吸收了。情境之于知识，犹如汤之于盐。盐溶于汤中，才能被吸收；知识需要融于情境之中，才能显示出活力和美感。

著名数学家柯朗（R. Courant）曾指出："一个人必须牢记，'具体'、'抽象'、'个别'和'一般'这些术语在数学中没有稳定的和绝对的含义。它们主要涉及一个思想框架、一个知识状态以及数学本体的特征。"

参考文献

[1] 郝峰. 巧用比喻，让数学课"活"起来 [J]. 小学数学教育，2010 (6).

[2] 丛书编委会，编. 全国著名小学数学特级教师课堂教学艺术 [M]. 南京：河海大学出版社，1998.

[3] 孙菊如，等，编著. 课堂教学艺术 [M]. 北京：北京大学出版社，2006.

主张 13　巧设练习，激活思维

观点分享

◆ 练习是一种有目的、有指导、有组织的学习活动，是掌握知识、形成技能、发展智力的基本途径。

◆ 知识是学会的，不是教会的，更不是听会的；能力是练会的，不是讲会的，更不是听会的。

◆ 数学学习的一个重要目标就是训练学生的思维，促进学生思维能力的发展。

◆ 掌握知识的最终目的是为了应用，所以引导学生在实践中应用知识是十分重要的。

◆ 变式练习是对教学资源的有效利用，变式练习也是提高数学练习效率的有效方法。

◆ 数学变式训练能培养和发展学生的求异思维和逆向思维，有助于学生提高分析问题、解决问题的能力。

◆ 课堂教学深刻，是要让学生在思维品质的广泛性、深刻性上得到锻炼，让学生真正在课堂上有一定负荷的思维劳动。

◆ 学生掌握数学知识，不能依赖死记硬背，而应以理解为基础，并在知识的应用中不断加以巩固和深化。

◆ 基本技能的形成需要一定量的训练，但要适度，不能依赖机械的重复操作，要注重训练的实效性。

行 为 跟 进

知识的掌握、技能的形成、智力的开发、能力的培养以及良好学习习惯的养成，必须通过一定量的练习才能实现。课堂练习可以促进学生达成教学目标、反馈学生学习情况并引导教师及时采取矫正措施，对优化课堂教学过程、提高课堂教学效率、培养学生的思维品质起着重要作用。

课堂练习的主要功能有五：一是及时反馈，检查效果；二是巩固知识，形成技能；三是培养能力，发展思维；四是激发兴趣，产生情感动力；五是渗透数学思想，提高数学素养。

一、课堂练习选题要坚持目的性

课堂练习选题要坚持目的性，克服盲目性，避免机械的、单调的重复；要准确地把握住各部分知识结构中的重点和难点；要符合学生思维特点和认知发展的客观规律，每次练习要有一个重点；要把练习的意图集中地体现出来——巩固哪些知识、形成哪些技能、沟通哪些联系等，要做到有的放矢、目标明确。

学生对知识应用的能力是以他们对知识掌握的准确性、牢固程度和及时再现的能力以及运用的灵活性为前提的，教师在引导学生应用知识的时候，应让他们把已有的知识同要解决的问题联系起来，掌握正确的思维方法，抓住关键，找到解决问题的途径。

二、课堂练习设计要体现层次性

有序原理认为，系统由较低级的结构转变为较高级的结构叫做有序，反之称为无序。因此，练习设计要根据知识的序列和结构来安排，做到由浅入深、由易到难、由简到繁、由基本到变式、由低级到高级，体现出明显的层次性。

一堂课的练习设计可按下面三个层次来安排：

第一层，基本题。由于新知识刚刚讲授完毕，学生掌握得还不牢固，

这时安排再现新授内容的基本题让学生练一练,可加深他们对知识的理解和巩固。同时,在基本题练习中,教师也可了解学生认知的情况,及时解决学生学习中存在的问题。

第二层,综合题。新知识或是已知的有机结合,或是已知的延伸和发展,所以在基本题练习基础上,要适当选择一些综合性习题,将新知识融于知识结构网中练习,变知识为技能、技巧。

第三层,发展题。赞科夫说得好,"能力和肌肉一样,如果不给以适当的负担,加以锻炼,它就会萎缩、退化"。对新知识的理解和掌握,对于认知水平较高的学生来说是轻而易举的事。如果让这些学生和大家一样"吃大锅饭",局限于一般性、综合性习题的练习,将不利于他们的提高与发展。于是,教师要考虑选择适量的有一定难度的发展题。当然,这个"难"并不是提前注入尚未学过的知识,而是难在思维上;同时应难而有度,难而可攀。

三、课堂练习设计要体现趣味性

兴趣是一种巨大的激励学习的潜在力量。浓厚的学习兴趣可以使人的各感官、大脑处于最活跃的状态,能有效地诱发学习动机,促使学生自觉地集中注意力,全神贯注地投入学习活动。美国心理学家布鲁纳指出:学习的最好刺激乃是对所学知识的兴趣。一个人一旦对某一问题发生了兴趣,那么,他做出的努力会达到惊人的程度。

为了使题目设计能够激发学生的兴趣,教师可以在"求新"、"求活"、"求近"上下工夫。

(1)求新。"新"就是要让题目新颖一些,吸引学生产生直接兴趣,题型上尽可能有所变化,数据最好选择离学生生活最近的、教师最新收集的数据,题材最好是学生身边刚刚发生的事件。

(2)求活。挖掘题目本身的内在力量激活学生的思维,揭示数学知识内在的联系,开阔学生的解题思路,为学生提供宽广的思维空间,让学生体会到数学的魅力。

(3)求近。在题目设计时着力揭示知识的应用价值,让学生真切感受到所学的数学知识是有用的,学用结合,提高学生的练习兴趣。如,贴近

学生的学校生活和家庭生活，贴近师生的生活实际，关注每天的新闻热点，关注一些与数学有关的数据。

例如，在教学《10以内数的组成》一课时，有的教师设计了"找朋友"的游戏。游戏之前，教师给每一位学生的胸前戴上一张数字卡片，每一张卡片上写有0—10中的任意一个数。当"找呀找呀找朋友，找到一个好朋友，敬个礼来握握手，我们都是好朋友！"的歌声响起来的时候，教师说："卡片上的数加起来是10的就是好朋友。"小朋友们就随着歌声找自己的好朋友，当歌声停止的时候，胸前的数加起来是10的两个小朋友手拉手站在一起。教师接着又说："卡片上的数加起来是8的才是好朋友！"欢快的音乐声又伴随着小朋友们找到自己的好朋友。在这样愉快的氛围中，几乎所有的学生都能迅速地找到自己的好朋友，于是10以内数的加法很快就被小朋友们牢牢地记住了。所有的小朋友都为自己能参加这样的游戏而感到高兴，也为自己能找到好朋友而感到骄傲，他们在游戏中体会到了成功的乐趣。

四、课堂练习设计要体现灵活性

学生掌握数学知识，不能依赖死记硬背，而应以理解为基础，并在知识的应用中不断加以巩固和深化。练习的设计要有利于促进学生积极思考，激活思路，充分调动起学生内部的智力活动，使他们能从不同方向去寻求最佳解题策略。教师要从练习题目中挖掘有利于培养学生思维能力的因素，使学生通过训练，在受到启迪、形成思路的同时，其思维能力也得到发展。郑毓信教授曾经指出："基础知识的学习，不应求全，而应求联；基本技能的学习，不应求全，而应求变；基本思维的学习，不应求全，而应用。"

变式是通过变更对象的非本质特征，变更观察事物的角度或方法，突出对象的本质特征，突出那些隐蔽的本质要素。变式教学是通过变式的方法与途径进行教学，让学生在变式中思维，在变式中把握知识的本质和规律。

教师要注意变式练习。所谓变式练习，就是改变概念的非本质属性，保留其本质属性，使学生进一步明确概念的内涵和外延。

主张 14　巧设练习，激活思维

如，在学习了《三角形内角和是 180°》这节课后，教师可以这样组织练习：

（1）拿出一个木制的大三角板，另一个是形状和大三角板相同的小三角板。让学生观察、比较这两个大小不同的三角形相对应的角是否相等，它们的内角和各是多少度？

（2）再拿出纸做的一个大三角形，把它剪成两个小三角形。问：这两个小三角形的内角和各是多少度？有的学生说剪开后的每个三角形的内角和不是 180°，每一个小三角形的内角和应是原来大三角形的一半。大多数学生说，剪开后两个图形仍是三角形，所以它们的内角和都是 180°。到底谁对呢？教师可以让学生把一个任意三角形剪成两个小三角形，然后通过用量角器量，或把三角形的三个角剪下拼补成一个平角，使学生认识到：三角形的内角和与三角形的形状、大小无关，任何三角形的内角和都是 180°。这样的变式练习较之基本练习有了一定的难度，但这种练习不仅有利于激发学生学习的兴趣，也加深了学生对所学知识的理解和记忆。

五、课堂练习设计要体现教育性

素质教育的首要任务是教育学生学会思考、学会学习、学会生活、学会做人。因此，我们应当把学生的思想道德教育渗透到数学学科教学中。

张齐华老师在教学《分数的初步认识》一课时，在课的最后就非常巧妙地把电视广告改编成一道既开放又富有教育意义的题目。

课件播放"多美滋奶粉——分蛋糕篇"的广告，广告的情节大致是：男孩冬冬将一个蛋糕平均分成 4 份后，转身一看，却发现一共来了 8 个小伙伴，怎么办呢？冬冬灵机一动，从中间横着切了一刀，原来的 4 份一下子变成了 8 份。眼看难题已顺利解决，可就在这时，第 9 个男孩又出现了。这又该怎么办呢？冬冬犹豫片刻，又将自己分得的那一份平均分成了 2 份，把其中的 1 份送给了他。在一片笑声中，广告播放完毕。教师将画面定格，然后提问学生：看到这些画面，你想到了几分之一？

老师将广告巧妙地引入课堂，不仅能够激发学生学习的兴趣，更重要的是，广告中蕴涵着丰富的数学内涵及浓厚的人文关怀。就广告本身而言，冬冬横着切一刀将蛋糕平均分成 8 份，体现了其思维的简约性和独创

性，将自己的那一份蛋糕再平均分成 2 份，送 1 份给第 9 位小朋友，则反映了冬冬善良、友好的人性。至于学生通过观察广告画面能联想到哪些，尤其是第 9 个小朋友拿到的 $\frac{1}{2}$ 究竟是谁的 $\frac{1}{2}$，他到底有没有拿到整个蛋糕的 $\frac{1}{9}$，如果没有，他究竟拿到了整个蛋糕的几分之一，这一系列问题的思考，必将引导学生的思维不断走向深入，知识的后继性和连贯性在这里得到了很好的体现。

六、课堂练习设计要体现开放性

数学习题的运用不能仅仅满足于一题一解、一问一答，设计和运用习题时我们需要在"活"字上下工夫。问一道题，可结合学生实际，从不同方面启发，引导学生从不同角度思考、用多种方法解答，训练学生的发散性思维。

如，

填一填：47、48、＿＿＿＿＿＿、＿＿＿＿＿＿、51。

这道题就是一道封闭题目，答案和思路都比较唯一，教师可以改成下面的题目：

填一填：＿＿＿＿＿＿、＿＿＿＿＿＿、50、＿＿＿＿＿＿、＿＿＿＿＿＿。

这样一来，答案就不是唯一的了。下面的答案均符合题目要求：

48、49、50、51、52

46、48、50、52、54

40、45、50、55、60

30、40、50、60、70

52、51、50、49、48

……

再比如，下面的这道题就是一道比较封闭的题目：

一个长方形的周长是 24 厘米，长是 7 厘米，宽是（　　）厘米。

如果改变一下题目的呈现方式，就可以成为一道开放性的题目：

下面每个方格的边长是 1 厘米，在图 13-1 中画出一个周长是 24 厘米的长方形。

主张 14　巧设练习，激活思维 　155

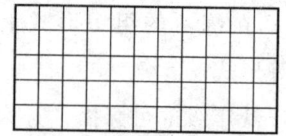

图 13-1

此题的开放不仅是答案上的开放，也是解题方法的开放。方格纸的提供，使学生既可以通过公式计算确定长方形的长与宽，也可以在画图操作过程中观察、猜测、探究，从而不断调动自己关于长方形周长与长、宽的经验，根据自己的发现来解决问题，使学生解决问题的能力得以发展。

七、课堂练习设计要体现综合性

波利亚提倡循序渐进地实施习题教学，建议例题讲完后，提供一些能引起学生思考和争论的题目，题目的安排要体现出思维上的阶梯性，按它们的内在联系，一步一个台阶，逐步引向深入。在基础性习题后安排综合性习题，正符合波利亚阐述的观点。综合性习题由于把新旧知识联合起来一起练，能使新知识在原有概念系统中同化，形成技能，有利于提高学生解题的灵活性。

八、课堂练习形式要注意多样化

教学实践告诉我们，单调、呆板的练习会让学生感到枯燥乏味，淡化学习积极性，分散注意力。因此练习形式要多样，使学生的兴奋中枢不断受到刺激，活跃思维，提高练习效率。针对儿童好奇、好动、好胜的心理特点，应采用多种形式充分调动学生的手、脑、口、耳等多种感官参与练习；在题型结构上应注意多样性，如采用填空、判断、选择、组合等方式来提高学生的能力和思维品质。

如，计算方面的练习可以采用口算、笔算、请你当医生、听算、速算比赛等形式；概念方面的练习可以采用填空题、选择题、判断题、连线题等形式；应用问题方面的练习可以采用补条件、补问题、对比题、改编题、看线段图编题、看算式编故事、一题多解、一题多变等形式；几何初步知识方面的练习可以采用量一量、画一画、拼一拼、做一做、折一折、

算一算等实际操作的形成；在练习的组织形式上可以采取全班练、个别练、小组讨论、同座互查等形式。

根据学生的年龄持点，低年级部可穿插"开火车"、"找朋友"、"夺红旗"、"送信"等游戏形式；中、高年级可采用"量"、"画"、"比"及"抢答赛"等形式，让学生的多种感官参与活动，提高练习效果。

如为了考察学生对计算算理的理解，教师可以设计这样的题目：一个外星人刚到达地球，他对我们的数字系统感到困惑。如果他问你："5乘29等于529吗？"你能否回答他的问题？请你给出解释。这样的题目，学生不可能通过死记硬背来解决。

最后需要特别说明的是，只有教师跳进题海，学生才能跳出题海。教师不能不加选择地把随便什么题都拿给学生去练，这是一种最省事、最不负责任的做法。从因材施教出发，教师对题目要有所取舍、有所鉴别，要选出有针对性的题目给学生练习。这是需要教师花大力气来做的。教师花了力气，学生的负担就可以减轻了。

参考文献

[1] 本书编委会，编．小学教师课堂教学设计实用手册：思路·方法·艺术·技巧［M］．呼和浩特：内蒙古大学出版社，1999．

[2] 郑俊选．小学数学教学改革实践与研究［M］．北京：人民教育出版社，2003．

主张14 让出黑板,天地更宽

观点分享

◆ 教师要藏身于幕后,把讲台和黑板留给学生作为讨论沟通的舞台和解题过程的记录板。

◆ 只有当学生的学习积极性被调动起来、学生的思维被激活、学生的潜能被唤醒、学生的能力被提升的时候,学生的学习才是高效和快乐的。

◆ 学校绝不单纯是学科学习的场所,还是多样的思维方式、个性学习的场所;是来自不同家庭、有着不同成长经历和背景、有着不同个性的孩子相互学习并相互影响的场所。

◆ 只有尊重人的主体地位,才能使学生和教师焕发生命的活力,才能使课堂充满生命力。

◆ 数学课堂对学生有多大的吸引力,直接影响着学生对数学的感受和学习的效果。

行为跟进

教师要藏身于幕后,把讲台和黑板留给学生作为讨论沟通的舞台和解题过程的记录板。

一、讲台和黑板——学生展示自己的舞台

一位去过杜郎口中学考察的校长说:"尽管早已听说那里的教室三面都是黑板,可真的身临其境,还是吃了一惊,前后的黑板均被分为八块,

侧面及走廊墙面的黑板均被分为十二块，每位同学都有属于自己的固定的一块小黑板，余者或以小黑板为补充，或以水泥地面为黑板，作为自己的展示空间。学生在上面默写、做题，增强了透明度，强化了竞争意识，满足了自尊心，同时便于老师纵观全局，集体讲解，在第一时间反馈订正。"

杜郎口中学的黑板让每一个同学都有机会把自己的学习感悟及时地用文字表达出来，同时为同伴讲解，其思路方法、书写质量会得到同伴的评价和帮助；另一方面，他们也在不断地评价和帮助别人。这种互帮互学、及时反馈的班级学习氛围促进了积极向上的班风的形成。

杜郎口中学的"黑板文化"造就了杜郎口中学今日的辉煌。

1. 黑板，学生展示的窗口

图 14-1

2. 黑板和小白板——学生思维的记录板

在我国台湾地区的课堂上，教师虽然也使用现代化教学手段，但使用的次数和时间要比我国大陆地区少很多。在听台湾老师上课时，我发现老师们特别喜欢让孩子们用小白板来展示。下面就是老师们上课时充分利用小白板的场景。

图 14-2　黑板前面展示的是学生们的小白板

图 14-3　学生到前面结合作业介绍自己是怎么想的

图14-4 学生在自己的小白板上写写画画，介绍自己的解题思路

在自己探索比较9.96与9.87的大小时，学生利用小白板展示了下面6种方法：

方法一：整数部分相同，看十分位的9比8大，所以9.96＞9.87。

方法二：对9.96与9.87进行减法计算，9.96减9.87够减，而9.87减9.96不够减，所以9.96＞9.87。

方法三：画图进行比较，把同样的一个正方形平均分成100份，96份比87份要多一些，所以9.96＞9.87。

方法四：整数部分相同，把小数部分直接看成是96和87，两个数比较后得到9.96＞9.87。

方法五：三年级学习过元、角、分做单位的小数，把9.96看成9元9角6分，把9.87看成9元8角7分，这样一下就看出了它们的大小，9.96＞9.87。

方法六：把9.96和9.87与10进行比较，9.96离10近一些，而9.87离10要远一些，所以9.96＞9.87。

在展示的过程中，每个孩子都用自己的方法进行比较，都能得出正确的结果，这体现了解题策略的多样化。

二、手写海报——反馈学习效果的"晴雨表"

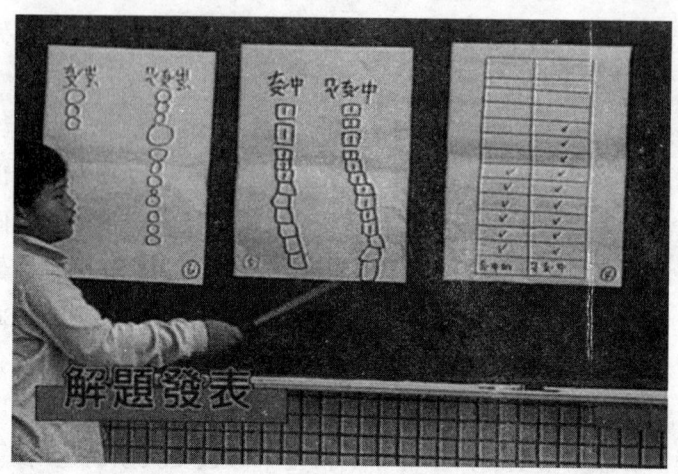

图 14-5 学生介绍自己的海报

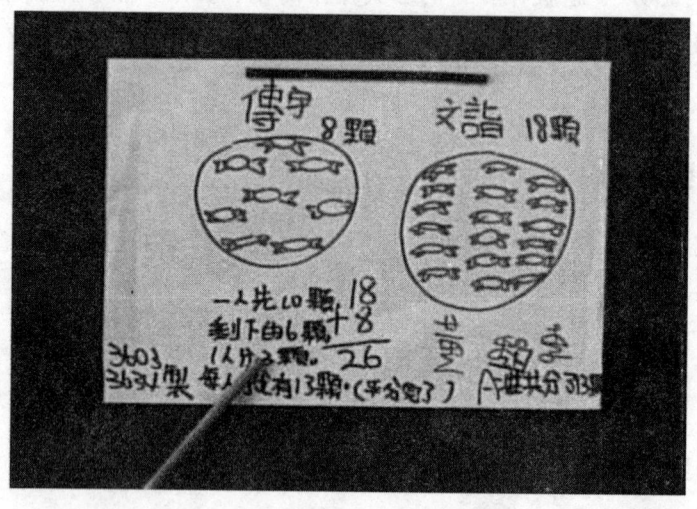

图 14-6 学生结合自己的海报讲解思路

三、"题板作业"——堂堂清的巧办法

四川省眉山师范学校附属小学的李志军老师探索出一种非常好的当堂反馈学生学习效果的好方法——题板作业。"题板作业",顾名思义就是学

生专门用题板笔书写的作业,笔画粗、字大,老师巡视时站在第一组就能观察到第三组同学的解答过程。哪个同学解答错了,哪个同学解答有创意,老师能提前了解,反思教学中存在的问题,并做个别辅导,做到心中早有数。

在分组亮题板时,答案谁对谁错,谁的书面表达好,谁的解答有创意,全班同学一目了然,"无声胜有声"。那些在解答过程中暴露出问题的学生,在老师的鼓励下,勇敢地上台展示自己的错误,接受全班同学的共同帮扶;教师拿着红色题板笔边追问边示范批改:他错在哪里?他可能想到哪里去了?题目怎样改就对了?这个错应该怎样避免?……如此,既教会了学生怎样批改作业,也让解答有误的学生明白自己错在何处,达到了"由误到悟"的升华。对那些做题解答有创意的学生,请他们上讲台展示自己的聪明智慧,给全班同学分享、借鉴,并接受大家的追问:"你是怎么想到的呢?"

实践证明,"题板作业"的形式操作简便、实用,能够保证课堂作业当堂消化,为减轻学生及教师的课业负担、提高教学质量提供了重要的保证。

参考文献

李志军. 在尝试中走向成功——16年无家庭作业并达到高质量的奥秘[J]. 人民教育,2011(13/14).

主张 15　精心预设，动态生成

观点分享

◆ 教案只是预案，教师有修改调整的权利和义务。教材和教案只是个剧本，教学如同实际的演出，若要把戏演得精彩，则需要导演对剧本独具匠心的诠释和演员对所演角色的再创造。

◆ 预设是生成的前提，生成是预设的超越和发展。没有充分的预设，就不可能有有效的生成。

◆ 没有预设的课堂是不负责任的课堂，而没有生成的课堂是不精彩的课堂，预设与生成二者是互补关系。

◆ 苏霍姆林斯基曾经说过："教育的技巧并不在于能预见到课的所有细节，而在于根据当时的具体情况，巧妙地在学生不知不觉中做出相应的变动。"

◆ 洋溢着生命温暖的课堂，是让快乐主宰的课堂，是充满理智挑战的课堂，是学生可以实质性地参与教学过程的课堂，是开放的课堂。

◆ 课堂教学是师生双方鲜活的生命过程，教学活动的生成性为创造性教学准备了土壤。

◆ 在课堂教学中，教师不仅要做一个头脑清晰的讲授者，还要做一个反应敏捷的倾听者。

行为跟进

一节成功的课，教师应该是一个决策者，能够在课堂上随机应变。

传统的课堂教学价值观和过程观注重的是教师传授知识的过程，而不

是学生学习知识的过程，它把一切都提前进行了精心的准备，强调的是整个教学过程按照预先的设计按部就班、有条不紊地进行，教案是剧本，课堂是舞台，教师自导自演，学生是配角或群众演员，甚至是观众或听众，整个课堂教学过程的一切皆在教师的掌控之中。很多老师为了追求教学上的"一帆风顺"，在设计教学时故意封锁"旁逸斜出"，或对课堂"意外"采取漠视态度，使得原本可能精彩的课堂黯然失色，学习缺乏生机与乐趣，缺乏对学生智慧的挑战，缺乏必要的生命活力。

新课程理念强调，教学是一个开放的、变化的、动态生成的过程，其中会有很多意想不到的事情发生。当学生的思维"出轨"，教学不再按照预设展开时，教师就要顺应学生的思维，灵活地进行教学。

预设和生成是矛盾统一体，课堂教学既需要预设，也需要生成，预设与生成是课堂教学的两翼，缺一不可。没有预设的课堂是不负责任的课堂，而没有生成的课堂是不精彩的课堂。

课堂教学不应是一个封闭的系统，不应拘泥于预先设定的固定不变的程式。预设的教案在实施过程中需要开放性地纳入弹性灵活的成分，教学目标更要开放地接纳始料未及的体验。教师不应围绕死的教案转，学生也不能只在教师预设的框框中转。在开放与约束的教学中，师生应积极互动、共同创造，超越预定的目标要求。

一、弹性预设：课堂生成的基础

"凡事预则立，不预则废"，新课程同样需要预设。与传统课堂教学不同的是，新课程强调的是弹性的而不是静态的预设。

弹性预设可以体现在多个环节上，表现在课堂上指的是师生教学活动按照教师课前的设计和安排展开，课堂教学活动按计划有序地进行；预设表现在结果上指的是学生获得了预设性的发展，或者说教师完成了预先设计的教学方案。教师对课堂教学过程进行弹性预设，可以从整体上把握课堂，使课堂教学过程更加灵活多变。

强调预设是弹性的，是因为这种预设不是为了把复杂的课堂教学过程简化为简单的认知过程，而是为了使教师更好地把握和适应课堂教学的动态生成，去捕捉、判断和重组课堂教学中的各种信息，从而更好地促进学

生主动、全面地发展。

课堂教学的动态生成性决定了教学设计的"不完整性"。这个"不完整性"是指课堂教学中教师和学生的"生成空间",即师生课堂教学生成的机会和灵活度。

一个房间里如果塞满了东西,人在其中就感受不到自由,也无法获得快乐。只有腾出一定的空间,才能给人闲适、可自由走动的快乐。教学也是这样。

二、动态生成:教师智慧的展现

实施教学方案,是把"预设"转化为实际的教学活动。在这个过程中,师生双方的互动往往会生成一些新的教学资源,这就需要教师能够及时把握,因势利导,适时调整预案,使教学活动收到更好的效果。美国心理学家布鲁姆指出:"人们无法预料教学所产生的成果的全面范围。没有预料不到的成果,教学也就不成为一种艺术了。"

1. 巧妙点拨,做生成性资源的引领者

一位数学教师在讲《比例尺》一课时,出示了如下题目:

一块长方形地,长60米,宽25米。把它画在比例尺是1∶1000的图纸上,平面图上的面积是多少平方厘米?

生1:图上长为 $60 \times \dfrac{1}{1000} = 0.06$(米),0.06米=6厘米;

图上宽为 $25 \times \dfrac{1}{1000} = 0.025$(米),0.025米=2.5厘米;

图上面积为:$6 \times 2.5 = 15$(平方厘米)。

此时,一切都在老师的意料之中。老师刚想进入下一个环节,一位学生却自告奋勇地向大家展示了第二种算法:

生2:60米=6000厘米,25米=2500厘米,$6000 \times 2500 \times \dfrac{1}{1000} = 15000$(平方厘米)。

这种方法一经展示,学生们便开始争论:"这种方法好像没有错误,求图上距离就用乘法计算。""是错的,得数都不一样了。""比例尺的概念是图上距离和实际距离的比,他概念都搞错了。"……一时没有定论。

师：大家评一评，第二种算法有没有道理？

（片刻后，有学生举手了）

生3：我认为这样算不对。因为如果 $6000 \times 2500 \times \frac{1}{1000} = 15000$（平方厘米），画一张图纸不需要这么大。

师：把数据与生活实际联系起来，很好！

生4：老师，这种方法好像有错误，但我又找不出错在哪里，说不出理由来。

（很多同学附和，接着教室里一片沉寂，学生们的目光齐刷刷地转向教师，希望教师给他们答案）

师：你们可以从他的算法上考虑，看看有什么新的发现。请大家再思考一番，议论议论。

（一会儿，一学生站起来）

生5：我们小组认为图上距离与图上面积是两个不同的概念，距离指的是长度，而面积指的是平面图形的大小。这幅图的比例尺1∶1000表示的是图上距离与实际距离的比，而不是图上面积与实际面积的比。第二种算法用比例尺来算面积显然是错误的。（全班同学不由自主地鼓掌）

生6：老师，我还发现了一个秘密，比例尺1∶1000的平方（$\frac{1}{1000} \times \frac{1}{1000} = \frac{1}{1000000}$）就是图上面积与实际面积的比。（这位同学激动地站起来一吐为快）

师：你大胆地进行了数学猜想。但这种想法是否正确呢？有什么办法可以验证？

生7：我有好办法！$(6000 \times \frac{1}{1000}) \times (2500 \times \frac{1}{1000}) = 15$（平方厘米），根据乘法交换律和结合律，可以写成：$(6000 \times 2500) \times (\frac{1}{1000} \times \frac{1}{1000}) = 15$（平方厘米）。

师：多好的想法！运用乘法运算定律就说明了一切，我很欣赏他们的"发现"。

主张 15 精心预设，动态生成

在这里，教师能够顺势生成，正视课堂中学生的多种想法。教师通过引导，展示了学生的多种思路，使学生对知识的理解更加深刻。

2. 机智筛选，做生成性资源的重组者

如一位教师在教学《找最小公倍数》一课时，按照预设引导学生小组合作：用列表的方法找出 4 和 6 的最小公倍数；用乘法分别求出 4 和 6 的倍数，将其放入两个集合圈内，然后用课件动态演示集合圈交叉的情形，使学生明确交叉圈内的数既是 4 的倍数，也是 6 的倍数，即 4 和 6 的公倍数，并从中找出最小公倍数 12。正当老师感到按照预设讲得很成功、演示得也特别精彩时，一个小男孩站起来说："老师，这太麻烦了！我还有不同的方法。用较大数 6 乘 2 得 12，12 是 4 的倍数，所以 12 是 4 和 6 的最小公倍数。"面对课堂的生成，教师放弃了预设，对学生们说："这个同学讲得有一定的道理，是否具有普遍性呢？下面请同学们任意写两个数进行验证。"不一会儿，同学们纷纷举手，大家一致认为这种方法不仅正确，而且简单。通过练习，学生们用这种方法不仅会找任意两个数的最小公倍数，还会找任意三个数的最小公倍数。

由于生成性教学关注教学过程，所以教学事件必然在其关注的视野之内。所谓教学事件，主要是指在教学过程中出现的事前没有预料到的生成性事件，也就是教学偶发事件。这种教学事件虽得不到传统教学规律的支持，但它在教学过程中确实存在着。

全国著名特级教师吴正宪老师在 2006 年《福建教育》的《与名师对话》栏目中这样说道："一节课只有 40 分钟，哪些生成的新问题要渲染放大？哪些问题能引发有价值的再思考讨论、有可能迸发出创造性思维的火花？教师要在短时间内做出理性的判断，要有所为、有所不为，机智地筛选，巧妙地运用。与本节课教学目标、教学内容紧密相连并能触动学生的交流欲望、思考兴趣的生成性资源必须用好；与学生的学习实际紧密联系并促进学生数学思考的生成性资源必须用好；不管是正确的还是错误的问题，只要有价值的都要用好。教师要用心、用情、小心翼翼地呵护那些可贵的与众不同、稍纵即逝的偶发性资源，真正发挥它们的价值。我们应精心地预设生成，宽容地接纳生成，理性地认识生成，机智地筛选生成，巧妙地运用生成，让课堂在动态生成中充满智慧与活力。"

参考文献

[1] 程胜，编著. 学习中的创造 [M]. 北京：教育科学出版社，2008.
[2] 刘念泉. 例谈动态生成的"冷"处理 [J]. 小学数学教育，2008 (7/8).

主张 16　裸学裸思，深度参与

观点分享

◆ 儿童的愚昧不是天生的，十有八九是灌输出来的，是由于家长和教师长期压制儿童的自然的求知欲望造成的。

◆ 学习的过程就是试误的过程。儿童唯有参与学习的全过程，才能获得深刻的认知、技能与情感发展的体验。

◆ 教师将教材安排的意图、自己处理问题的思路表现出来，展现给学生，便于学生深层次的理解与思维方法的借鉴；学生将自己认识问题、解决问题的思维曝光，便于教师及时地进行反馈评价与有针对性地纠错。

◆ 从静态的维度看，知识是认识的结果，是经验的系统；从动态的维度看，知识是认识的过程，是求知的方法。

◆ 学习需要有一个完整的过程。"学、思、行齐行，步步着力，便无渗漏。"过程不完整，学习就会有漏洞。

◆ 学生只有积极地参与到自己的学习中来，才能深刻理解概念；学生对概念深刻理解时，才能将所学知识迁移到真实情境中。

◆ 应该把学习主要看成是一个活动，而不是一件事情。学生是在行动中，通过行动来学习的。学习的结果是获得一种新的行为方式。学习是一个人经历过的任何部分或方面留存在学习者的身上并准备将来相机发挥作用的一种活动。

行为跟进

数学活动经验的积累是提高学生数学素养的重要标志。帮助学生积累

数学活动经验是数学教学的重要目标，是学生不断经历、体验各种数学活动过程的结果。数学活动经验需要在"做"的过程和"思考"的过程中积淀，是在数学学习活动过程中逐步积累的。

前一段时间，电视剧《裸婚》热播，同名小说《裸婚》也一度成了畅销书。在《裸婚》这本书的封面上有这样一句话——"不粉饰、不矫情、不夸张"。有一次我去山西上课，到一家饭店吃饭，一进门，就看到一个非常醒目的"温馨提示"——本店所有热菜均为"裸炒"，欢迎品尝。我就好奇地问服务员："'裸炒'是怎么个炒法？"服务员微笑着告诉我："先生，裸炒就是不用食品添加剂、不用嫩肉精、不用人造香精、不用化学色素，不给做好的饭菜'化妆'。"我听后恍然大悟。

我们现在的教学还是立足于把学生教会，特别是在公开课上，教师更是把重点放在教上。教师潜意识里还是希望展示自己教的思路、水平、特点和风格。所以，在课堂上很难看到学生原生态的学习过程。教师过度包装的现象还非常普遍。主要表现在：教师预设的多，学生生成的少；每个环节精雕细刻的多，预留弹性空间的少；教师用问题牵引的多，学生自主生成的少；追求教学形式多，关注学科本质少；优秀生唱主角，学困生当观众；表面繁华重观赏，忽视差异轻实效。过度包装的公开课掩盖了学生的真实学习过程，该暴露的问题显现不出来。叶澜教授说，一节好课应该做到"扎实、充实、丰实、平实、真实"。显然，过度包装的公开课很难做到这"五实"。

《数学课标（2011年版）》指出，"要让学生亲身经历将实际问题抽象成数学模型并进行解释与应用的过程"，数学课程的内容"应当是现实的、有意义的、富有挑战性的，这些内容要有利于学生主动地进行观察、实验、猜测、验证、推理与交流"，"动手实践、自主探索与合作交流是学生学习数学的重要方式"。这些表述，都体现出《数学课标（2011年版）》强调数学学习过程是数学活动的过程，学生在这个过程中应该成为主体。

过程教学比结果教学更重要。强调数学学习的过程是此次数学课程改革的一个特点，因而课程目标中的过程性目标也成为《数学课标（2011年版）》中的一个值得关注的焦点。《数学课标（2011年版）》中不仅使用了"了解（认识）、理解、掌握、灵活运用"等刻画知识技能的目标动词，而

且使用了"经历（感受）、体验（体会）、探索"等刻画数学活动水平的过程性目标动词，从而更好地体现了《数学课标（2011年版）》对学生在数学思考、解决问题以及情感与态度等方面的要求。

一、教师要敢于暴露学生的思维过程

现代数学教学理论认为，数学教学不仅是数学思维结果的教学，更是数学活动过程的教学，在这种思想指导下，自然要把充分暴露数学思维过程当做数学教学的基本原则。实践和理论都已证明，真实的数学思维过程是数学教学中最有教育意义的成分。

史宁中教授在一次报告中说过这样的观点：知识是结果，可能是你思考的结果，也可能是你经验的结果。以知识为本的教育在本质上是一种结果的教育，结果的教育不能教智慧。智慧表现在过程中，一个人有没有智慧不是看他题答得对错，而是要看在解题的过程中他有没有智慧。在过程中的东西必须通过过程来进行教育。

过程性原则是针对传统教学中重结果轻过程的教学状况提出来的，要求在数学教学过程中充分暴露数学思维过程，即充分暴露概念的形成过程，充分暴露公式和法则的推导过程，充分暴露解题思路的探索过程，充分暴露问题的被发现过程，充分暴露知识结构建立、推广和发展的过程。

我们不仅希望学生掌握知识，更希望学生掌握分析知识、选择知识、更新知识的能力。简单地说，智慧比知识更重要，过程比结果更重要，知识是启发智慧的手段，过程是结果的动态延伸。在教学中能够把结果变成过程，才能把知识变成智慧。

获诺贝尔奖的日本数学家广中平佑说："我认为思考问题的态度有两种：一种是花费较短时间的即时思考型，另一种是花费较长时间的长期思考型。所谓的思考能人，大概就是指能够根据思考的对象自由自在地分别使用这两种类型的思考态度的人，但是现在的教育环境不是一个充分培养长期思考的环境……没有长期思考型训练的人，是不会深刻地思考问题的……无论怎样训练即时思考，也不会掌握智慧深度。"

二、教师要充分暴露自己的思维过程

思维的训练和发展是以暴露思维过程为前提的，是在暴露的过程中得到

锤炼和提高的。所以在教学活动中，师生双方都必须充分暴露思维过程。

要培养学生良好的思维习惯和学会"从头到尾"想问题，教师需要必要的示范。如，分数、百分数应用问题是学生感到比较困难的问题，很多学生之所以这部分学得不好，主要原因是不会画线段图，画出线段图后不会分析数量关系，找不到解题的突破口。为了帮助学生有序思考，我以具体题目为例，带着学生一起经历"读题—找出表示数量关系的句子—画线段图—结合线段图分析数量关系—列式计算"的过程，经过几次这样的过程，班上的大部分学生都能掌握此类题目的分析方法，解题的正确率也大大提高。

三、深度参与的学习才是高效的学习

课堂不是教师表演的舞台，而是师生之间交往、互动的舞台；课堂不是对学生进行训练的场所，而是引导学生发展的场所；课堂不只是传授知识的场所，更应该是探究知识的场所；课堂不是教师教学行为模式化运作的场所，而是教师教育智慧充分展现的场所。

教学不仅仅是"出售"，更要让学生自己去经历和体验。"学生参与"涉及他们在行为、认知和情感三个方面的活动。孔企平教授把学生在这三个方面的活动称为学生在教学过程中的行为投入、情感投入和认知投入。

孔企平教授在研究学生参与时发现以下几个特点：①情感体验为"有趣"的那些学生，在数学学习中显示出兴奋、喜欢思考和表达自己的观点；②对数学学习"厌倦"的学生大多数数学成绩不太好，对数学产生了恐惧；③虽然，对同一个学生来说，对数学学习的体验并不是一成不变的，特别是随着学习内容的变化会有所改变，但在一定时期内，学生在数学课堂学习中，基本的情感体验具有相对的稳定性；④对数学学习而言，学生上述的情感体验并不一定只有一种，如觉得数学有趣的同学有时在一定情境下也会产生焦虑的感觉；⑤在一定的时间内，学生虽然可能有不同的情感体验，但是总有一种主要的情感体验。

课堂上学生投入的基础结构可以从行为投入、认知投入和情感投入三个方面来分析。

1. 行为投入

学生投入在行为上的表现，狭义的理解是指学生表现出积极的学习行

为；从广义来说，学生投入包括"假投入"和"积极投入"。我们的确在课堂中看到了一些"假投入"的学生：他们遵守纪律、听讲、回答问题、完成作业。从课堂上表现的行为来看，他们似乎是投入了。然而真实的情况是，这些学生"听着自己不理解也不感兴趣的事情，机械地操练着练习题并努力记住一大堆零零碎碎的知识"。他们看上去注意力很集中，学习也很有热情，其实他们是为了遵守老师的规定或获得其他的社会认同（比如受到表扬）。他们会把许多精力花费在其他的细节和管理的程序上。还有一些情况也值得我们注意，有些学生看似注意力分散，开小差，但是能较好地理解学习任务。我们可以认为，仅根据在课堂上的行为方面很难判断学生是否投入。除了行为，学生投入还应该包括他们对学习对象的思考和理解、对学习对象的意愿和情感。

2. 认知投入

学生投入在学习策略上的表现，指学生通过一定的规则方法、程序技巧、控制调节来实现有效的学习。刘电芝等研究者将学习策略分为认知策略、元认知策略、资源管理策略三类，这些是学生成为高效学习者的最本质的要素。在课堂教学中，这些很少被真正地关注的学习策略在学生身上具有不同的倾向，具体表现就是：学习方式侧重于记忆接受或理解发现；学习动机侧重于外在奖赏或内在兴趣；学习意识侧重于依赖顺从或独立调节；学习过程侧重于盲目推进或计划组织。

3. 情感投入

课堂上情感投入的学生自信快乐、热情专注，对老师和同学充满热情，对学习活动充满激情。学生在课堂上的课程经验常常是从他们的体验开始的，而不是那些外在的逻辑化的知识，情感投入的要义正是学生在课堂上的情感体验。可以说，情感投入是对基于现代性的"学习方法化"的超越，因为它在更深的层次上探求学习审美。情感投入是一种心理上的交融，是主体在认识与理解基础上的共鸣。

学生是课堂教学的主体。但在有些课堂上是以部分优秀生为主体，遇到有挑战性的问题，往往优秀生回答了，教师再例行公事般地问学生："大家明白了吗？"学生的声音或高或低，或气壮或心虚，但一定是"明白了"。实际上学困生甚至中等生不少时候是"被明白"，而不是真明白。

四、减少过度"包装",努力为课堂"瘦身"

太多的技巧是教育大打折扣的根源。过度的包装容易使学生被非数学的内容与非本质的外在形式所吸引。

如将数学内容包装成图文并茂、有声有色的精美课件常常是许多教师的得意之举,然而,这些声像极大地满足了学生的耳目享受,却未必能调动他们学习的积极性,有时还会分散他们的注意力,淡化了数学思考。尽管这不是执教者的初衷,但学生耳目所感受到的强刺激已经使这种淡化悄然成为事实。因此,作为辅助手段的多媒体课件当以实用为标准,而不是越精美越好。让学生享受感官的愉悦绝不是数学教学的主要目的,让学生沉醉于思考的乐趣才是数学课堂所要努力追求的,教学更不要由原来的"人灌"变成现在的"电脑灌"。

建构主义的教学观认为,知识并不是简单地由教师传授给学生,而是由每个学生依据自身已有的知识和经验主动地建构。在这个建构过程中,学生是教师主导下的主体,是知识意义的主动建构者。因此,要促使学生进行有意义的学习,教师必须在学生原有数学认知结构的基础上促进其积极主动地建构完善的数学认知结构。

参考文献

[1] 孔企平,编著. 小学儿童如何学数学 [M]. 上海:华东师范大学出版社,2001.

[2] 耿志涛. 不同课堂教学情境中学生投入的分析 [J]. 教育科学论坛,2006(2).

主张 17　四基扎实，后劲充足

观点分享

◆ 数学基础知识、基本技能、基本活动经验与基本思想既是数学学习活动的核心内容与主要目标，也是学生数学素养最为重要的组成部分，它们共同构筑了学生的数学知识结构。

◆ "四基"是十年数学课程改革最重要的收获，"四基"是数学课程改革取得的最重要、最具成长性的标志性成果。

◆ "四基"在完善课程目标方面迈出了有勇气的一步，它把能力性目标推上前台，把思想、活动经验这些软任务提升为与"双基"同等重要的硬指标。

◆ 我国数学教育家刘景昆在总结毕生的教学经验时，说过这样一句话：凡是难学的概念，往往是学生自己悟出来的，而不是老师教会的。悟总是建立在经验积累的基础之上。

◆ 学力指的不应是靠灌输、训练得来的死记硬背的知识，而应是活的能力。它不是指学习的结果，而是指学习能力。学习能力不是学习后获得的能力或达到的水平，而是反映在学习过程中的自主获取知识、发现问题、解决问题的能力。

◆ 如果儿童在学习中感到一切都很容易，那么渐渐地他就会养成懒于思考的习惯，这会使人堕入歧途，使他形成一种对待生活的轻浮态度。（苏霍姆林斯基）

◆ 数学不仅仅是一门学科，它更应该成为儿童生命的泉眼。

行为跟进

过去的数学课程，非常强调"双基"，即要求学生基础知识扎实，基本技能熟练，这是正确的，但是还不够。《数学课标（2011年版）》明确提出，通过义务教育阶段的数学学习，学生能"获得适应社会生活和进一步发展所必需的数学的基础知识、基本技能、基本思想和基本活动经验"。基础知识和基本技能是我国数学教育中历来重视的传统优势，在数学课程改革中应当保持并赋予新意。基本思想和基本活动经验是数学课程教学中应当特别重视的，是数学素养的重要标志，不仅是学生当前学习和发展的需要，更是学生未来学习和终身发展所必需的。"四基"可以看做对学生进行良好数学教育的集中体现，关系到学生当前的学习和长远发展。在实施新的课程标准时，更应当重视对基本思想和基本活动经验的研究与落实。

王新民等研究人员给出了数学"四基"的关系结构图（图17-1）：

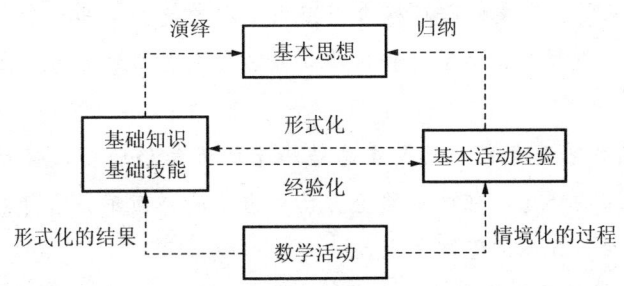

图17-1 "四基"关系结构图

从知识的角度来看，"双基"是一种理性的、形式化的结果性知识，而基本活动经验则是一种感性的、情境化的过程性知识，它们各强调了数学知识的一个侧面，前者形成的是一种知识系统，而后者形成的是一种经验系统，二者有机结合才能形成完整的数学知识结构。

《数学课标》修订组组长史宁中教授在一次报告中这样展望我国的中小学数学教育：如果在我国中小学数学教育中，一方面保持"数学双基教学"合理的内核，一方面添加基本思想和基本活动经验，出现既有演绎能

力又有归纳能力的培养模式，不远的将来，就必将出现"外国没有的我们有，外国有的我们也有"的局面，那时，中国数学教育将领先于世界。

所谓"后劲充足"，就是培养学生"能够带得走"的能力。所谓"带得走"，意味着学校教的东西已经转化为学生身心的一部分，转化为学生生命的一部分。带走的东西是个人终生受益的东西，是社会、工作所需要的有用的东西。

一、继承中国数学教育的优良传统，夯实"双基"

"双基"教学是注重基础知识、基本技能教学和基本能力培养的，以教师为主导、以学生为主体的，以学法为基础，注重教法，具有启发性、问题驱动性、示范性、层次性、巩固性特征的一种教学模式。

杜威在《经验与教育》一书中指出："背离传统习惯而建立教育哲学，是一件相当困难的事情。"我国课程改革应是对优秀教育传统的继承、创新、超越和发展。

植根于中国大地的"双基"教学理论，是新中国教育界几代人成功实践探索的理论结晶，是在中国经济落后、文化科技水平低下、教育基础薄弱的国情下，提出、发展并切实使中国教育质量得到迅速而有效提高的教学理论，是中国教育工作者对世界教育理论宝库的重要贡献。与西方教学理论流派不同，中国"双基"教学理论没有公认的倡导者或权威性著作。"双基"教学理论对中国当代的教育实践产生了深刻的影响，实践证明，在教育事业相当落后之时，重视和加强"双基"是迅速提高教育质量的有效方法。

"双基"教学重视基础知识、基本技能的传授，讲究精讲多练，主张"练中学"，相信熟能生巧，追求基础知识的记忆和掌握、基本技能的操演和熟练，以使学生获得扎实的基础知识、熟练的基本技能和较高的学科能力为其主要的教学目标；对基础知识讲解得细致，对基本技能训练得入微，使学生一开始就能够对所学习的知识和技能获得一个从"是什么、为什么、有何用到如何用"的较为系统的、全面的和深刻的认识。在注重基础知识和基本技能教学的同时，"双基"教学从不放松和抵制对基本能力的培养和个人品质的塑造，相反，能力培养一直是"双基"教学的核心部

分,如数学教学始终认为运算能力、空间想象能力、逻辑思维能力是数学的三大基础能力。可以说,"双基"教学本身就含有基础能力的培养成分,并带有指导性的个性发展的内涵。

"双基教学"的四个基本特征:

第一,记忆通向理解。没有记忆就无法理解,理解是记忆的综合。数学"双基"强调必要的记忆。对一些数学运算规则,能够理解的当然要操练,一时不能理解的也要操练,在操练中逐步加深理解。

第二,速度赢得效率。只有把基本的运算和基础的思考化为直觉,能够不假思索地进行条件反射,才能赢得时间去进行更高级的数学思维活动。

第三,严谨形成理性。中国的传统是不怕抽象,中国学生不拒绝概念的抽象定义和严谨的逻辑表达,中国学生同样能够学好西方的演绎几何。

第四,重复依靠变式。中国的数学教学重视变式练习,在变化中求得重复,在重复中获取变化。

张奠宙教授主编的《中国数学双基教学》是我国系统研究"数学双基教学"的第一部学术专著,全书由国内外著名数学教育专家及一线数学教师执笔写成,力图在理论和实践上对"数学双基教学"进行全面总结。书中论述了"数学双基教学"的历史形成、文化背景,阐述了其特征,提出了"双基基桩"、"双基模块"、"双基平台"的概念;借助一系列的调查测试以及大量的教学案例,反映了当前"数学双基"的现状,有兴趣的老师可以参阅。

"双基"教学并不是一个封闭的体系,在其发展过程中,不断地吸收先进的教育教学思想来丰富和完善自身的理论。"双基"的内涵也是开放的,内容随时代的变化而变化。《中国数学双基教学》这本书让我们更理性地看待教学改革,更理性地看待"双基教学",随着时代的发展,"双基教学"也要与时俱进,需要我们在继承传统的同时,不断充实、不断完善。

为了保证每个单元的学习效果,更好地落实"四基",教师可以在学到三分之二时开展测验,围绕本单元的内容进行一次测验,找出学生存在的问题及学习需求,并给自己留出时间来补救。因为在一个单元学习结束

后做测验为时已晚，学生已经没有机会纠正自己的理解错误了。

二、研究基本思想和基本活动经验落实之策

根据《课标（2011 版）》重新修订的新教材，力求从学生经验出发，体现从头到尾思考问题的过程；在此过程中，探索与交流贯穿始终，练习与巩固适时适度，讲授与学生自主学习相辅相成；最终达到基础知识、基本技能、基本思想、基本活动经验并重，发现与提出、分析和解决问题的能力共同发展。

1. 如何落实基本思想

基本思想主要是指数学抽象、推理、建模，其核心在于数学归纳和演绎，这应当是整个数学教学的主线。

在具体问题中，会涉及数学抽象、数学模型、等量替换、数形结合等数学思想，但最主要的思想还是数学归纳思维、演绎思维。

数学思想蕴涵在数学知识形成、发展和应用的过程中，是数学知识和方法在更高层次上的抽象与概括，如归纳、演绎、抽象、转化、分类、模型、数形结合、随机等。

数学思想方法的学习，既要通过教师长期的、有意识的、有目的的启发诱导，又要靠学生自己不断体会、挖掘、领悟、深化。数学思想方法在小学数学教学中的渗透往往要经历一个循环往复、螺旋上升的过程。数学思想方法必须经过循序渐进和反复训练，才能使学生真正地有所领悟。

（关于这部分内容的教学建议，请读者参阅本书的主张 7。）

2. 如何落实基本活动经验

经验是一种过程性知识，是在实践活动中形成的一种"活动图式"，它主要由三种成分组成：一是知识性成分，是指在活动过程中所建构的关于活动主客体的个人意义，包括操作的直观感知、建立的新旧知识之间的联系以及对活动过程的感悟等，是人们在活动过程中悟出的道理，是对活动过程的直观把握，其合理性主要由活动的有效性来保证，如"老马识途"；二是体验性成分，是指在活动过程中产生的情绪体验，包括成就感与失败感、自我调节心态的体会等，如大赛经验；三是观念性成分，是指

活动过程所形成的意识和信念，如应用意识、创新意识、做事的信心与信念等。

基本活动经验，特指在数学活动中学生亲身参与数学活动所获得的直接的感受、经历和体验。数学活动经验是学生个人经验的重要组成部分，是学生学习数学、提高数学素养的重要基础之一。

《数学课标（2011年版）》第一次将"数学活动经验"列为要求学生获得的数学知识的一部分，这改变了过去我们对基础知识的认识与理解，可以说是《数学课标（2011年版）》中的创新点。

《数学课标（2011年版）》中提出让学生获得数学活动经验，还有一个重要目的，这就是培养学生在活动中从数学的角度进行思考，直观地、合理地获得一些结果，因为这是数学创造的根本，是得到新结果的主要途径。数学活动经验并不仅仅是解题的经验，更加重要的是思维的经验，是在数学活动中思考的经验。因为，创新依赖的是思考，是数学活动中创造性的思维。而思维方法是依靠长期活动经验积累获得的，并不是仅仅依靠接受教师的传授获得的。

基本的数学活动经验可以细化为下面四种：直接的活动经验、间接的活动经验、设计的活动经验和思考的活动经验。直接的活动经验是在与学生日常生活直接联系的数学活动中所获得的经验，如购买物品、校园设计等。间接的活动经验是学生在教师创设的情境、构建的模型中所获得的数学经验，如鸡兔同笼、顺水行舟等。设计的活动经验是学生从教师特意设计的数学活动中所获得的经验，如随机摸球、地面拼图等。思考的活动经验是通过分析、归纳等思考获得的数学经验，如预测结果、探究成因等。

实际上，北师大版课标教材就非常重视让学生积累数学活动经验。就拿小学数学二年级上册"分一分与除法"单元为例，该单元共安排了三次从简单到复杂的分物活动，重视操作对学生理解概念的支持作用。每一次的分物活动重点不同。第一次"分物游戏"让学生通过把小数目实物进行平均分的操作过程初步体会平均分的意义，积累平均分物的活动经验；第二次"分苹果"，让学生在具体的情境中，感受平均分物的不同分法及最后结果的特点；第三次"分糖果"则是让学生体验把大数目物体平均分的过程与策略的多样性。通过三次平均分的活动，实现学生对"平均分"意

主张 17　四基扎实，后劲充足

义的理解，为后面正式学习除法的意义做好铺垫。

数学学习中的很多经验是不可传递的，需要靠亲身经历，所以必须让学生积极参与数学活动。这些活动包括以下五个方面：

一是引导学生经历自主、多样化的体验过程，积累探究性经验。积累探究性经验不是通过简单的活动和思考就可以完成的，它更强调的是一种真实的情境，是对数学思想方法的学习和体验。因此，教师应精心创设问题情境，组织适度开放的探究性活动，启发学生拓宽思路，多方位、多角度地获取多样化的信息，积累丰富的探究性经验。

二是引导学生经历数学对接生活的过程，把生活经验转化为数学经验。学生在生活中已经积累了一些关于数学的原始、初步的经验，对于数学知识的认识和理解，有时需要具有丰富的生活经验背景，让生活经验和数学经验有效对接，使得日常生活经验"数学化"。因此，我们要善于捕捉生活中的数学现象，挖掘数学知识的生活内涵，将数学与生活密切联系起来，让学生亲身经历将生活经验转化为数学活动经验的过程，使学生充分积累"数学化"的活动经验。

三是引导学生经历操作与思考的过程，积累有效操作的活动经验。"智慧自动作发端"，动手操作是学生学习数学的重要途径和方法。动手操作能把抽象的知识变成看得见、讲得清的现象，学生动手、动脑、动口参与获取知识的全过程，使操作、思维、语言有机结合，获得的体验才会深刻、牢固，从而积累有效的操作经验。

四是引导学生经历抽象概括的过程，积累抽象概括的经验。抽象概括是形成概念、得出规律的关键手段，也是建立数学模型最为重要的思维方法。学生学习数学，需要充分地经历观察、思考、比较的过程，以获取丰富的感性经验，再从许多数学事实或数学现象中舍去个别的、非本质的属性，抽象出共同的本质属性。

五是引导学生经历反思推广的过程，积累情感、思想性经验。数学活动经验是属于学生自己的，带有明显的个性特征，就学习群体而言，数学活动经验又具有多样性，因此，数学活动经验的积累需要学生的自我反思，也需要与同伴展开积极的交流。

综合与实践是积累数学活动经验的重要载体。在经历具体的综合与实

践问题的过程中，教师要引导学生体验如何发现问题，如何选择适合自己的问题，如何把实际问题变成数学问题，如何设计解决问题的方案，如何选择合作伙伴，如何有效地呈现实践的成果，让别人体会自己成果的价值。通过这样的教学活动，学生会逐步积累运用数学解决问题的经验。

三、不要忽视数学教学中的情感因素

如果有机会问你的十个朋友："你人生中最重要的教师是谁？"你会发现，大多数人心中都有答案。这位教师入选的理由通常是情感上的因素，理由从来不会是"他教我很多东西"。人们会说"他让我相信我自己"或者"他教我爱上知识"等。

《数学课标（2011年版）》指出："根据课程目标，广大教师要把落实情感、态度的目标作为己任，努力把情感、态度目标有机地融合在数学教学过程之中。设计教学方案、进行课堂教学活动时，应当经常考虑如下问题：如何引导学生积极参与教学过程？如何组织学生探索、鼓励学生创新？如何引导学生感受数学的价值？如何使学生愿意学、喜欢学、对数学感兴趣？如何让学生体验成功的喜悦，从而增强自信心？如何引导学生与同伴合作交流，既能理解、尊重他人的意见，又能独立思考、大胆质疑？如何让学生做自己能做的事，并对自己所做的事情负责？如何帮助学生锻炼克服困难的意志？如何培养学生良好的学习习惯？"

在课堂教学中，老师不仅要善于表达自己的情绪情感以避免给学生带来消极的影响，还应善于理解和引导学生在课堂上的情绪反应，以发展学生的积极情绪和情感。

举个例子，学数学肯定会遇到一些一时解不出的题目，在解题过程中不同的学生会有不同的态度。有些学生想一想，没有思路就放弃；有些学生做一做，实在做不出才放弃；有些学生按一条思路做不出，再换一条思路试试，在不断失败的过程中成功了。学生在这一系列的心智活动中既体会到了成功的乐趣，也尝到了失败的滋味；既体会到了豁然开朗、眼睛一亮的激动心情，也尝到了用尽各种方法后仍然"一片黑暗"的郁闷。人生道路又何尝不是如此？

关于这一点，苏霍姆林斯基早就有过论述，他在《给教师的建议》中

这样写道:"教学的技巧并不在于使学习、掌握知识变得很轻松、毫无困难。恰恰相反,当学生遇到困难并独立地克服这些困难的时候,他的智力才会得到发展。必须给学生挑选出这样的智力任务,使他使足力气,集中注意,运用已有的知识去认识未知的东西,使他取得成绩,同时认识到:不付出劳动就体验不到克服困难的欢乐。"

波利亚也曾说:"教学生解题是意志的教育,当学生求解那些对他来说并不太容易的题目时,他学会了败而不馁,学会了赞赏微小的进展,学会了等待灵感的到来,学会了当灵感到来后全力以赴。如果在学校里没有机会尝尽为求解而奋斗的喜怒哀乐,那么他的数学教育就在最重要的地方失败了。"

学数学,从听懂到能迅速正确地解题还有很大距离,意志薄弱的同学往往会中途搁笔。如果教师讲得过多,学生就失去了锻炼的机会,既不利于学生成绩的提高,也不利于他们意志的培养。

参考文献

[1] 邵光华,顾泠沅. 中国双基教学的理论研究 [J]. 教育理论与实践,2006(3).

[2] 孔凡哲教授报告. 全日制义务教育数学课程标准(修订稿)分析.

[3] 王新民,等. 数学"四基"中"基本活动经验"的认识与思考 [J]. 数学教育学报,2008,13(3).

[4] 周卫东,缪素平. 浅谈"数学基本活动经验"及其培养 [J]. 教育研究与评论:小学教育教学版,2011(4).

[5] 中华人民共和国教育部,制定. 义务教育数学课程标准:2011年版 [M]. 北京:北京师范大学出版社,2012.

主张 18　既为经师，又为人师

观 点 分 享

◆ 与一个小学生共处3天，学生将成为你的写照；与一名高中生相处10天，该学生将成为你的写照。（查尔斯·加洛韦）

◆ 教育的亲和力，就是学校对于教师和学生的吸引力，更多地体现在能够带给教师和学生安全感、成就感和幸福感的校园生活之中。

◆ 数学教师是学生能直接观察到的数学形象，一个连自己都不喜欢数学的老师，不可能教出喜欢数学的学生。你的行为印证着你是一个怎样的人。

◆ 有人说，世界上最危险的职业有两种，一种是教师，一种是医生。庸医害的是一个人，而庸师害的是一群人，毁的是孩子的精神与心灵。如果学生因你的存在而愉快、开心，那么你的教育就成功了一半；如果学生因你的存在而痛苦、拘束，那么你的教育就失败了。

◆ 选择了教师这个职业，你就选择了宽容、爱心与耐心，你就不能放弃任何一个孩子。多给孩子一次机会，就可能会帮孩子创造一生的精彩！

◆ 教师的伟大，往往不在于教育教学上的造诣，而在于教师的人格力量和精神力量。

◆ 一个老师应该让他（她）的学生时刻感受到希望永远都在。在学生失意彷徨的时候我们应用最机智的办法、最真挚的爱心去召唤他。

◆ 学生不会因为你课教得差而班带得好就原谅你；也不会因为你班带得差而课教得好就迁就你，教书、育人缺一不可。

行为跟进

吴非老师说："教育就是接受时嫌多、以后嫌少的东西。"既然我们想多剩下一些有用的东西，就不能不认真地思考今天在学校所做的一切。

"关注学生的健康成长，是课程改革最核心的价值。"教育是指向人的。任何一门学科的教育，首先是对人的教育，那种忽视学生情感、态度与价值观养成的数学教育，甚至以损害学生自尊心和自信心为代价的数学教育，绝对不是成功的数学教育。

一、做一名有亲和力的教师

一个人能给另一个人的最伟大的礼物，莫过于给他提供一个在充满爱的教育环境中学习成长的机会。教育的亲和力归根结底是教育者的亲和力。教师身上最宝贵、最值得赞美的品质就是理解学生。教育家爱默森说过一句话：教育成功的秘密在于尊重学生。谁掌握了这把钥匙，谁将获得教育上巨大的成功。

一个人成年后回想学生时代，会欣赏那些善于管理自己情绪、善于对学生给予移情性理解的优秀教师，更会对那些触动过他们心灵的教师心怀感激。富有亲和力的人会更多地表现出热情、活力、谦和、真诚、关怀、温暖和移情的能力。一个富有亲和力的人一定会更加受人欢迎。

作为有亲和力的教师，应该真诚地认可学生的每一点进步，对学生的失误和不佳表现能够宽容和同情，并给予明确的指引，告诉他怎样才能做得更好。

作为有亲和力的教师，你一定要学会微笑。因为"笑是一盏明灯，告诉人们你的心与他们的心是相连的"。对于学生，我们没有必要满脸堆笑，你只需露出一个收敛的、轻微的、善意的微笑就足够了。

人类的情感具有"晕轮效应"：喜欢一个人，也往往会喜欢与之相关的事物。这种效应在小学数学课堂上同样存在。一般来说，当师生感情融洽，学生喜欢自己的老师时，他们的数学学习兴趣就较高，数学成绩也较好；反之，如果学生对教师反感，他们也会逐渐对数学失去兴趣。

二、做一名既教书又育人的教师

教师对学生的期望，将会极大地影响他们在班上的成绩和他们这一生的成就。

台湾的黄庆祥在其所著的《让教师自由，教人不教书》一书中这样写道："教外在知识性的书，更要教内在思考性的人，甚至教人比教书重要。"

卢梭曾经说过："由于错用时间而带来的损失，比在那段时间中一事不做的损失还大，一个受了不良教育的孩子，远远不如没有受过教育的孩子聪明。"

人是万物之灵，人不仅具有可教育性，而且有对教育的需求。教育是对人的成全。数学课程在学生发展上所特有的育人功能，从根本上看是数学所具有的特性所赋予的。数学所具有的抽象性、逻辑严谨性、应用广泛性和特有的语言符号系统以及模式化的数学思考方法，在培养学生的理性思维、创造能力以及促进学生知、情、意全面发展上具有不可替代的作用。

三、做一名有责任感的教师

责任是教师职业生命的自觉，它决定着教师努力和判断的方向。任小艾老师曾经说过："对每一个老师来讲，你的学生可能在你的班级里是百分之一，但对每一个家庭来讲，这个孩子就是百分之百！就是父母头顶上的一片天！"

教育上的错误正与配错了药一样，开始搞错了，绝不能借助第二次或第三次去弥补，它们将携带根深蒂固的污点，通过人生的各个道口及车站。

教师的责任，有肩负的社会责任：父母把子女送到学校，就是把家庭美好的希望寄托给了学校，教师有责任把学生教好、保护好、培养好，有责任让家长放心满意。

数学课程的目标不只是让学生获得必要的数学知识、技能，它还应当包括在启迪思维、解决问题、情感态度等方面的发展。

郭振有先生说过一段很深刻的话："教师有没有文化主要不在于教师

主张18 既为经师，又为人师

的职称、职位，而在于教师有没有高尚的师德、丰富的学识、生动的个性、感人的故事在学校里流传。有些学校没有文化气息，问学生老师有哪些感人的故事，学生讲不出或只能讲一些课堂上的笑话。"郭振有先生语重心长地说："只有大德之人，才能干大事业。"

四、做一名富有爱心的教师

教师的力量，不在于智慧，而在于心灵以及心灵中散发出的师爱之光。"教育的责任就是，即使有激烈竞争，也应该让学生的成长过程有规律、有尊严。"

很多教师也许没有高超的教学技巧，但他们总能让学生感觉到温暖。这样的教师，对学生的影响可能持续几年，乃至几十年。你不必告诉班上所有学生你爱他们，但你肯定能从行动上体现这一点。

罗曼·罗兰曾经说过：要散布阳光到别人心里，先得自己心里有阳光。要使课堂焕发出数学味，我们得先做个有数学味的教师；要使课堂充满情感，我们的教师先要对每节课、每道例题、每位学生，甚至教室的每一块墙壁充满情感。

"知心姐姐"卢勤讲过这样一个故事：我认识一位年轻的画家，他才华横溢，但胆小怕事。一次，我约他与几个朋友一起吃饭，他坐在桌角，不怎么和大家交谈，更拒绝吃鸡蛋。这让我很纳闷。后来，在一次谈心中，他终于透露了其中的秘密。原来，在他上寄宿制幼儿园时，发生过这样一件事：邻床的一位小朋友从家里拿来一篮子吃的东西，挂在床头。一天，那位小朋友告诉老师，他的鸡蛋丢了。老师没有调查清楚，就认定是这位朋友偷吃了。他否认后，老师把他关进了一间小黑屋，并告诉他，不承认就不让他出来。他害怕极了，违心地承认自己偷吃了鸡蛋。于是，小朋友们都骂他"小偷"。那年他才4岁。从此，他一见鸡蛋就害怕。

有位作家说过，人受到的震动各不相同，有的是在脊椎上，有的是在神经上，有的是在道德感受上，而最强烈、最持久的则是在个人尊严上。

爱学生的教师要尽可能想办法为学生提供更多的学习成功机会。学业成功一般会增强学生的自信心，而失败的学习经验会降低学生的自信心。为了让学生更多地体验到成功，有经验的教育者经常采取三种做法：一是

对某些学生尤其是差生降低成功的评判标准,在其取得了相对较小的成功时及时给予鼓励;二是尽可能地发掘学生的长处,给学生充分展现自己长处的机会;三是为学生设置合适的学习目标,或者把长期的、困难的目标分解成具体的、近期的、简单的目标,使学生看到自己在学习过程中的每一步进展,更多地体验到学习的进步和成功,认识到自己有可以挖掘的潜力。

五、做一名具有阳光心态的教师

职业要求教师具有高度健康和稳定的情绪,对学生抱有期望,富有热情和同情心,有能力在任何情况下自觉地将个人的不健康情绪消除在课堂之外。教师个性品质的不断改善会对学生心理的健康发展起到良好的促进作用。

教师灿烂的笑脸是学生心中永不凋谢的花朵。你笑着面对学生,学生才会笑着面对你。你给学生一缕阳光,学生会还你一个太阳。

为了让生命教育的旗帜高高飘扬在学校的上空,肖川教授曾恳请所有的教师努力做到:

(1)不用尖酸刻薄的语言羞辱学生,即使学生的确令人恼怒。

(2)不用轻蔑的眼光打量学生,即使学生的确令人失望。

(3)不体罚和变相体罚学生,即使学生犯了严重的错误;一定要找到更好的办法惩戒学生,但不是简单粗暴的体罚。

(4)不在学生面前抱怨生活,即使你的确受到了不公正的对待、遭遇了不应有的挫折。

(5)当学生无礼地顶撞你,令你气恼时,你仍能心平气和、从容淡定、理智地对待学生。

(6)当你出现在学生面前时,总是情绪饱满、信心十足,即使你非常疲惫、非常沮丧。

学生喜欢怎样的老师呢?和学生经常交流、聊天,了解他们的生活习惯和喜好;能尽快叫出学生的名字;尽可能找到合适的机会表扬他们;尽可能帮助他们解决一些问题,如暂时无法解决,至少要提供解决问题的方向;在学生面前表现你的正义和公正,能让学生对你产生信任;尽可能倾

听他们的意见,并给予适当的肯定和鼓励;在课堂上表现出你的智慧、渊博和敏捷,如有可能,在课堂上尽可能把知识和做人的道理结合起来讲;让学生感到你在专业上的造诣,但又能表现得非常谦虚。要明白哪些话必须对学生说,哪些观点必须坚持,哪些思想必须纠正。

六、做一名有思想的教师

雨果说过:"哪里有思想,哪里就有威力。"巴尔扎克也说过:"一个能思想的人,才是一个力量无边的人。"我们强调做有思想的教师,就是强调对操作主义、经验主义的超越,对教师职业内在尊严的诠释与追求,对急功近利的拒斥。

为什么教师要有思想呢?

首先,有思想会使我们兴趣广泛,内心鲜活,积极捕捉各种有意味的信息,使我们的人际交往变得更有品位,使我们的生活特别是精神生活变得丰富,使我们摆脱琐屑、无聊的单调、平庸的生存境遇。

其次,做有思想的教师使我们变得更有思想,能够更好地理解课程内容。

最后,有思想的教师会对学生的心灵丰满和精神充实有一种自觉而又自然的引领。

有思想,使我们不人云亦云,不简单化,使我们保有自由意志和独立人格。有思想的教师能够对自己的课堂做出明智的判断,对自己的工作能够进行妥善处理,能不受外来干预的影响。

美国教育家帕尔默认为:优秀的教学源自教师的心灵,教育的最高理念是从人的心灵深处引出智慧的内核,教师应该以心灵导师的身份来启迪生命,以心灵的教育为事业的最高追求,力争让平凡的教育流光溢彩、美妙动人。

师生共同成长意味着教师必须改变对学生的态度,把学生当成伙伴、朋友、合作者,勇于接受来自学生的挑战,从学生身上汲取营养,用工作的热情和成效赢得学生的信任和爱戴;意味着教师必须放下知识权威的架子,蹲下身来看学生,与学生平等、双向交流各自的观点,允许学生指出自己的不足和问题,让学生有选择自己发展的权利。

肖川教授曾饱含深情地写道：我敢肯定地说，良好的教育一定能够给无助的心灵带来希望，给稚嫩的双手带来力量，给迷蒙的双眼带来清明，给孱弱的身躯带来强健，给弯曲的脊梁带来挺拔，给卑琐的人们带来自信。而一个拥有希望、力量和自信的人，最有可能成为幸福生活的创造者和美好社会的建设者。

参考文献

肖川．好教育，好人生［M］．南京：江苏教育出版社，2009．

主张 19 洗尽铅华，返璞归真

观点分享

◆ 返璞归真是新课程对数学课堂回归本质的热切期盼，而删繁就简、避虚就实则是通向数学课堂教学"原生态"的最佳途径。对于教学的每个环节、每个步骤、每个活动，都要追问它的有效性、能让学生得到什么。

◆ 现在有些作秀的公开课是可看、好看，但不可学、不可用，是虚假的"塑料花"，缺乏应有的生命力和生长力。

◆ 真实事件充盈的课堂从外在来看可能不那么一帆风顺，"断裂"、"分叉"和"突变"时常存在，"卡壳"和"冷场"也在所难免，"预设"与"生成"如影随形。

◆ 有效教学关注的焦点不是在规定的时间和规定的内容，而是在规定时间、规定内容对学生发展所起的作用。这种价值指向才是有效教学的宗旨，才是有效教学原本的价值追求。

◆ 课要力求纯，切忌教学内容中杂质太多；教师要养成课前过滤教学设计的习惯。公开课应远离功利和做作，教师的一切出发点和落脚点应是学生的全面发展，教师应关注学生的生命状态和成长需求，而不光是自己高超教学技巧的展示。

◆ 数学教学的核心是让每一个学生参与到学习中去，以取得最大的学习效果并提高学生的数学能力。真正的好课，不是老师出彩，而是学生出彩。

◆ 在快要下课时，你的目标有两个：使学生留恋你的课堂，让学生记住这节课所学的知识。

行为跟进

前些日子我到超市买豆芽菜,看到一种"有机绿豆芽",包装上醒目地标着"有机豆100%",未添加任何添加剂,安全放心,350米洁净的深水培养,干净卫生。上面还有"有机豆芽是什么"的解释:有机豆芽原料采用有机豆,从原料种植到加工成豆芽的整个过程中,不使用任何农药、化肥、激素、抗生素、食品添加剂等。所以有机豆芽是纯天然、无污染的安全豆芽。

联系上面的例子,我想,我们的数学课堂也应该是有机的、绿色的、原生态的。所谓"有机课堂",就是我们的课堂没有教师过多的设计,没有过多的包装,没有过多的为提高观赏性而添加的兴奋剂,没有过多的废话,没有豪华的声光电;所谓"绿色课堂",就是本色、真实的课堂,这样的课堂没有学习过程泛化,没有学习主体错位,它顺应学生自然的天性,激发学生的内在潜力,开启学生幽闭的心智,促进学生健康成长,让课堂充满生命活力;所谓"原生态课堂",就是能够在课堂上看到学生真实的想法,听到学生真实的表达,暴露学生应有的错误,看到学生由不知到知的过程。

余文森教授在他的专著中这样写道:我没办法忍受一些所谓的名师,我对他们课的完整性、系统性表示怀疑。这种课本身对教师来讲可能是一件艺术品,他的整个课堂非常完美,他对整个课堂的驾驭非常巧妙,让很多听课的老师非常激动。可是当你落实到学生的"学"上时,你会发现他的"教"与之无关。

学科教学迫切需要从冗繁走向凝练,从紧张走向舒缓,从杂乱走向清晰,从肤浅走向深邃。

理性的反思是任何改革都需要的。我们要防止以新课程的名义把一些教育理念和教学方式教条化、绝对化。由于教师对新课程教学方式的熟悉和掌握需要一个过程,不少教师的课堂教学中依然存在着照猫画虎的问题,这种形似而神不似的课堂教学只是课程改革中出现的部分现象,但其影响不可低估。

在全新的教育理念下,教师的教学方式、学生的学习方式都发生了很

主张19 洗尽铅华，返璞归真

大的变化。许多教师反映，新课程所阐释的基本理念确实很先进，自己也能够接受，但就是到了课堂上不知道如何落实。许多教师感到茫然和困惑，甚至不知道该怎样上课了。由于部分教师对新课程的理念在理解上出现了偏差，所以在教学中出现了一些问题，甚至走入了"误区"。通过平时深入课堂听课我发现，在部分教师的课堂上不同程度地存在着赶时髦、走形式、急功近利的现象，主要存在下面一些问题。

问题一：目标膨胀，一节课承载的任务太多

教学目标膨胀是当前许多公开课容易犯的一个通病。产生这一现象的主要原因有二：一是许多教师在制订教学目标时，不善于抓大放小，而是机械地套用、罗列三维目标，过于细化，结果造成教学目标交叉重叠；二是许多教师为了追求课堂看点，在习题与例题上大做文章，挖掘数学内容之外的东西，人为地添加许多非数学的教学目标，课堂上出现了生硬的爱国主义教育、牵强的爱心教育、形式化的环保教育，等等。

在教学《百分数的认识》一课时，一位教师引用了爱迪生的一句名言"天才，是百分之一的灵感加上百分之九十九的汗水"。除了让学生知道百分数是今天要学的内容外，这位教师还和学生们一起体会爱迪生的这句话，它表明了勤奋努力在成才过程中的重要作用。为了改变目前某些学生学习中出现的懒惰现象，该教师继续列举了多位名人通过自己的勤奋努力取得成功的事迹，以此来端正学生的学习态度，从古代韩愈的"业精于勤荒于嬉，行成于思毁于随"的名言，到当代的袁隆平通过勤奋努力取得成功的故事，教育学生们在学习过程中要不断努力才能取得成功……不知不觉中，一节课已接近尾声了。

《百分数的认识》一课在情感、态度与价值观上的目标是增进学生对百分数与日常生活联系的体验，认识到许多实际问题可以借助数学方法来解决，可以借助数学语言来表述和交流。这堂课前半部分实际上已经通过大量生活中的数据引导学生感受到社会生活中百分数应用的广泛性和普遍性，并让学生受到了一定的思想教育，而这位教师试图在前一部分的基础上继续"发挥"，列举从古代到当代众多成功人士的例子，这就远远超出了这堂课教学的主要任务，似乎给我们呈现的是一节思想品德课或一节班会课。这种行为夸大了数学知识的价值，忽视了数学知识与情感、态度、

价值观之间的内在联系，在情感、态度与价值观的培养上过度渗透，实际上属于贴标签式的情感教育。教师在结合数学知识对学生进行情感、态度与价值观的渗透时，应该遵循"适时、适度、适当"的原则，只有这样，才能在数学和生活之间实现动态的平衡，才能在联系生活实际的过程中保持数学课堂中的"数学味"。

事实上，一堂课的教学时间有限，教学目标越多，每个目标分配到的时间就越少。目标多了，什么都体现了，就什么都是浮光掠影。因此，教学目标要简约，与其面面俱到、广种薄收，不如突出重点，实实在在地追求一课一得或一课二三得。只有先从教学目标的数量上瘦身，凸显数学教学内容，才能保证数学课特有教育功能的发挥，把数学课上扎实。

问题二：小组合作学习流于形式

在新课程理念下，小组合作、自主探究成了学生学习的主要方式。培养学生的合作精神和合作意识也是当前课改的一大热点。在几乎所有的数学课堂上，我们都可以看到小组合作学习的形式。这说明教师已经有意识地把这种形式引入课堂。但是，通过仔细观察就会发现，在部分教师的课堂上，小组合作学习只是一种形式，缺乏实质性的合作。这主要表现在：合作学习的内容没有探讨价值，小组合作前缺少让学生独立思考的过程，学生的参与度不均衡，学生之间的合作不够主动，教师不能给学生充裕的合作时间，忽视对学生合作技能的训练与培养。有些教师组织学生讨论流于形式，为讨论而讨论。有些不需要讨论的问题也组织讨论；有些问题需要讨论，但只给不到一分钟的时间，学生还没有说上两三句话，就草草收场。在相当多的课堂上，学生不能围绕重点积极有效地讨论。

合作学习的目的是把小组中的不同思想进行优化整合，把个人独立思考的成果转化为全组共有的成果，以群体智慧来解决问题。小组合作学习要根据具体内容适当选择，而且合作的时机也不能忽视。没有了独立思考的过程，合作就失去了真正的意义。没有一定的时间做保证，学生的研究探索将一事无成。如果教师设计的合作问题没有一定的难度，讨论就没有意义，就不能促进学生思维的发展。

问题三：过于追求教学的情境化

教学情境是一种特殊的教学环境，是教师为了支持学生的学习，根据

主张19 洗尽铅华，返璞归真

教学目标和教学内容有目的地创设的教学环境。创设教学情境，不仅可以使学生容易掌握数学知识和技能，而且可以使学生更好地体验教学内容中的情感，使原来枯燥的、抽象的数学知识变得生动形象、饶有趣味。

情境创设能突出学生的参与、联系生活实际，但是把握不好或过了头就会分散学生的注意力，淹没他们的数学思考。我在听课中发现，部分教师过于注重教学的情境化，为了创设情境可谓是冥思苦想。甚至有的情境内容不符合生活实际中的基本事实，是为创设情境而随意杜撰出来的，好像数学课脱离了情境，就脱离了儿童的生活，就不是新课程理念下的数学课。事实证明，有些教师辛辛苦苦创设的情境并没有起到应有的作用，特别是一些低年级的学生，因为被老师创设的情境所吸引而久久不能进入学习状态，浪费了时间，降低了学习效率。一时间，好多老师的计算课不是从"买东西"引入，就是从"分东西"开始。刚开始，学生觉得很新鲜，可时间一长，也就习以为常了，情境也就失去了新异性，根本不能激起学生的学习兴趣。

教师创造性地使用教材，要体现教材的基本思路，不能完全抛开教材。教学情境的创设要符合不同年龄段儿童的心理特点和认知规律，要根据不同的教学内容有所变化，还应该赋予创设的情境一定的时代气息。情境的表现形式应该是多种多样的，如问题情境、活动情境、故事情境、竞争情境等。对于低、中年级的学生，可以通过讲故事、做游戏、模拟表演、直观演示等形式创设情境；而对于高年级学生，则要侧重创设有助于学生自主学习、合作交流的问题情境，用数学本身的魅力去吸引学生。教学中，教师不能简单化地理解新的课程理念和教学方法，不要单纯地用"生活化"、"活动化"冲淡"数学味"，不能把数学课上成活动课、游戏课。并不是每节课都一定要从情境引入，对于一些不好创设情境的教学内容，可以采取开门见山的方式，直接导入新课。

创设数学教学中的情境，关键是要引发学生数学层面上的思考。通过对教学内容"问题化"的组织，引起认知冲突，生数学之情，入数学之境。

问题四：教师在课堂上不敢张口讲话

不知从何时起，我们的数学教学很忌讳老师的"讲"。如今已到了谈"讲"色变的程度了。不少老师把"少讲"或"不讲"作为平时教学的一

个原则。我在平时听课中发现，有的老师上课该讲的不敢讲，本来老师一句话就可以点明的问题，非要跟学生"兜圈子"、"捉迷藏"，似乎都较着劲儿比谁更少言寡语。因为他们认为，讲了就会有"灌输"、"填鸭"之嫌。

从学习方式看，小学生的数学学习可以分为两种基本形式：一种是有意义的接受学习；另一种是有意义的发现学习。无论是有意义的发现学习，还是有意义的接受学习，都是小学数学学习中的重要学习方式。一般来讲，如果要学习的概念、法则、结论等是学生能够去发现的，就应该尽可能地采用发现学习或有指导的发现学习；如果学习内容没有必要让学生亲自去发现，也不容易被发现，则可以采用有意义的接受学习。可能有的老师会说，在接受学习中学生容易被动地学习，而在发现学习中学生更能够主动地学习。我们认为，设计得很好的接受学习同样能有效地激发学生学习的主动性；而相反，如果在发现学习中创设的问题情境、提出的问题或活动的组织等不恰当的话，也可能会导致学生被动地学习。另外，发现学习和接受学习在一节课中也不是截然分开的，更多的情况下是两者交替进行，在接受中有发现，在发现中也有接受的成分。

对于如何确立教育改革的指导思想，有人做了形象化的比喻，认为教育改革创新不是如造房子那样，必须把旧房子推倒，把地基清除干净，在空地上盖起新的房子；恰恰相反，教育改革必须在既有的教育基地上逐步进行改造。对于教育改革，怕麻烦、想干脆利索是不行的。新的与旧的，要革除的与要建立的……往往要纠缠在一起很长时间，"旧瓶装新酒"和"新瓶装旧酒"的情况都会有。有专家认为，教育的继承性是很强的，因为教育是"普遍和永恒的范畴"。共同因素多而稳定，是长期形成的完整自足的整体，牵一发而动全身。在某种意义上说，教育改革必须"瞻前顾后"、"左顾右盼"，主要是调整、渐进。对已有的教育传统简单否定、推倒重来、另起炉灶的想法和做法与千百年来的教育历史实际是不相符的，与科学地进行教育改革创新完全是两码事。

在改革的同时，我们要注意对传统的继承和发展，切不可因为传统教学中存在着教师讲得过多的弊病就一味地迁怒于"讲"，好像不与之"划清界线"就"不革命"、教学理念就不先进似的。课堂上是不是讲，并不一定是教学观念先进与落后的试金石，不一定是启发式和注入式教学的分

主张 19 洗尽铅华，返璞归真

水岭，真正的问题在于讲什么、怎样讲。一般来说，陈述性的、事实性的知识，可以让学生运用接受学习的方法进行学习；那些不能探究、不值得探究、学生不能理解或者讲授比探究更有效的教学内容就必须通过讲授来完成。比如"+"怎么写，除法算式中各部分的名称，"圆心"、"半径"、"直径"的概念，教师直接告诉学生就行了。也就是说，教师该引的要引，该问的要问，该点的要点，该讲的要讲，要充分发挥教师和学生两方面的主动性和创造性。要从学生"学"的角度和学生的实际出发，以学生的学习过程为主线来引导和组织教学活动，随时调整先前的教学设计，以适应学生的学习需求。该教师讲授的知识内容，不要回避，要理直气壮地讲。教师有传授知识的责任。自主探索学习能够让学生更好地经历学习过程，有利于学生创造性思维的发展，但并不是所有的内容都适合自主探索，教师讲授也是不可或缺的，如十进制计数法是人类几千年总结的经验，这些结果如何让学生自己探索？所以自主探索和教师讲授要相辅相成才能达成有效的学习。作为数学老师，要处理好"放"与"收"的关系，将能体现学习过程、发挥学生主动性的内容让学生在老师指导下自主探索，而那些接受学习效果好的内容可通过讲授学习。

教师主导作用的发挥要通过各种具体教学方式表现出来。无论哪种教学方式，只要取得了效果，实现了应有的教学目标，就是体现了教师的主导作用。

问题五：教学只求"表面热闹"

在平时听课中发现，有的教师上课表面上看起来课堂气氛异常活跃：学生们小手如林，"老师，我，老师，我……"的喊声不绝于耳。当老师指定学生回答时，下边还是喊声不断。对于学生下边的表现，教师全然不顾，只是陶醉于自己创造出的"活跃"的课堂气氛里。还有的教师将发挥学生的主体性等同于"满堂问"，盲目追求课堂教学中提问题的数量，在一定程度上忽视了对学生课堂教学参与度的分析。也就是说，没有区分学生的参与是主动参与还是被动参与，是实质性参与还是形式性参与。

其实，教学并不是越热闹越好，也并不是笑声越多越好。安静、有序、愉快的课堂气氛也是新课程所刻意追求的。北京师范大学的肖川教授曾经说过：让学生"动"起来是改革的一个目的，但光"动"起来是远远

不够的。换句话说,它是一个好课堂的必要条件,但不是充分条件。那么,充分条件是什么呢?就是要带给学生充实的精神生活。如果没有这个"充分条件",那么,这个"动"就是"乱",就是停留在表面上的热闹,而实质上并没有带给学生理智的挑战、认知上的冲突、内心的震撼和无言的感动。"活而不乱"才是新课程背景下课堂教学追求的理想目标。

如果硬把"热闹"塞给课改的话,我认为这种"热闹"应该是:学生在教师的引导、帮助下,积极、主动、渴求知识的热烈场面;是师生、生生的和谐互动与思维碰撞;是学生目不转睛地观察、认真地思考、思维涌动、大胆地质疑、沉思后顿悟;是静静地倾听、七嘴八舌地讨论、为争论后取得的共识而情不自禁地欢呼;是被同伴独特的见解所折服、为自己或同伴的成功而喝彩。

问题六:教学过于追求手段现代化

多媒体辅助教学已经成为学校教学改革的一个重要方面。与常规教学手段相比,运用多媒体计算机辅助教学能较好地处理好大与小、远与近、动与静、快与慢、整与散、虚与实、局部与整体的关系,能以其图文并茂、声像具佳、动静皆宜、信息丰富等特点吸引学生的注意力,启迪学生的思维,扩大学生的信息量,从而在小学数学学科的抽象性和逻辑性与小学生思维的具体形象性之间架起桥梁,提高教学效率。可以说,现代教学技术和手段的推广使用为教学方法的改革发展开辟了广阔的天地。

但教师在使用这些技术手段上也出现了不少问题,甚至有些已走入误区。主要表现在:装饰内容过多,效果适得其反;色彩搭配不当,主题不够突出;课件代替探究,学生参与不足;课件过度使用,忽视传统手段;课件泛滥使用,课堂成了展堂;课件过度豪华,投入大于产出。

现在的观摩课给人的感觉是,似乎不采用现代化教学手段就是保守,就是观念不先进。为此,讲课教师不惜花费一周甚至数周的时间精心制作课件。可效果往往并不理想,有的课件不过是课本搬家,只是起到了代替小黑板的作用;有的教师把界面搞得五彩缤纷,以为这样可以吸引学生,结果适得其反,学生的注意力被鲜艳的色彩所吸引,忘了听老师讲课,忽略了课堂教学中应掌握的知识;有的教师为了展示精心制作的课件而砍掉了本该由学生动手操作的内容,使学生成了观众;有的教师因为有了多媒

体，干脆不再写板书，一节课下来，听课者大饱眼福，可黑板上除了课题没有其他任何痕迹；有的教师因计算机操作不熟练，造成课上到中途而无法进行，只好在旁边配个"助教"；有的课件制作粗糙、链接不准，讲课的老师手足无措，致使课件成为一种点缀，甚至成为累赘。

以上事实说明，计算机辅助教学要用在点子上，要注重实效。使用新技术并不一定代表采用了新的教学思想。屏幕不能代替必要的板书，学具操作不能代替必要的教具演示，教师只有把现代化教学手段与传统的教学手段（教具、学具、黑板）有机结合起来使用，优势互补，使教学手段整体优化，才能提高课堂教学效率。

问题七：教师不知及时介入学生的学习活动

现在的课堂强调以学生为主体，强调把时间还给学生、把课堂的空间还给学生，很多老师都这样做了。但我在听课中也发现，当学生活动时，教师只是自己站在讲台上，或看看教案，或摆弄教具，或四处张望，就是不肯走下讲台，深入到学生当中去，好像学生动起来之后，教师就可以彻底解放了。一些教师对主导、主体的理解发生偏离，对学生不敢批评、不做评价、不敢进行管理、放任自流，教师跟在学生的后面被动地进行教学活动，甚至出现了乱课现象，教学过程中教师只是在不停地组织教学。

实际上，教学过程以学生发展为本，并不意味着教师责任的减轻和教师作用的降低，相反，它是对教师提出了更高的要求。只要我们仔细观察就会发现，每堂课上都会有一些非常积极的参与者，也会有一些很被动的参与者或者根本不参与者。作为教师，要特别关注那些没有参与的学生在干什么。教师的任务是调动这些学生的积极性，反思自己的教学设计，随时调整自己的教学思路。学生小组讨论的时候，教师不要等待，不要观望，也不要干自己的其他事情；教师应成为小组讨论的一员，参与其中，并对小组学习的过程做必要的指导。教师在巡视过程中，同时要关注讨论的进程，了解各组讨论的情况，做到心中有数，以便及时点拨，适时调控。

问题八：对教材的理解出现偏差

一位教师教学《9加几》一课时，在得出两种计算方法后，用了将近3分钟时间，非要引导学生说出数数的方法。等到学生做练习时，又硬性规定必须用"凑十法"，理由是数数的方法教材上出现了，而"凑十法"计

算起来最简便。

教师之所以出现上面的问题，原因有二：一是以为教材提倡算法多样化，就必须让学生掌握教材中的每一种方法；二是将"算法多样化"等同于"一题多解"。这说明教师对《数学课标（2011年版）》的理念尚未真正理解。

算法多样化是《数学课标（2011年版）》的一个重要思想，是指尊重学生的独立思考，鼓励学生探索不同的方法。鼓励算法多样化是尊重学生的表现，体现了以学生为主体的教学原则，但并不是说每一个学生必须掌握书中介绍的多种方法。《数学课标（2011年版）》指出："数学教学活动必须建立在学生的认知发展水平和已有的知识经验基础之上。"对于基础比较好的班级，由于学生受幼儿园数学学习的影响，课堂上学生说不出数数的方法是非常正常的。我们何必非要把学生教傻呢？

应该说，算法多样化体现了全新的教学理念，但"算法多样化"与"一题多解"并不是一回事。"一题多解"追求的是学生个体方法的多样化，要求学生用多种方法解决同一个问题；"算法多样化"追求的是学生群体方法的多样化，对某一个体学生而言，方法可能只有一种，但对众多学生而言，方法就呈现出多样化了。"凑十法"并非对每个人来说都是好方法。只要是学生经过自己努力创造出的方法，都应该得到老师的鼓励与表扬。教师应提倡学生用自己喜欢的方法进行计算，学生自己喜欢的方法对他本人来讲就是最优的方法，从这一角度看，优化的方法不一定是统一的一种算法。

问题九：部分教师不能驾驭课堂

新课程强调以学生为主体，强调让学生"动"起来，可当学生真的动起来以后，新的问题又出现了。学生积极参与学习，课堂气氛空前活跃，学生提出各式各样的问题，有些甚至是令人始料不及的，结果课堂纪律难于控制，教学任务难于完成。学生一放开，教师在课堂上就感到特别紧张，甚至感到无所适从。

教师不敢进行管理和不放手的问题根源是教师对教学本质认识有误。文喆先生说："教学本质是教师有目的、有计划地组织学生实现有效学习的过程。"教师的职责是"促进学生的发展"，而学生的发展要通过内在因

主张19 洗尽铅华，返璞归真

素来起作用。显然，教师包办代替、越俎代庖、管得面面俱到不仅促进不了学生的发展，反而会束缚学生的发展。反之，大撒把、放羊式、姑息迁就、一味迎合学生的喜恶同样是没尽到教师的职责。而且，小学生可塑性很强，一旦错过了行为习惯形成培养的最佳时期或不良习惯已经形成，再去纠正就难了。新课改提倡师生民主、平等、和谐的师生关系，是说要把学生当做一个人，要尊重他的独立人格，尊重他的独特体验，发展他的良好个性，倡导教师要有一颗宽容的心，要允许学生犯错误。但绝不是说学生可以自然成才，对学生的不良行为教师可以视而不见、姑息迁就。我们要用辩证统一的哲学思想做指导，正确处理主导与主体的关系，充分发挥教师在引导、促进学生发展中的不可替代的角色作用。

对课堂不能调控，主要是教师的知识储备不足。为此，教师应提高对本学科知识的理解和整合能力，提高对课堂教学的驾驭能力。新课程的教学具有开放性、创生性，同时也具有一定的不确定性。对于教师来说，要体现自己的解惑水平，关键是你敢不敢暴露学生的困难。学生在学习中遇到困难时，请先把机会交给学生，也许他们自己能够想办法解决。碰到教师也不会的问题时，教师应坦诚地说："我也不太清楚，咱们课下可以一起研究。"如果教师错了，就应该勇敢地向学生承认错误，放下架子。"想学什么？想怎么学？""有不同意见吗？""谁想说，请大胆地站起来。""你的想法比老师的还好。"这些具有亲和力的话，会极大地激发学生学习的兴趣和主动参与的积极性。

问题十：追求文化渗透过度，偏离教学重点

有的老师在执教《分数的意义》一课时，让学生课前搜集资料，说说分数是怎样产生的。课上，有的学生说查阅了《中国少年儿童百科全书》，有的说查了《新编小学生数学词典》，有的介绍了分数最初的表现形式等，十几分钟过去了，学生们还沉浸在热烈的交流中，对分数产生的无度的延伸使学生的思维始终停留在资料的浅层交流中，忽略了对"分数意义"的深层学习，导致课堂教学目标偏离，造成课程教学效益低下。

我在北京听过6位教师上《圆的周长》一课，其中有一位教师上了60多分钟，光介绍数学文化就整整用了20分钟。这样的课堂值得我们反思，老师们千万不能为了刻意追求数学文化而"走火入魔"。

问题十一：一味沉溺于对学生的表扬、鼓励

为了保护学生的积极性，有的教师采取滞后评价的办法，于是出现了一些教师在课堂上少评价甚至不评价的现象；有的教师提出评价应以鼓励为主，于是课堂上"好"声一片，只要学生回答问题，教师一概以"好"、"很好"进行笼统的评价。这样做的结果很容易使学生形成模糊的概念。对学生的错误结论不加以纠正，对模糊的概念不置可否，这实在是一个不容忽视的欠缺。

教师在课堂上鼓励学生，坚持正面引导，这本没有错，但是一节课上如果处处都是"你真棒"之类的表扬话，把表扬的方式变成一种表扬公式，就会失去鼓励的意义。肯定学生不应只对学生讲"过年话"，而应当恰如其分，该表扬时才表扬。表扬用得过多、过于频繁不利于学生的和谐发展。有的老师在不该表扬学生的时候也很牵强地加一个"你真棒！"，久而久之，就助长了学生的傲慢情绪，会导致一部分学生只习惯于在一片赞扬声中学习，接受不了来自任何一方的批评，有了错误也不愿承认、改正，影响了学生健康心理品质及健全人格的形成。所以无论来自何方的表扬、批评都应恰如其分，掌握住"度"。福建师范大学的余文森教授认为：一味表扬，正如一味惩罚一样不可取。对学生而言，过多的夸奖并不能起到鼓励的作用，尤其是教师不假思索、脱口而出的随意性夸奖，不仅不能对学生产生积极的引导，反而会导致学生形成浅尝辄止和随意应付的学习态度。

北京师范大学的周玉仁教授说得好："获得成功是每一个学生的权利，把学习上取得成功的欢乐带给儿童，在儿童心里激起自豪和自尊是教育的第一信条。但成功与挫折均具有两重性，经受挫折后获得的成功才更有价值。"为此，周教授提倡表扬和批评都是对学生行为强化的必不可少的手段，老师不能吝啬表扬，但表扬要有理，褒奖要有度；不能随便批评，但要批评有方，疏而不堵。

给孩子一种什么样的教育，就意味着给孩子一种什么样的生活。数学课程需要改革的是传统教学中的不足，而对传统教学的精华必须继承，不然改革又会从一个极端走向另一个极端。我们要用辩证的眼光寻找现代与传统的结合点，把现代课程理念与传统教学精华融合在一起。我们的课程改革要符合中国的国情，不能走极端，更不能搞形式主义。我们应该理性

地搞课程改革，实事求是，严格按科学规律办事，不盲从权威，也不随意否定过去被实践证明行之有效的东西。应该踏踏实实地在提高教学的有效性上多动脑筋。

最后让我们来看一则寓言故事：

非洲一个民族，一向居住在一种木屋内，晚上燃火照明。后来，"文明人"来了，告诉他们电灯比他们燃火照明要好得多、文明得多。于是，所有的木屋都装了电灯，大家都觉得很好。但是一年之后，所有的木屋都轰然倒塌了。

原因何在？原来每天燃火时会冒烟，烟把各种昆虫赶出屋外。现在使用电灯，没有烟熏，昆虫大量繁殖，屋顶被昆虫蛀坏，木屋于是倒塌了。

寓言告诉我们，那个非洲民族原来的生活方式尽管原始，却十分和谐。电灯当然更为先进、文明，但是先进的技术引进来，必须和原来的环境相适应。要用好电灯，则必须采取防虫、除虫措施。不然，好心会办成坏事。

正如电灯之于木屋，西方的教育理念也许很先进，但是未必都适合现代的中国；还有些理念，本来就未必十分科学，我们更应该仔细分析，有所选择。

参考文献

徐友新. "数学味"缘何变淡 [J]. 福建教育，2006（5）.

主张 20 跳出数学，感悟教学

观 点 分 享

◆ 教育是农业而不是工业。（叶圣陶）

◆ 教育是既见树木又见森林的过程。（怀海特）

◆ 教育从学生的生成过程来说，是精神的唤醒、潜能的激发、内心的敞亮、主体性的弘扬与独特性的彰显；从师生共同活动的角度来说，是经验的共享、视界的融合与灵魂的感召。（肖川）

◆ 十个手指不一般齐，这是必然；而十个手指能一般齐，这是偶然。企图用偶然代替必然，结果总会相反。

◆ 做加法，不是在任何时候、任何地方和任何对象均适用的。教育不是一件可以无休止地做加法的事情。

◆ 教育好比牵着孩子教他学走路，要随时准备放手。

◆ 教育上的错误就像配错了药一样难以补救。

◆ 教师要学会自我充实，防止像磨房里的驴子一样原地绕圈。

◆ 掌握知识如同建房，教师提供材料，让学生动手垒墙。

◆ 对知识面宽的教师来说，教材是随时准备弹离的跳板。

◆ 教育既应提供变动着的世界地图，又应提供航行指南针。

行 为 跟 进

生活中的很多事物是相同的，当我们跳出数学学科，从生活中的其他角度思考数学教育和数学教学的时候，也许对教育的感知会更接近规律、

更接近客观、更接近理想。

一、通过对教育的"形象化解读"把握教育本质

隐喻就是把未知的东西变换成已知的术语进行传播的方式。生动的教育比喻能以浓厚的美学意蕴使某些已成陈词滥调的教育理念面目一新,为读者所喜闻乐见。

关于教育的隐喻,比较经典的有叶圣陶先生所说的:"教育是农业而不是工业。"这一隐喻至少可以做这样几层阐释:其一,教育是一个生命过程,是一个生长的过程,而不是加工、制造的过程;其二,作为生长过程,生长的品质取决于精神生态的品质,而不是某一孤立的要素;其三,这个过程很难做具体的专业分工,它必须具有整体性;其四,它不可能按照事先确立的标准批量生产。

农民种地,从来不强迫庄稼按照一个模式生长——因为他们知道那样做肯定是徒劳无益的,他们只是勤勉地浇水、施肥、喷洒农药,为每一棵庄稼按照自己的方式尽情地生长创造良好的条件。于是,他们在秋天才有了属于自己的那份沉甸甸的收获。

常识告诉我们:站在一棵幼苗面前,可以看出它旺盛的长势,却感觉不到它的成长,只有隔一段时间才会发现它的变化;另外,农业也是一个比较复杂的过程,农田里的秧苗只有通过培土、浇水、施肥、除草等一系列劳作,才能茁壮成长,直至结出丰硕的果实。这些都说明,秧苗虽小,但也有它自己的成长规律和季节,是不能被随意打乱的。如果为了追求速度而拔苗助长,那么不但会破坏它的生长周期,影响果实的成熟,甚至可能到最后颗粒无收。培养孩子也像培养秧苗一样需要耐心。

叶圣陶先生提到教学中教师要敢于放手时,曾经说过这样的话:"给指点,给讲说,却随时准备少指点、少讲说,最后做到不指点、不讲说。这好比牵着孩子的手教他学走路,却随时准备放手。我想,在这上头,教者可以下好多工夫。"通过阅读和理解这些话,我想老师们会对教师在课堂教学中的角色定位有一个很好的把握。

关于教育的隐喻,比较经典的还有怀特海的"教育是既见树木又见森林的过程"。这告诉我们,作为精神生活和建构知识的过程,既不能是笼

统的、抽象的概括,也不能是零星的、散乱的信息和知识,而应该将学习的内容升华到更大的思考主题,并形成理解框架和概念网络。所以,在学习过程中,既需要深入细节、解剖麻雀,又需要"会当凌绝顶、一览众山小"。我们既可以把森林理解为"上位概念",把树木理解为"下位概念",也可以把"见森林"理解为智力生活的背景和整体把握,把"见树木"理解为细处摄神和结合个体经验的理解。

李炳亭老师曾提出过关于"教育"的四个隐喻:

(1)教育就是"选鞋子"。让每一双鞋子合脚,让鞋子去适应儿童,而不是让儿童适应鞋子。这句话的隐喻是,"教育应努力适应儿童"。

(2)教育就是"打麻将"。让农村不认字的老太太学会打麻将,最好的方式不是办班,先教识字、再教专业课,而是帮助她找到三个陪练,在动手中学习,如同毛主席讲的"在战争中学习战争"。这句话的隐喻是,"教育即激发兴趣、创设氛围"。

(3)教育就是"找水源"。是鼓励和驱赶着教师疲于"给水"吗?要给学生一杯水,教师就要有一桶水。假如没水怎么办?水是馊的怎么办?教师不需要从繁重的工作中减负吗?见缝插针的教师专业化培训是不是对教师权益和业余生活的变相践踏?解放教育的希望还在于要解放教师,教育必须从指望发挥教师的个人作用,到发挥全体学生的主观能动性,实现师生相长的大目标,这句话的隐喻是,"和学生一起寻找水源"。

(4)教育即"放手"、"放生"。教育是情感、是生活、是尊重……是一切围绕着"人"进行的生命与生命的对话,但核心是发展人。开放的程度决定了教育的高度。这句话的隐喻是,"教育即自主发展"。

二、通过类似事物的比较把握教育本质

我在平时的报告中经常用下面的例子谈我对教育教学的感悟。

例1:教材处理与家里装修房子有什么相同的地方?

很多老师家里都装修过房子,装修房子时我们可以充分发挥想象力,把房子装修得温馨漂亮,比如改变房屋的结构、改变墙壁的颜色和装饰、设计精美的图案等。但装修房子有一个基本底线,就是承重墙不能拆除。如果把大楼比做人体,那么承重墙就是人体的骨骼,拆掉它,人体就不能

站立。

同样的道理，教师在上课时可以更换情境，可以改变教材的呈现方式和学生的学习方式，但基本的知识点不能丢，重要的数学思想方法不能丢。教材不管怎样改，最终一定要保证三维目标的有效落实。

例2：教学与炒菜有什么相类似的地方？

烹调菜肴所使用的各种原料和调味品，经过火力加热，在不同温度的作用下发生不同的变化，达到不同的烹调要求。火候的掌握对菜肴色、香、味、形的形成有着相当重要的作用。火候掌握得适当，可以除去原料的异味，突出原料的鲜美，做出佳肴好菜；反之，虽有好的原料和调味品，也可能烧出低劣的菜肴。

教学也是这样，在什么时候提问、提什么问题，教师要做到心中有数。一般情况下，教师在以下几个时候提出问题效果最好：一是在知识的关键处、理解的疑难处；二是在思维的转折处、新旧知识的连接处。

再比如，教师的指导要注意"火候"，不能用力过度，要适可而止。用古语来讲就是"不愤不启，不悱不发"。

例3：教师呈现教材与刘谦变魔术有什么相类似的地方？

"接下来就是见证奇迹的时刻！"伴随着刘谦在春晚的走红，这句话迅速成为流行语，而每次"见证了奇迹"之后，总会掀起一阵揭秘潮，成为春晚结束后的热门话题。

但是，看完揭秘后再看刘谦表演的两个魔术，还有神秘感吗？

这种看似"抓住本质，追求真相"的态度，毁掉的不光是某些魔术节目，更是在抹杀我们本来就不多的创造力和想象力。刘谦本人曾在博客中指出，很多揭秘者已经失去了那些我们身上本来就在减少且存留不多的宝贵财富——想象力。

一位演员曾经戏言："'魔'字上面一个麻，下面一个鬼，就是趁人精神麻木的时候捣鬼。"道理大家都明白，但任凭你目不转睛、绞尽脑汁、冥思苦想，也猜不出个所以然。这就是魔术的魅力！

21世纪第一个龙年，网友似乎特别剽悍，刘谦的"幻镜"魔术刚结束，当晚就出了揭秘图解，在微博上疯传。

我觉得，我们应该像大卫·科波菲尔说的那样，"多做梦，少揭秘"。

同样的道理，数学知识的学习也是这样，孩子学习的兴趣在很大程度上是由于对所学内容的好奇心。有些知识可以预习后学习，但有的知识就不适合先预习。比如，"分数的基本性质"的学习、"尝试与猜测"的学习，这些培养学生探究能力的知识，就需要保留知识的神秘感，才能激起学生探究的欲望。

老师们都有这样的体会，很多假期上过课外补习班的孩子上数学课基本上不听讲。为什么会这样？因为我们要教的知识他们已经知道了，这部分知识对他们已经失去了吸引力。学生以为自己已经懂了，所以就不再听课，结果造成知识"夹生"现象。

例4：讲台上的老师与《百家讲坛》里的主讲人有什么相类似的地方？

中央电视台《百家讲坛》栏目推出了很多名家，最有名气的当数易中天和于丹，"易中天品三国"带来了"三国热"，激起了越来越多的人欣赏历史、学习历史的兴趣。

一本书，在一家书店一天卖出去13000本。这样的销售业绩，不光在中国，即使在全球范围内看，都是奇迹。制造这个奇迹的就是北京师范大学的于丹教授。

这两位老师为什么能够"火"遍全中国？为什么能让那么多观众重新走进经典？这与他们的讲课风格有着直接关系。我觉得至少有以下三点值得老师们借鉴：

一是两位老师的语言魅力。《百家讲坛》之所以能被大众所推崇并赞誉有加，这首先与主讲人的语言艺术是分不开的。历史本来是枯燥的，用讲座这种形式解说历史更是无味的，然而他们却以自己的语言和智慧把人物说活了，把事件讲透了，也把节目做"火"了。

易中天老师的语言幽默风趣、生动形象、惟妙惟肖；于丹老师的语言精致高雅、词汇丰富、句式唯美、富有哲理。从于丹的语态中能够感到一种扑面而来的清新和快感，感觉到一种语言魅力的彰显与震撼。

二是两位老师善于讲故事。在《于丹〈论语〉心得》中，于丹引用了20多个古今中外的小故事来诠释《论语》中有些深奥的道理，这些本来需要复杂阐述的道理常常通过一个小故事就使人豁然开朗。她从一部足以让人读一辈子的高深典籍提炼出浅显易懂的为人处世道理，这是一种技能，

也是一种传播的艺术。我们教师应该学习培养这种能力。

三是现场感强烈的画面语言。两位老师在讲授中多用画面镜头的方式再现各种场景和情境。把抽象的语言描述化为想象中的电影镜头，不但可以让听众的想象力得到尽情的发挥，而且很自然地就走入了演讲者所营造的世界，从而引起共鸣。

例5：数学老师应该向其他学科的老师学习什么？

由于工作关系，我校每周五都要有行政领导集体听课，我听了很多节其他科目的教师上的课以后，觉得很多东西其实都是相通的。作为一名数学老师，我建议大家也听一听其他学科优秀教师的课。

听语文教师上课——学习语文教师的语言和激情；

听科学教师上课——学习科学教师怎样组织学生进行自主探究；

听音乐教师上课——学习音乐教师的表情和课堂感染力；

听体育教师上课——学习体育教师对课堂的组织调控能力；

听美术教师上课——学习美术教师指导学生时如何把握尺度；

听信息教师上课——学习信息教师如何利用任务驱动组织学生学习；

听英语教师上课——学习英语教师如何创设丰富多彩的语言情境。

例6：讲台上的老师与指挥官、教练、导演有什么类似的地方？

刘金玉老师在《高效课堂八讲》一书中谈到教师的角色归位问题，他对毛泽东、张艺谋和袁伟民三个人物进行解读。

提到毛泽东时，刘老师写道：我们到课堂上是来做什么的？是来打仗的，是来打胜仗、打硬仗的。作为教师，在课堂教学中我们必须像毛泽东一样，做组织者、指挥者、策划者、责任者，而不必亲自冲锋在前。

提到张艺谋时，刘老师写道：我们的课堂就是学生的舞台，教师只有做导演，才能保证学生全过程"表演"和"表现"好；教师只有做导演，为学生的学习而导，为学生的发展而导，才能真正将课堂变成学生的舞台。

提到袁伟民时，刘老师写道：教师要学习袁伟民，扮演好教练的角色，把我们的课堂精心打造成学生的赛场，努力做好课堂中的"教练"。

这样的比方真是太形象了，让老师们听后能够悟出许多道理。

由此我想到苏霍姆林斯基说过的一段话："如果把掌握知识的过程比

喻为建造一幢房子,那么教师应当给学生提供的只是建筑材料——砖头、灰浆等,而砌砖垒墙的工作应当由学生去做。"

例7:"动车组"对课堂教学的组织形式有什么启发?

动车组的出现,结束了"要想火车跑得快,全靠车头带"的历史。它的稳健与快捷,来自不同车厢内分动力的合成。这些分动力直指前方,于是有了列车的多拉快跑,有了车头的"减负"。

教学中,如果单纯依靠教师拉动,教师作为唯一动力的"火车头",必将筋疲力尽,被拉动的学生也会枯燥疲惫。

如果把班级比做列车,那么当学生之间在学习上相互合作彼此帮扶时,他们就会成为不同车厢里的分动力,这些分动力的合力远非车头的单一力量所能比。这就是以指导学生合作学习为特征的"教学动车组模型"。

参考文献

肖川. 好教育,好人生 [M]. 南京:江苏教育出版社,2009.

主张 21　多样作业，减负增效

观点分享

◆ 教师布置作业应把握的第一个原则就是目的性原则，即给谁布置作业、为什么布置作业。

◆ 作业设计要正确处理好"活"与"难"、"易"与"死"的关系，做到"活而不难，易而不死"。

◆ 在基本技能的教学中，不仅要使学生掌握技能操作的程序和步骤，还要使学生理解程序和步骤的道理。

◆ 练习的设计要有利于促进学生积极思考，激活思路，充分调动起学生内部的智力活动，使他们能从不同方向去寻求最佳解题策略。

◆ 通过练习要使学生变得越来越聪明，他们的思维越来越灵活，应变能力越来越强，而不被模式化的定式所禁锢、所束缚。

◆ 有效的课外作业不仅是课堂教学的补充，而且能帮助学生成为一个独立的学习者。

◆ 作业设计要有助于调动全体学生完成作业的积极性，使每一个学生在完成作业的过程中都能体验到学习的幸福感，都能在原有的基础上得到逐步的提高和发展。

行为跟进

学生学习数学知识不能只是停留在领会的水平上，必须使它转化为相应的技能，并能应用这些技能去解决一些生活中的实际问题。练习是学生

巩固知识、形成技能、发展思维、提高解决问题能力、提高课堂教学质量和效率的重要手段。作业是课堂教学的有效延伸,是为巩固课堂教学效果而精心设计的练习。长期以来,迫于应试教育的压力,作业存在着形式单一、内容机械、重复枯燥、评价刻板、缺乏激励、被动应付等诸多问题。这种情况如果不能得到根本性转变,将不利于课程改革的顺利推进,更不利于学生学习能力的增强和自信心的培养。

在新课程背景下,除了让学生完成课本中的基本练习以外,我们还可以根据知识本身的特点和学生的生活实际设计形式多样的作业。

一、精心选材,布置趣味性作业

兴趣是学生学习的内驱力。学生只有具备了浓厚的学习兴趣,做作业的积极性才会提高,才能高质量地完成作业。由于小学生特定的年龄特征和心理特征,他们喜欢新颖有趣、形式多样、符合生活的作业。精心选择现实生活中的材料设计一些包含情境的数学问题,对于激发学生的求知欲、调动学生的学习积极性大有好处。下面三道题设计得就很有新意,也能够激发学生解决问题的兴趣。

在学完了小数加减法之后,教师可以安排下面的游戏。

1. 每人做几个纸团,每个纸团里写 1 个比 10 小的一位或两位小数。玩法如下:

(1) 2 人一组,将准备好的纸团放在一起。

(2) 每人每次摸出 1 个纸团,摸出较大数的人算两数的差,摸出较小数的人算两数的和,并各自把得数记在纸上。

(3) 摸出相同的次数后,再把自己记录的得数相加,总数大的一方获胜。

2. 一种洗面奶,出口直径为 5mm,妈妈每次洗脸都挤出约 1cm 长的洗面奶。这样,一只洗面奶可用 36 次。该品牌推出的新包装将出口处直径改为 6mm,妈妈还是按习惯每次挤出约 1cm 长的洗面奶。这样,一支洗面奶能用多少次?

3. 据书中介绍,我们人类的身高与标准体重之间存在着非常密切的关系:

男性：(身高厘米－80)×70％＝标准体重（千克）

女性：(身高厘米－70)×60％＝标准体重（千克）

体重评价标准和评价指标：

正常：低于标准体重10％或高于标准体重10％。

偏瘦：低于标准体重11％以下。

偏胖：高于标准体重11％以上。

根据以上信息，请你回答下面的问题：

(1) 郑叔叔身高180厘米，郑叔叔的标准体重应该在（　　）千克左右。

(2) 如果郑叔叔的体重是84千克，郑叔叔属于（　　）的人（正常、偏瘦、偏胖）。

二、走进生活，布置现实性作业

数学，源于生活，用于生活。尤其是小学数学，几乎都能在生活中找到原型。教育心理学的研究表明：只有当学习的材料与学生已有的知识和经验相联系时，才能激发学生学习和解决数学问题的兴趣，数学才是活的、富有生命力的。教师要结合鲜活的生活素材，将原本单一、乏味、冷漠的数学题目放置在生动、有趣的情境中，要使那些"僵硬的知识"、"知识形态的知识"、"死的知识"变成"活的知识"、"有生命力的知识"，让学生感到数学题并不总是板着面孔出现的。下面的几道题目就非常具有现实性。

1. 某通讯公司开设了两种通讯业务。

(1) 使用"全球通"手机卡用户电话费计费标准：每月月租费50元，接听和打出每分钟另需付通话费均为0.4元；(2) 使用"神州行"手机卡用户电话费计费标准：不缴纳月租费，接听和打出每分钟通话费均为0.6元。

根据以上信息：

(1) 张叔叔每月平均通话时间是150分钟，他选用哪种手机卡电话费比较便宜？每月需电话费多少元？

(2) 李叔叔每月平均通话时间是300分钟，他选择哪种手机卡电话费

比较便宜？每月需电话费多少元？

2. 某市出租车的收费标准如下（表21-1）：

表 21-1

里程	收费
3千米及3千米以下	8.00元
3千米以上，单程，每增加1千米	1.60元
3千米以上，往返，每增加1千米	1.20元

（1）小华乘出租车从家到外婆家，共付费17.6元，小华家到外婆家相距多少千米？

（2）王老师从学校去相距6千米的人事局取一份资料并立即回到学校，他怎样坐车比较合算？需付出租车费多少元？

再来看一份用于巩固乘法口诀的数学作业。

秋天到了，你们想欣赏秋天的景色吗？秋天的景色是多么美丽啊！学校决定明天去秋游。秋游时大家都要带点心，这次秋游的点心以小组为单位自己去买，不要再叫爸爸、妈妈买了。下面是一些食品的单价：可口可乐4元、饼干2元、面包2元、汉堡包8元、苹果1元、梨8角、炸鸡腿5元、果冻5角……用30元买本组的点心，既要吃得饱，又要吃得好，你计划怎样买？同学们，用上你们学过的知识，看哪一组安排得最合理。

这种趣味浓厚的作业，不是靠增加题量或复杂计算来训练学生的计算能力，而是把知识点融入情境之中，让学生根据自己的生活经验、兴趣爱好、知识掌握情况，灵活运用方法解决实际问题。这样的作业形式不仅达到了训练的目的，还激发了学生内在的智力潜能与学习数学的兴趣，能有效地促使学生接受知识并进行再创造学习。

三、学以致用，布置研究型作业

传统的课堂教学，学生学习的空间较为封闭、狭小，眼界限于书本、限于教室。长期以来，小学生学习数学似乎与进行研究无关，搞课题似乎是大人的事，学生们普遍缺乏独立性和创造性。在课堂上，教师可以注意设计一些小课题，让学生通过合作交流去完成。小课题应具备让学生进行

探索与思考的余地和空间，让学生去收集信息、处理信息并得出结论，从而让学生学会一些探索的方法。教师要起到引导的作用，评估要注重过程，而不是注重结果。

例如，在学习完"比例尺"后，教师可要求学生给自己家里的客厅画一张平面图，并思考：你认为这客厅的设计和摆设合理吗？你有什么改进的措施？为什么？学习完有关利息的知识后，可以针对不同的学生设计不同的主题作业：调查目前的银行利息情况并做专题小报告、帮助家长拟订一份储蓄计划、学习填写存单、计算利息税等。学习了折线统计图后，可让学生调查本地近五年来的房价变化，制成折线统计图，再通过分析统计图，预测未来一两年内本地房价的变化趋势。

四、因材施教，布置层次性作业

关注人是新课程的核心理念。我们的教育是面向全体学生的教育，要让"不同的人在数学上得到不同的发展"。由于每个学生知识水平、思维方式、生活经验、解题技能等诸多方面的不同，他们对于同一问题的理解和把握也就不同。为了满足不同个体的不同要求，作业设计要体现新课程的要求，为不同水平的学生提供不同的展示空间。

例如，在学完分数百分数应用题以后，我由易到难安排了下面四道题供学生选择。

1. 商店出售一批奥运吉祥物"福娃"，一小时就售出160个，正好占总数的 $\frac{2}{5}$，这批奥运吉祥物"福娃"共多少个？

2. 我国约有660个城市，其中约有 $\frac{2}{3}$ 的城市供水不足。在这些供水不足的城市中，大约有25%的城市严重缺水。全国严重缺水的城市大约有多少个？

3. 学校图书馆原有一批故事书，高年级学生借走40%以后，管理员又从新华书店买来180本，新买来的故事书正好相当于原来的25%，高年级学生借走故事书多少本？

4. 时装店有一件衣服，第一天按原价出售，没人来买；第二天降价10%，仍没有人来买；第三天再降价120元，终于售出。已知出售的价格恰好是原价的66%，原来这件衣服的价格是多少元？

五、拓展空间，布置探究性作业

作业中的探究性问题不仅可以考查学生的探索能力，而且有助于激发学生的探索精神，挖掘学生的潜在智慧。

例如：

一个球从3米高的地方落下，第一次弹起了2米高，以后每次弹起的高度是前一次弹起高度的$\frac{2}{3}$。那么第几次弹起时，弹起的高度低于0.5米？

在本题的要求中，学生需要探索球在第几次弹起时高度低于0.5米，目的在于考查学生的探索能力与探索精神。

六、学科整合，布置日记型作业

日记历来是语文教学的一个重要内容，它能帮助学生记录自己的成长足迹、积累词汇、培养表达能力、提高写作水平。其实，写日记并不仅仅是语文学科的专利。在数学教学中，也可以让学生把自己在日常生活中所发现的数学知识、提出的数学问题、应用数学的情况等有关数学的内容以日记的形式记录下来，这种形式能帮助学生用"数学的眼光"看待生活，发现生活中的数学问题。

下面是两篇来自网络的数学日记：

我们的生存空间

这个星期，我们学了《统计》这一课，并通过统计了解了我们的生存空间。

从第一个统计表中，我知道了我们的国家变得越来越富强了，但人口也逐渐增加了。我觉得人口增长得太快不是很好，因为我们的国家只有这么大，如果人口猛增，把国家都撑爆了，那可怎么办呀？所以，我想每个家庭都应该只生一个孩子，这样社会才能稳步发展。

在第二个统计表中，统计了我国城镇生活污水排放总量的变化。现在，我们排放的污水越来越多，污染了许多大江大河，就连我们的母亲河——长江也被污染了，并且生活在这些河里的小鱼小虾也相继死去。所

主张21 多样作业，减负增效 217

以，我们要从自身做起，节约用水，比如：洗完脚的水可以冲厕所，泡过米的水可以浇花……并且还要像第三个和第四个统计表上那样，多植树、多建自然保护区，让风沙低头，让那些珍稀动物和树木都有一个安定的家园！让我们的生存空间变得更加美好！

买鞋子的学问

今天，妈妈带我上街买鞋子。我们首先来到了百货大楼，那里全场打7折。我们很快看中了一双原价270元的安踏运动鞋。为了货比三家，我们又去了华联商厦。在商厦里，同样型号的鞋子虽然原价没变，但商厦推出的优惠服务是打9折，然后购物满50元送10元。接着，我们又来到了安踏运动鞋专卖店，同样型号的鞋原价还是没变，但优惠的内容不同，这里是购物满100元送40元。妈妈有点困惑了，只好请我这个数学小机灵出马了。我心里想着：在百货大楼买鞋要花270×70%＝189（元）；在华联商厦里买鞋得花270×90%＝243（元），243－10×4＝203（元）；而在安踏运动鞋专卖店里买鞋要花270－40×2＝190元。189元、203元、190元之中，是189元最便宜，到百货大楼里去买最合算。我把我的想法告诉了妈妈，妈妈直夸我聪明。

通过今天这件事，我明白了生活中处处有数学，我们可以用学到的数学知识解决生活中的实际问题。

七、活学活用，布置综合型作业

学生写作业的过程，不应是一个"被动吸取知识、记忆、反复练习、强化储存"的过程，而应是"以积极的心态调动原有的知识和经验，尝试解决新问题，同化新知识，并积极建构新知识"的主动学习的过程。数学知识的学习不能靠死记硬背、机械照搬。数学能力最突出的表现就是"举一反三、触类旁通"。一般在一个单元或一个学期结束后，教师可以将有些知识进行综合，设计一些需要综合运用几个方面的数学知识才能解决的问题，以提高学生综合运用知识的能力。下面三道题目就需要学生综合利用所学的知识来解决问题。

1. 一个长方体的木块，它的所有棱长之和为108厘米，它的长、宽、

高之比为 4:3:2。现在要将这个长方体削成一个体积最大的圆柱体,这个圆柱体的体积是多少立方厘米?

2. 甲、乙两列火车同时从两地相对开出,5 小时后两车在途中相遇,已知甲车行完全程要 9 小时,乙车每小时行 48 千米,甲车每小时行多少千米?

3. 一辆汽车从 A 城开往 B 城,第一小时行了全程的 $\frac{1}{4}$,第二小时行了 60 千米,这时已行的路程与全程的比是 1:3,A、B 两城相距多少千米?

八、培养能力,布置拓展性作业

所谓拓展性作业,是指在学生已经掌握了基础知识和基本技能的基础上,将所学知识进行必要的延伸和发展而设计的课内外作业,其主要目的是提升学生的观察、比较、综合、推理等数学思维能力,它是面向学有余力的部分学生而设计的。下面两道题需要学生灵活运用所学知识才能解决。

1. 有 12 个 1 立方分米的正方体商品,请你为它们设计一个长方体包装箱,当包装箱的长、宽、高分别是几分米时,最节省包装纸?至少需要包装纸多少平方分米?

2. 冬季到了,饮料已不是那么走俏了,各家商店纷纷出招,这是它们所做的广告:

鲜果饮料:大瓶 10 元(1000 毫升),小瓶 2 元(200 毫升)。甲店:买一大瓶,送一小瓶。乙店:一律九折。丙店:累计 30 元,八折优惠。

六年级(1)班要开联欢会,想给 35 位同学每人准备 200 毫升饮料,请你设计购买方案。

总之,教学的基本着眼点是促进学生的发展,这是教师组织教学活动的核心理念。作业的设计要有利于调动学生学习数学的积极性,有利于提高小学数学教学质量,有利于在小学数学学科中扎实推进素质教育。要照顾到学生的知识基础和接受水平,注意形式的多样性,注意处理好作业数量与作业质量之间的关系,要处理好面向全体与因材施教的关系,要处理好"活"与"难"、"易"与"死"的关系,做到"活而不难,易而不死",要让学生通过完成作业变得越来越聪明,思维变得越来越活跃,解决问题的能力变得越来越强。

主张 22　毕业复习，培养"四力"

观点分享

◆ 教学的重要目标是让学生掌握有意义的学习的方法，有意义的学习是建立在对知识的理解和理解后的应用上。

◆ 著名认知心理学家洛曼说："我们期望学生学习，却很少教他们如何学习。我们希望学生解决问题，却很少教他们解决问题的思维策略。"

◆ 学校应该教什么？在我们看来，最重要的应该是两个科目：学习怎样学习和学习怎样思考。我们怎样学习比我们学习什么要重要得多。（《学习的革命》第 73 页）

◆ 教学境界一般追求"深入"而"浅出"。然而，对于学生学习来说，很多时候需要一种跃进，得到一种突然之间拔节、顿悟的提升。

◆ 教师教学的着眼点要放在发展学生学习的能力上，只有这样，才能解决每一个人一辈子的事情。

行为跟进

在新课程背景下，自主探索、实践运用、自我建构、学会学习等新课程倡导的教学理念赋予了小学数学毕业复习新的内涵。小学数学毕业复习不仅要做好数学知识的沟通与整理、解题技能的夯实与提升，还要以促进学生能力发展和持续发展为主要目标，彰显学生的主体精神与创造意识，促进学生乐学习、会实践、勤反思、善迁移，并重点发展几种能力。

一、放手参与,培养自主能力

以往数学毕业复习大多是教师讲解,学生听记;教师出题,学生操练。这种无视学生主体角色的教学流程,很难激发学生的学习兴趣,容易使学生产生厌倦情绪。毕业复习要把学生置于主体地位,放手为学生提供参与创造的空间,做到内容让学生选择、关系让学生疏理、规律让学生寻找、错误让学生辨析。教师可通过以下形式,促进学生自主学习,提升自主学习能力。

举办"复习论坛",让学生整理知识。教师可以提前布置学生看书并整理复习要点。学生可以独立完成,也可以合作完成,然后在"复习论坛"上交流复习内容和方法。有条件的学校还可以让学生根据自己梳理的知识框架制作演示文稿进行展示,甚至还可以将学生在"复习论坛"上的发言稿进行整理汇编。

建立数学题库,让学生自我检测。教师引导学生收集典型题目,建立数学题库。具体做法是让学生制作典型题目卡片,每张卡片写一道题,正面写题目,反面写答案,并由出题者标上星级,一星级为基础题,二星级为变式题,三星级为综合题。复习时,学生可自由选择"数学题库"中的习题检测自己知识掌握的情况,做完习题后自行核对答案,不懂时再请教同学或老师。

编拟数学试卷,让学生认识全貌。为了让学生从整体上把握知识结构,可以尝试让学生编拟数学试卷,以编促学,让学生在编试卷的过程中思考某一章节的教学重点、难点、关键,进而自主梳理、建立知识结构。教师可以对学生编拟的数学试卷进行点评,甚至加工成全班的复习试卷,以激发学生自主梳理知识的积极性。

二、关注实践,强化应用能力

苏霍姆林斯基在《给教师的建议》中这样写道:"先进教师们的经验告诉我们,儿童在学习中遇到困难的原因之一,就是知识往往变成了不能移动的重物,知识被积累起来似乎是'为了储备',它们'不能进入周转',在日常生活中得不到运用,而首先是不能用来获取新的知识。"

教师要通过毕业复习让学生灵活应用知识解决问题，让学生的思维变得越来越活跃，解决问题的能力变得越来越强。因此，毕业复习不应只进行简单的重复训练，而应着力培养和提高学生应用知识的能力，具体而言，可以细分为两个方面：一是应用数学知识解决数学问题的能力；二是应用数学知识解决实践问题的能力。"小升初"考试取消前的毕业复习主要强调前者，现在的复习也要重视前者，但是由于多数教师在这方面的经验非常丰富，在此不再赘述。现就如何强化学生应用数学知识解决实践问题的能力谈谈我的一些做法和思考。

设计、组织实践性的复习内容应注意以下问题：①选题应有较强的现实背景，具有一定的开放性和综合性，即相关问题来源于实践，可以综合应用所学的数学知识解决，但不能照搬某个固定的模式或利用某个单一的知识点解决。如我校分别就"猪肉涨价为什么引起总理的关注"、"房价会降吗"、"调查生活中水资源的浪费情况"、"向'白色污染'宣战"、"汶川地震救灾中的数学问题"等主题组织学生进行了实践活动。②时空具有一定的延展性、自主性，即不能仅限于课堂，而要给学生比较机动的探究时空。如我们公布实践探究题目后，一般给学生三周左右的时间探究。学生或深入社会进行实际调查，或设计实验活动进行探究，或上网搜集资料，或开展专题交流，或请教专家、学者……③指导的及时性与全面性。在学生完成实践作业的过程中，教师应对学生的研究方法和成果呈现方式等进行指导，促进学生在实践中提高应用知识的能力。④评价的针对性和激励性。教师评价的重点不应是实践作业的结果，而应是学生在活动过程中的具体行为表现，如实践活动的方案、搜集资料的渠道、整理信息的方式、表述结果的形式、探究过程中的体验等是否合理或深刻。

三、引导回顾，提升反思能力

由于复习时内容是学生已经学过的，不同学生存在的知识缺漏往往有较大的不同，常常要站在知识整体的角度看问题，常常要对一些策略性的知识进行提炼，因此毕业复习更有利于培养学生的反思能力。根据毕业复习的特点，教师可以从以下方面提升学生的反思能力：增强学生的自我意识，鼓励学生结合教师的复习进度、针对自身情况制订复习计划；重视对

解决问题过程的回顾，及时总结经验或查找问题，寻求解决问题的新途径；正确地评价自己的学习效果，评估自己在复习时所面临的问题，并提出有针对性的补救策略；尝试从多个类似的问题中总结、提炼出共性的问题或解决问题的策略与思想。

如学生在毕业复习过程中会出现各种错误，教师可结合纠错提升学生的反思能力。

第一，要求学生利用错题本及时记录自己出现的典型错误，并尽量回忆出错的过程，分析出错的原因，如是知识欠缺、方法不对，还是精力不集中，重点提高归因能力，明白错在何处、为何出错。

第二，引导学生改错，提升学生纠错的能力。错误有共性错误和个性错误，共性错误可以通过"集体会诊"寻找"防治"的办法；个性错误可先由学生自我诊断，再由教师给予必要的指点。

第三，组织学生分析他人的错误，通过帮别人改错为自己防错。为了引导学生提升反思能力，我把作业纸按照3:1的比例分成左右两部分，左边叫"展示平台"，是解答空间，右边叫"我的地盘"，供做错的学生改错、分析错误原因等；而做对的学生则可以利用右边的部分进行自由创作，如总结习题特点、解法，谈自己做题的感受等。

此外，毕业复习还可引导学生对复习内容、复习方式、成果形式等进行自我反思，在反思中去粗存精，提升能力。

四、凸显思想，培养迁移能力

以往的数学毕业复习，更多地在显性的数学知识与解题技能上下工夫，而忽略了引导学生对隐性的数学思想方法进行感悟与体验，导致学生缺乏触类旁通、举一反三的迁移能力。学生理解掌握数学思想方法的过程一般有三个阶段：

一是潜意识阶段。在这个阶段，学生往往只注意数学知识的学习，而对隐藏在知识后面的思想方法未能引起注意，或者只是处于一种"似有所悟"的状况。

二是明朗化阶段。随着运用同一种数学思想方法解决不同数学问题的实践机会增多，学生对隐藏在数学知识背后的思想方法逐渐关注，并产生

某种程度的领悟。当经验和领悟积累到一定程度,这种事实上已被运用多次的思想方法就会凸显出来,"呼之欲出"。

三是深刻化阶段。学生已能正确运用某种数学思想方法进行探索和思考,以求得问题的解决,并在问题解决的实践过程中加深对思想方法的理解,逐步达到对这种思想方法运用自如的境界。

毕业复习可以促进数学思想方法的明朗化和深刻化。如复习"平面图形面积公式"时,为凸显转化思想,教师可先引导学生回忆平行四边形、三角形、梯形、圆等面积计算公式的推导过程,唤醒学生关于转化的经验;再引导学生思考、交流这些探究过程的共同点,凸显蕴藏其中的转化思想,使转化思想方法更加明朗;最后引导学生交流在学习过程中或生活中还有哪些应用转化思想解决问题的经验,并进行适当的练习。这样通过运用转化的数学思想方法进行再创造,有效地实现了数学知识的沟通、内化,达到了举一反三的效果。

毕业复习应立足于促进学生的持续发展,不仅要重视数学知识技能的巩固、强化,还要重视对蕴藏于数学知识技能背后的转化思想、数形结合思想、符号化思想、函数思想、集合思想等数学思想方法的挖掘,提高学生的迁移能力。

主张 23　五字真经，好课标准

观点分享

◆ 一个理想的课堂，用美国著名教育学家梅里尔·哈明博士的话说，应该是"鼓舞人心的"。

◆ 一个没有"数学味"的教师不可能真正上出具有"数学味"的数学课。

◆ 一个优秀的数学教师站在讲台上，他就是数学！他的身上应该自然散发着一种独特的数学光华与气息，一种源自于理性、智慧、思辨的内在气质。

◆ 教师优质教学的特征：有思想（见解）、有智慧（灵气）、有激情（真情）、有个性（风格）、有文化（品位）。

◆ 课堂教学改革的出发点和最终目标在于改变学生的学习状态、实现学习效益最大化，让学生会学、学会，在课堂上享受到生命自由成长的快乐。

◆ 一堂好课应具有四个特征：好课有德、好课有效、好课民主、好课求真。

◆ 一堂好课应具备新、趣、活、实、美的特点，应该能够给学生带来充实感、愉悦感和成就感。

行为跟进

课堂是一个普通而又神秘的地方，是一个赋予没有生命的知识以生命

活力、给予不太成熟的孩子以成熟魅力、让孩子动起来、让知识活起来、让生命绽放光彩的场所。无论课程改革如何进行，构建有效的数学课堂都应该成为教师永恒的工作追求。什么样的课堂才是理想的课堂？如果用一句话来概括，那就是：焕发出生命活力的课堂才是理想的课堂。

20多年来，我一直行走在教育的理想与现实之间，一直在努力，一直在求索。究竟什么样的课堂才是符合新课标的课堂？对此，可以说是仁者见仁，智者见智。结合多年的教学实践以及对新课程的理解，我心目中理想的课堂应该具备以下特点：

一、新

新——就是不步人后尘，不因循守旧，不照搬别人的教案，努力把课上出新意来，在某些方面有所突破。具体来讲，主要体现在以下几个方面：

1. 教学理念新

教育理念是指导教育行为的思想观念和精神追求。教育理念一旦形成，就会成为相对稳定的精神力量，它影响一名教师如何看待教育的意义，如何看待教师与学生的关系，如何看待教育教学中的各种矛盾。

教师的教育观念决定着教师的行为，教师教育观念的转变是有效进行课堂教学的关键。小学数学教学理念是教学工作者在头脑中形成的关于小学数学教学过程及其规律、小学数学教学的价值取向等一系列重大问题的主观反映。

在新课程背景下，教师应树立新的教师观、新的学生观、新的知识观、新的人才观、新的评价观、新的质量观。

2. 教学思路新

同样的教材，同样的学生，同样的40分钟，同样的教师，由于教学设计思路不同，课堂教学效果就可能大不相同。

例如，在教学《圆柱体的体积》一课时，我是这样进行的：

首先让学生大胆猜想，圆柱体的体积可能等于什么？大部分学生猜测圆柱体的体积可能等于底面积×高。然后我给每组同学提供不同的学习材料，让他们自己想办法加以验证。有的组将圆柱体玻璃容器中的水倒入长

方体的容器中,再分别测量出长方体容器中水的长、宽、高,计算出了圆柱体玻璃容器中水的体积。有的组将圆柱体木块浸入长方体容器的水中,通过计算上升部分水的体积计算出了圆柱体木块的体积。我又让学生比较报告单上圆柱体的底面积、高与体积的关系,让学生确认自己的猜想是正确的。最后我让学生看书自学,按照书中介绍的方法,利用手中的学具自己推导出圆柱体的体积公式。

通过长期的教学实践,我深深地体会到,教学只有根据学生的年龄特点和认知发展水平,努力改变教学内容的呈现方式和学生的学习方式,才能把适合教师讲解的内容尽可能变成适合学生探讨研究问题的素材。因此,在课堂教学中,教师要尽可能给学生多一点思考的时间、多一点活动的余地、多一点表现自己的机会、多一点体验成功的愉悦,让学生自始至终参与到知识形成的全过程中来,使学生成为数学学习的主人。只有让学生"动"起来,让课堂"活"起来,才能促使学生逐步从"学会"到"会学",最后达到"好学"的境界。

3. 教学手段新

现在,城市学校和农村大部分学校都可以利用多媒体进行教学,有了先进的教学设备,要尽可能让这些设备发挥应有的作用。多媒体进入课堂最大的优势就是能较好地处理大与小、远与近、动与静、快与慢、局部与整体的关系,能吸引学生的注意力,启迪学生的思维,扩大信息量,提高教学效率。教师在课堂教学中要根据儿童的思维特点,发挥多媒体课件动态感知的优势,创设学生喜闻乐见的教学情境。

例如,在引导学生发现圆的周长与直径的关系时,教师可以两次运用多媒体计算机辅助教学:

第一次:用三条不同长度的线段为直径,分别画出三个大小不同的圆。并把这三个圆同时滚动一周,得到三条线段的长分别就是三个圆的周长。观察:圆的直径越短,它的周长也就越短;圆的直径越长,它的周长就越长。得出圆的周长与直径有关系的结论。

第二次:屏幕上出现大小不同的圆,各滚动一周,得到三个圆的周长,再用每个圆的直径分别去度量它的周长。得出圆的周长总是直径长度的3倍多一点。再让学生任选一圆,并在屏幕上加以验证。

这里需要指出的是，电教手段只有用得巧、用得到位、用得适度，才能真正发挥其辅助教学的作用。现代信息技术的作用不能完全代替原有的教学手段，其真正价值在于实现原有的教学手段难以达到甚至达不到的效果。黑板该用还是要用的，必要的板书该写的还是要写，因为必要的板书有利于实现学生的思维与教学过程同步，有助于学生更好地把握教学内容的脉络。

4. 评价语言新

在课堂中，"评价"是不可或缺的一环，合理地进行评价可以有效地激发学生学习的积极性、主动性，发挥学生的主体性并有效地促进教学。每个人都渴望被肯定，学生也是。教师在课堂教学中多给予学生一些肯定和鼓励，才能使学生有被认可的满足感与成就感。

下面是我平时收集整理的小学数学课堂激励用语50句，供老师们在教学中参考。

1. 这位同学第一个举起了手，发言非常踊跃，值得表扬！
2. 你真棒！你是最棒的！
3. 你真会动脑筋！
4. 这种想法别具一格，令人耳目一新，请再说一遍好吗？
5. 这位同学的想法与众不同，值得大家学习！
6. 你的答案离正确答案已经很近了，再想一想。
7. 你的想法与众不同，看得出你是个肯动脑筋的好孩子！
8. 你的这种解题方法太巧妙了，了不起！
9. 说得真好，老师怎么没有想到！
10. 我非常赞成你的想法，说说你是怎样想的，好吗？
11. 你的答案虽然和正确答案有点儿不一样，不过没关系，你能勇敢地站起来回答问题，已经很了不起了。
12. 你懂得比老师还要多！你说得比老师还要棒！
13. 你能用转化的方法得出正确答案，不简单！
14. 你真行！对刚才的问题，你不满足于找到结果，而是观察思考，又有了新的发现。
15. 看来，只要用心思考，解决问题的方法还是很多的，你真了不起！

16. 让我们一起为××喝彩，人类历史上有很多重大发现最初都源于人们的猜想，之后才被验证。同学们在学习过程中，也要敢于猜想、善于猜想，这样才能有所发现、有所创造！

17. 不错，学习就得这样，要敢于提出自己不明白的问题。

18. 老师相信你，你也要相信自己。

19. 这位同学虽然回答错了，但给大家提供了一个很好的讨论话题，让我们感谢他！

20. 没关系，大声地把自己的想法说出来，老师相信你能行！

21. 你的发言给了大家很大的启发，谢谢你！

22. 从××同学的发言看得出，他平时一定是一个有心人！

23. 你真聪明，用以前学过的知识解决了今天的难题！

24. 你瞧，通过努力，你成功了，祝贺你！

25. 敢于怀疑书本，有自己的见解，了不起！

26. 让我们为这位同学的勇气鼓掌！

27. 你提出的问题正是我们本节课想要研究的问题，谢谢你为我们带来这么好的问题。

28. 我想××同学一定在思考，我们再给他一点时间，好吗？

29. 能战胜自我的人，才能战胜一切困难！

30. 这位同学的思路虽然复杂了一点儿，但他这种敢于创新的精神值得大家学习！

31. 不仅自己认真思考，还能主动帮助本组同学，你真是了不起！

32. 哇！你的课外知识真丰富，都可以做我的老师了！

33. 你的表现很出色，老师特别欣赏你！

34. 你是一个很有数学才能的学生。

35. 我想，接下来的发言会更精彩，谁还想说？

36. 讲台是各位同学展示自我的舞台，请你勇敢地走上来！

37. 太棒了！掌声响起来，这是我现在唯一想送给你的！

38. 你说得非常正确，能说出你这样想的理由吗？

39. 感谢你能和大家一起分享你的想法！

40. 这位同学真细心！这么小的错误也逃不过他明亮的眼睛！

41. 你提出的这个问题很有思考价值。

42. 虽然你说得不完全正确,但我还是要感谢你的勇气。

43. 不要怕,老师和同学们可以帮助你。

44. 别着急,再好好想一想,相信你一定能行!

45. 老师知道你心里已经明白,但是嘴上说不出来,我把你的意思转述出来,然后再请你学说一遍,好吗?

46. 这位同学思维敏捷,思路也很清晰。

47. 你的这个解题思路已经远远超越了老师的解题思路,你真的很棒!

48. 这位同学真了不起,一下子想出了三种方法,掌声送给他!

49. 没想到这节课我们的收获这么多,看来,学好数学能让我们的生活更丰富、更精彩。

50. 这节课大家表现都很好,给老师留下了非常难忘的印象。

当然,评价语言不应拘于一种形式,它应因人而异、因时而异、因课而异、因发生的情况而异,教师应全身心地投入,创造性地对学生进行评价。一位教育专家这样说过:"刻意追求的艺术,不是艺术;刻意学习的艺术,不成艺术。"当一名教师的学、识、情、才等齐备之时,才是教学艺术臻于成熟之日。

二、趣

趣——就是激发学生的学习兴趣。在杜威看来,真诚热情的态度是一种理智的力量。教师若能激发起学生的热情,就能取得成功。"趣"始终是维系小学生主动探究数学的重要源泉。当一个学生对他所学的学科发生兴趣时,就会积极、主动、愉快地去学习,而不会感到是一种负担。孔子曾说过:"知之者不如好之者,好之者不如乐之者。"由此可见,培养学生的学习兴趣,让学生在愉快的气氛中学习,是调动学生学习积极性、提高学习质量的至关重要的条件。作为一名数学教师,首先要做的工作就是让孩子们喜欢数学、喜欢数学老师。

1. 导入新课时引发学习兴趣

课堂导入是整个课堂教学的序幕。实践证明,好的导入能在几分钟之内就把学生的注意力集中起来,激发其学习兴趣,使其产生强烈的求知

欲，调动其学习的主动性。良好的新课导入更是展示教师教学艺术的窗口，是教师对教学过程通盘考虑、周密安排的集中体现，体现了教师运筹帷幄、高瞻远瞩的智慧，展现了教师的教学风格。

俗话说"良好的开端是成功的一半"，教学的导入就好比提琴家上弦，歌唱家定调，第一个音定准了，就为整个演奏或歌唱奠定了基础。

教师可通过实物（模型）或图片展示、故事演讲、猜谜语、表演、多媒体等多种手段创设情境，将教材内容生活化、数学知识趣味化、静态知识动态化，生动活泼地呈现数学内容，以境激情，以情激趣。

2. 学习新课时保持学习兴趣

学习本身就是一项艰苦的脑力劳动。在学习过程中，既需要学生的自身努力，也需要对学习过程产生兴趣。教学的技巧和艺术就在于，要使每一个学生的力量和可能性发挥出来，使他享受到脑力劳动的成功的乐趣。即变"苦学"为"乐学"，变"要我学"为"我要学"。为了保持学生的学习兴趣，我的做法是：①重视运用教具、学具和电化教学手段，让学生的多种感官都参与到教学活动之中。②营造良好的教学氛围，建立和谐的师生关系，使学生在轻松愉快的环境中学习。③创设良好的教学情境，通过富有启发性的问题，组织学生相互交流，让学生不断体验到成功的快乐。

3. 巩固练习时提高学习兴趣

教学不仅是师生双方信息交流的过程，同样是情感交流的过程。教师精心设计教学，激发学生的情趣，必然激活和加速学生的认知活动。

巩固练习是帮助学生掌握新知、形成技能、发展智力、培养能力的重要手段。心理学实验表明：学生经过近30分钟的紧张学习之后，注意力已经过了最佳时期。此时，学生易疲劳，学习兴趣降低，学困生的表现尤为明显。为了保持较好的学习状态，提高学生的练习兴趣，除了注意练习的目的性、典型性、层次性和针对性以外，我们还要特别注意对练习形式的设计。在低年级经常采用的游戏活动有：小小运动会、数学扑克、争当优秀邮递员、猫捉老鼠、夺红旗、一把钥匙开一把锁、数学医院、摘苹果、开火车、接力赛等。为了使游戏更有趣味性，教师可制作一些小动物头饰，让学生做游戏时戴在头上，这样会使学生兴趣盎然，课堂气氛异常活跃。在高年级主要是提出一些富有思考性的问题或创设一种情境，例如，

在讲《长方体和正方体的认识》一课时，一位老师在课的最后安排了这样一个练习：

教师在讲桌上出示两个形状大小都一样的长方体透明玻璃容器，第一次让两名学生分别往里面注水表示出长方体，学生都往容器里注满了水。第二次老师又提出谁能很快地注出一个长方体来，一名学生只是加快了注水速度，一名学生则往容器里注了很多水，几乎达到了容器体积的 2/3。第三次老师又找了两名学生做这个实验，一名学生是快速地倒，另一名学生只往容器里倒了高约 1 厘米的水，但他所表示的确实是一个长方体。

在这个练习过程中，学生要用刚刚学到的长方体和正方体的概念解决老师提出的实际问题，老师给学生创造了一个展示自己才能的机会，学生的个性也得到了锻炼和培养，令听课的老师和在座的评委耳目一新。

4. 课堂结束后延续学习兴趣

一篇优秀的艺术作品，有引人入胜、情趣盎然的开头，跌宕起伏、扣人心弦的过程，耐人深思、余味无穷的结尾。数学课堂教学也和艺术作品一样，好的结尾可以鼓起学生的思绪之翼，使他们对课堂内容遐想联翩，犹如一首优美的乐曲留下余音袅袅。

真正好的数学教学，应该把学生的学习兴趣延续到课后，让学生产生进一步研究的欲望。

三、活

1. 教法灵活

教学方法是完成教学任务、实现教学目标的手段。要实现小学数学的教学目标，除了要有好的教材，还必须有好的教学方法。好的教学方法省时、省力，能使学生既长知识又长智慧。

小学数学的各种教学方法各有其特点和适用范围，也都有一定的局限性。因此，在教学实践中，就有一个如何从实际出发，合理地选择和使用教学方法的问题。选择教学方法的基本依据，主要有以下几个方面：依据每一节课的教学目标与任务；依据教学内容的具体特点；依据小学生的年龄特征。

俗话说："教学有法，但无定法，贵在得法。"小学数学教学方法既是多样的，又是灵活的。教师要善于根据各方面的具体情况，选择适宜的教

学方法,灵活处理,合理配合,有效地利用好课堂上的每一分钟。教学中要注意多种方法的有机结合,坚持"一法为主,多法配合",逐步做到教学时间用得最少,教学效果最好,达到教学方法的整体优化。但无论采用何种方法,教师都要坚持启发式教学,都要坚持在教师的指导下,通过动脑、动口、动手、动眼,让学生积极主动地参与学习活动,都要坚持面向全体、因材施教的教学原则,都要坚持让学生把学习当成一种乐趣,而不是一种负担。

2. 教材用活

教材是落实课程标准理念的重要载体,也是教师进行课堂教学的主要依据。只有教师"创造性地教",学生才能"创造性地学"。要培养小学生的创新精神和实践能力,教师必须科学地、创造性地运用教材,打破教材对学生思维的禁锢,还学生自由创新的空间。教师在课堂教学过程中进行的教学活动,并不是对教材的简单复制,而是对教材的二度开发,是一种再开发、再创造的活动过程,这也是教师参与课程开发的主要形式。数学学习的过程是一个基于经验的建构过程,有效开发和利用数学课程资源能使学生的学和教师的教突破教材的局限,为学生的自主探索和合作交流提供更加广阔的空间。在实际教学中常用的做法是:替换教材中的例子,拓展教材的主题,改变教材的呈现方式,整合不同学科的内容等。

这里需要说明的是,教师在创造性地使用教材时需要遵循以下原则:必须以课程标准为依据,在充分把握教材编写意图的基础上进行;必须把握好教学的起点,准确了解学生已有的知识基础;必须以有利于调动学生学习兴趣、有利于有效教学为出发点;必须是"实"与"活"的高度统一,不能流于形式做表面文章;必须量力而行,符合本人和本地的实际。

3. 学生教活

任何知识总是起源于求知者个人的热情。学习欲望是学习的根本动力,只有课堂活起来了,学生才有可能主动、生动、活泼地发展。把学生教活很重要的三个方面就是课堂上要注意培养学生的问题意识;要让学生有思维活动,有数学思考;要教给学生学习数学的方法。

第一,培养学生的问题意识。

学生学习数学的过程是一个自主建构的过程,是认知矛盾运动的过

程,是不断发现问题、解决问题的过程。"问题是数学的心脏",是产生认知冲突的焦点。无论对教师还是对学生来说,问题意识应该成为基本意识,因为所谓教学,说到底,就是师生共同探讨研究解决问题的过程。在这一过程中,只有学生学会了发现、分析和解决问题,教师的"教"才能见成效,学生的主体地位才能得到充分体现。

第二,数学课上一定要有数学思考。

教育不是要培养一个会记忆的民族,而是要培养一个会思考的民族;教育不是要让学生记住和揣摩别人的思想,而是要引导学生产生自己的思想。没有数学思维,就没有真正的数学学习。数学思考贯穿于整个数学学习的过程中,数学教师应该使学生能够认识并掌握数学思考的基本方法。有人批评我们的课堂有"温度"无"深度",虽然让人感受到热闹、喧哗,但极少让人怦然心动,究其原因,就是课堂缺少思维的力度。数学思考应当理解为一种数学素养,它包括两个方面:思考数学与进行数学思考。数学活动不仅仅是一般的活动,而应该让学生经历一个"数学化"的过程。"数学化"是指学生从自己的数学现实出发,经过自己的思考及与他人的交流,得出有关数学结论的过程。数学课上要有数学思考,有学生的思维活动,也就是我们现在经常提到的数学课要有"数学味"。"学会数学地思考"的一个首要含义就是应当学会数学抽象,而数学抽象又可以看成一个模式化的过程。学过数学和没有学过数学的人,很大的区别就在于会不会抽象。

第三,教给学生学习方法,让他们学会学习。

引导学生掌握一些基本的学习方法,让他们从小学会学习,这既是未来社会对基础教育的客观要求,也是素质教育必须完成的一项基本任务。这就要求教师在教学中要高度重视学习方法的教学,让学生切实掌握一些基本的学习方法,如实际操作、直观感知、抽象概括、演绎推理、迁移类推、系统整理知识等方法。通过这些方法的掌握,促进他们学习能力的发展和素质的全面提高。

4. 情感激活

美国心理学家罗杰斯认为:"成功的教学依赖于一种真诚的理解和信赖的师生关系,依赖于一种和谐宽松的课堂气氛。"情感互动是师生能够

达到知识交流、思想碰撞的前提条件。学生亲其师，才能信其言。在课堂中，师生互动的基础在于情感的沟通和相融。只有情感相融，才能激发师生的灵感和创造力，激发充满智慧的挑战，营造一种积极、健康的课堂气氛，使课堂变得富有生气和乐趣，使师生从中感受到成长的喜悦和生命的灵动。因此，在教学中，要积极创设条件，促进师生的情感互动。

四、实

实——就是教学中要讲求实效，不走过场，不摆花架子，即教学要到位，努力做到教学内容充实，教学过程真实，课堂训练扎实，教学目标落实。

1. 教学内容充实

教学内容充实主要指以下几个方面：

(1) 合理地确定教学内容的广度和深度。

(2) 明确教学的重点、难点和关键。

(3) 合理安排教学的顺序。

(4) 要把数学教学和学生的生活实际联系起来，讲来源，讲用处，改变过去"掐头去尾只烧中段"的做法，让学生感到周围处处有数学，学起来有亲切感、真实感，以知识本身的魅力去吸引学生。

(5) 在教学过程中做到三个"延伸"：一是由传授知识向传导方法延伸；二是由传授知识向渗透情感延伸；三是由传授知识向发展智能延伸。

2. 教学过程真实

只有真实的公开课才有价值，无论这堂课是成功的还是失败的。在这样的课堂中，才有可能发现教育规律，才有可能改进教学、改进课程设置。教学中教师要敢于暴露学生的错误，引导学生由不会到会。

叶澜教授说，不少教师受公开课、观摩课的影响太深，容易准备过度。教师课前很辛苦，学生很兴奋，到了课堂上就拿着准备好的东西来表演，再没有新的东西呈现。当然，课前的准备有利于学生的学习，但课堂有它独特的价值，这个价值就在于它是公共的空间，需要有思维的碰撞及相应的讨论，在这个过程中，师生相互生成许多新的知识。她倡导的"新基础教育"反对借班上课，为的就是让教师淡化公开课、观摩课的概念。

在她看来，公开课、观摩课更应该是研讨课。因此，她告诫教师们："不管是谁坐在你的教室里，哪怕是部长、市长，你都要旁若无人，你是为孩子、为学生上课，不是给听课的人讲，要'无他人'。"她把这样的课称为平实的课，并强调这种课是平时都能上的课，而不是有多人帮着准备才能上的课。

福建师范大学的余文森教授认为，一节好的公开课，一是应该能够体现新课程理念，对新课程的推进具有引领和示范作用；二是应该让学生有实实在在的认知收获和或多或少的生命感悟，应是一堂有效的课；三是应该是真实的，能客观反映师生的真实水平和教学的实际情况，让人有真实感、亲近感、亲切感，可看、可学、可用；四是应该具有研究的价值，公开课不仅要成为教师自我反思的对象，也要成为教师同行或专家共同讨论的领域，从而对促进教学改革和教师专业成长起到实质性的作用。"常规课好比家常菜，一说到要上公开课，就像家里要来客人了，自然要精心准备一番。时常听到客人说：不必那么麻烦，你们平时吃什么，我们就吃什么吧！话虽这样说，可是我们仍然免不了要准备几个拿手好菜。也许，这就是常规课和公开课的区别吧。"参与讨论的网友黄国才老师这样比喻。正因为公开课的特殊，所以把公开课打造得更精细一些，体现出理想课堂的色彩是应该的，但这种理想并不是作秀与表演的理由。

公开课不应是教师的表演课，而应该是师生高质量的对话，是师生共同的精彩。公开课要回归常规课，避免失真、作秀，上得自然平实，让人有亲切感和真实感。公开课要精益求精，努力上出特色、上出水平，起到示范和引领的作用。公开课要避免形式主义，注重实效，让学生在课堂上有实实在在的收获和发展。

3. 课堂训练扎实

练习是认知策略从陈述性阶段向程序性阶段转化的最为重要的条件，有效的认知策略必须在各种学习任务和不同的情境中加以练习才能获得。只有经过练习，个体才能把关于认知策略的执行步骤的知识，转化成自觉地支配自己学习行为的程序。

我们知道，组织练习活动有一些基本的要求，例如，练习内容要有针对性、典型性，练习安排要有坡度、有层次，练习的形式要灵活多样，练

习要面向全体、因材施教等,这些基本要求是广大教师教学实践经验的结晶。在新课程的背景下,我们除了认真贯彻以上原则外,还要注意从学生的学习和发展需要出发,结合解决实际问题组织丰富、有趣的练习活动,同时要关注学生在练习活动中的情感体验,培养学生的问题意识和应用意识。

另外就是注意变式练习和反例的恰当运用。变式的运用要掌握好时机,只有在学生对知识有了初步理解,而这种理解又需要进一步深化时运用变式,才能收到好的效果。同样,反例的运用也要掌握好时机,一般来说,我们不能在学生刚刚接触新知识时就运用反例,否则将有可能使错误概念先入为主,对知识的理解产生干扰。

4. 教学目标落实

一节课下来,看一看自己所定的教学目标是否得到了很好的体现。一节课教学效果的直接表现就是学生的学习成效,其大小表现为以下三个方面:预定的教学目标达成程度如何;教学目标的临时调整是否有价值;每一位学生是否获得了应有的全面发展。

教师要特别关注学生对所学知识是否真正理解了。学生是否形成了深层次的理解,大致可以通过以下几个方面来判断:

(1) 能否用自己的话去解释、表达所学的知识;

(2) 能否基于这一知识做出推论和预测,从而解释相关的现象,解决有关的问题;

(3) 能否运用这一知识解决变式问题;

(4) 能否综合几方面的相关知识解决比较复杂的问题;

(5) 能否将所学的知识迁移到实际问题中去。

五、美

1. 课堂氛围美

课堂活动是教师和学生及教学情境相互作用的过程。课堂活动的效果不仅取决于教师如何教、学生如何学,而且取决于一定的教学情境,课堂气氛即其中之一。

课堂气氛往往是影响师生教与学的最大因素。好的课堂气氛令学生如

沐春风，如饮甘泉，人人轻松愉快，个个心驰神往。

事实上，课堂气氛属于隐性课程，而隐性课程的诸多因素要比正式课程更能影响学生的发展。一个人只有在宽松的氛围中，才会展现自己的内心世界，才会勇于表现自我，个人的主观能动性才能得到发挥。学生只有在民主和谐的气氛中学习，才能心情舒畅，才能使思维始终处于积极的、活跃的状态，才能敢想、敢说、敢于质疑问难。

在通常情况下，课堂气氛可分为积极的、消极的和对抗的三种类型。积极的课堂气氛是安静与活跃、热烈与深沉、宽松与严肃的有机统一。消极的课堂气氛通常以紧张拘谨、心不在焉、反应迟钝等为基本特征。而对抗的课堂气氛则是失控的气氛，学生过度兴奋、各行其是、随便插嘴、故意捣乱。

积极的课堂气氛不但有助于知识的学习，而且也能促进学生的社会化进展。因为课堂气氛会通过教师和学生的语言、表情或动作暗示他人。为了给孩子们营造一个良好的课堂交流氛围，教师在教学中应积极提倡六个"允许"，即：答错了允许重答；答得不完整的允许补充，没有想好的允许再想；不清楚的允许发问；不同意见允许争论；教师错了允许补充；必要时允许学生不举手自由发表意见。课堂教学中要减少对学生自主学习时间的占领，为学生提供积极思考、主动探索与合作交流的空间，使学生多一些自由的体验。我们要为学生创造个性化、人性化的学习氛围和空间，使学生的个性特长和学习优势得到充分的发挥。

2. 数学味道美

新一轮课程改革要求教师要以学生的发展为本，要给学生提供自主探索的时间和空间，要变听数学、看数学为做数学。数学味道美是指教师要把数学课上出"数学味"。教师的工作是要揭开冰冷的形式外衣来显现数学本质，让学生体会到数学的内涵。

增强数学味，不仅要鲜明揭示数学的基本概念、原理，而且要善于揭示"数学知识背后的知识"（即数学思想方法），这些隐性的策略性的知识远比显性的陈述性知识重要得多。

教师不仅要把书本上的东西说清楚，还要对数学发展的来龙去脉有清楚的认识。数学是符号化的形式化语言，数学教学的一个重要目标就是进

行再创造,通过火热的思考,将教材中学术形态的知识转化为学生易于接受的教育形态的知识。

3. 教师风格美

一名优秀的教师与一般教师的区别就在于他具有高超的教学艺术和独特的教学风格。所谓教学风格,是指教师在长期的教学实践中逐步形成的、适合自己个性特征的教学观点、教学方法和教学技巧的独特结合与表现。教学风格是教师教学艺术走向成熟的标志,体现了教师在职业活动中的自由创造。教师有了自己的教学风格,其教育教学就会洋溢着风采,充满着生机。

教师教学风格的形成,一般都要经历下面四个阶段:模仿教学阶段,独立教学阶段,创造性教学阶段,有风格教学阶段。

教师由模仿教学到形成有自己特色的教学风格的实践过程中,每个阶段的向上跃迁,都需要具备一定的主客观条件。其中,最重要的是教师的内在素质、主观追求与不断的开拓创新,这是决定教师在某一阶段停滞期长短的最主要的因素。不断加强教育教学理论修养和教学研究活动,是不断提高自身课堂教学艺术水平的重要途径。在科学理论的指导下,结合自身特点,学习、研究和吸收他人的优秀经验,不断在教学实践中充实和提高自己,才能做到常教常新,永葆教学艺术青春。

对于教师来说,教学风格的形成能让教师在教学中达到一种舒心畅意的境界。这是一种自由自觉、超然物外的境界。当教师在舒心畅意的自由状态下展现自己独特的个性和风格并从中体会到愉悦时,他就会感受到教师这一职业的幸福与美好;当教师以敞亮的心境反观自身并吸纳一切有益于生命成长的养料时,他就会体验到教育如同阳光空气和水一样给予人的润泽;当教师以虔诚的态度使自己的生命本质全面融入到教育事业中时,他就会领悟到自己所做的平凡工作之于完满生活的意义。

4. 学生感受美

学习情感对学生的数学学习有着直接的影响,起着推动的作用。愉快而积极的情感能活跃思维、激发智慧潜能,从而促进数学学习,提高数学学习的效率和质量。反之,痛苦而消极的情感会阻碍数学学习,并削弱和降低数学学习的效果。

有效的教学应使教师与学生、学生与学生之间保持有效互动的过程。如果只是教师讲、学生听，那么教师与学生的交流是单向的。教师应该认识到学习不仅仅是个人的行为，还是一种社会性的行为。根据建构主义的观点，个人根据自己的经验所建构的对外部世界的理解是不同的、存在着局限性，通过意义的共享和协调才能使理解更加准确、丰富和全面。因此，学生学习中的交流应该是多向的，教学过程不仅包括师生之间的互动，还应包括学生与学生之间的互动。也就是说，知识是合作掌握的，学习是学习者、教师和其他学习者之间相互作用的结果。有效教学有三个非常重要的要素：投入、产出和心理感受。学习感受即伴随学习活动生发的心理体验，这是被传统教学所忽视的考量有效性的一个向度。教学过程应该成为学生的一种愉悦的情绪生活和积极的情感体验，这是学习有效性的灵魂，学生越来越爱学习是学习有效性的内在保证。

　　教室是无生命的物质空间，课堂却是充满生机的交流平台，只有师生心智交融，才能展现出课堂应有的生机与活力。课堂教学不仅是知识的传承，更重要的是要让学生感受到知识的价值以及在知识形成过程中体会到它的魅力。

　　当代的课堂教学应该是一种注重培养和发展学生主体性品质的"我行"的教育，而不是贬低、压抑学生主体性品质的"我不行"的教育。苏霍姆林斯基曾告诫我们，"非常重要的是，要让儿童始终能看到自己的进步。不要有任何一天使学生花费了力气而看不到成果"。在课堂教学中，注重利用成功带来的积极体验促进学生的学习，并使学生获得精神上的满足和享受，是当代国内外课堂教学改革的一个重要特征。

主张 24　给力十招，教学高效

观点分享

◆ 如果你不主导你的课堂，学生就会替你来主导。高效能教师一定是杰出的课堂管理者。

◆ 一个人接受教育的最重要的一天是开学第一天，而不是毕业典礼日。

◆ 不要放弃小块时间，即使离下课只有 5 分钟了，也不要让学生无所事事，不然，接下来又要花较长时间才能将学生的注意力吸引到课堂上来。

◆ 教师在课堂上一定要给学生安排足够的学习任务，如果给学生安排的学习任务过少，那么时间就会被浪费。

◆ 对学生良好表现的奖励要及时，这样学生才能明白自己是因为什么行为而受到奖励。

◆ 对学生的评价，要用心去关注，用情去体验，用恰当的方式去表达，评价要真诚、个性化。

◆ 在这个世界上，只有一种方法可以使人去做任何事，那就是让人们自己愿意去做这件事，而真正要他愿意做事的唯一办法就是给他想要的东西。

◆ 教学的目的是帮助所有学生在学习上取得成功，而不是给学生贴上失败的标签。

◆ 优秀教师的声望往往先于他们的个人形象被广为流传。

◆ 教师要努力做有学生缘的快乐老师，让更多的学生成为自己的"粉丝"。

主张 24　给力十招，教学高效

行 为 跟 进

第一招：和学生一起制定课堂公约

高效能教师需要处理的学生不遵守纪律的问题最少，而低效能教师则永远在与学生的不当行为做斗争。其实，这种情形是可以通过工作进行补救的。高效能教师一定是杰出的课堂管理者，秩序井然的课堂环境是高效能课堂必不可少的条件之一。

在一个秩序良好的课堂中，学生知道自己该做什么并且有较高的学习效率。这样的课堂不可能自然形成。为了创造良好的课堂秩序，教师需要与学生协商制定一些课堂学习规则来约束学生的行为，让学生明确自己在课堂上应该怎样做，不应该怎样做。

我的做法是这样的：在开学第一周，和学生一起制定课堂公约，学生十条，教师五条。公约内容充分征求学生和家长的意见，在全班充分讨论、高度认可的前提下形成具体条文，并且在日后的教学过程中不断地给予强化。

下面是我和学生制定的课堂公约：

学生部分：

1. 上课前准备好自己的学习用品；

2. 上课后迅速进入学习状态，不再想或议论课间发生的事情；

3. 不可以有不礼貌的小动作，上课时不可以随便离开座位，更不能互相打闹；

4. 积极思考并回答问题，课堂上发言要起身站好，声音洪亮，但不要大声喊叫；

5. 尊重别人的发言与想法，别人回答问题时要认真听，不要随便插话，有不同意见时等同学把话说完后再说；

6. 做题时，有不明白的可以举手向老师请教；

7. 老师说话时，眼睛看着老师，注意听清老师说的每一句话；

8. 大家都在看老师演示课件时，请不要讲话，以免干扰其他同学；

9. 当大家做题或讨论时，听到老师说"停"的口令后，3秒钟内立即安静坐好；

10. 上课不玩东西，不看课外书，看到别人违纪时不大呼小叫，让老师知道就好。

教师部分：

1. 认真准备每一节课，精神饱满地来上课，努力追求高效课堂，不拖堂，少留作业。

2. 讲课生动形象，语言幽默风趣，对表现好的学生及时给予鼓励；

3. 上课不发火，不训斥学生，对学生有耐心，公平地对待每一个学生，特别关注学习上有困难的学生；

4. 努力把知识讲透、讲深、讲懂，做到当天的知识让学生当天掌握。

5. 努力做有学生缘的快乐老师，让更多的学生成为自己的"粉丝"。

为了保证实施的效果，我要求学生把课堂公约贴在数学书的最后一页，以便及时提醒自己，一旦学生违反约定，将让该生进一步学习。因为公约是师生一同起草的，所以执行起来学生会更加自觉、主动。

大家都知道，在习惯养成中有一种说法叫"21天效应"。就是说，一个人的动作或想法，如果重复21天就会形成一个习惯性的动作或想法。根据这样的规律，一般开学第一个月我的主要工作就是强化学生的行为习惯、勤学习、勤指导、多检查、多督促，刚开始可能教师要辛苦一些，但一旦学生养成了良好的学习习惯，教师上课就会变得非常轻松和顺手。

刚接班的教师一定要注意，有时候，学生可能会试探你的底线以及你是否胜任工作。这种试探表现为各种违反纪律的行为（说悄悄话、开小差等），这是对你课堂管理能力的考验。《从教第一年——新教师职场攻略》一书中介绍了5个执行课堂规章的小技巧：

◇ 如果学生是第一次违反规章，那么你可以和他们私下谈谈，让他们理解该规章以及违反这项规章的后果。

◇ 在你进行"判决"之前，考虑一下学生违反规章的原因。是因为他们需要你的更多关注吗？是学习任务量不够吗？需要修改一下规章，使其更便于理解吗？

◇ 将执行规章作为你工作的一部分。要有耐心，因为学生经常会犯错误。

◇ 尽可能经常奖励那些表现好的学生，这样做将鼓励他们继续保持好的表现。

◇ 不要太容易受影响。在你打算破例之前，要认真考虑，你应该权衡全班学生与违反规章的学生这两者的需要。

第二招：上好开学第一课

一个人接受教育的最重要的一天是开学第一天，而不是毕业典礼日。开学的第一天是整个学年成功的基础。这一天里你所做的每件事情都将为整个学年奠定基调。花费时间去组织、规划第一天的活动，是教师最有价值的投资之一。

良好的开端是教学成功的关键，第一课上得成功与否，既关系到教师在学生心中的第一印象，又直接影响着学生今后的学习兴趣和热情。新接班的教师一定要切记：一旦学生对你形成不好的第一印象，就会在很长一段时间内给你工作的顺利开展造成障碍。因此，教师应该在上课的第一分钟就迷住学生。

我非常重视开学第一课的设计与教学。只要是接手一个新的班级，我的开学第一课大体框架基本上是固定的。以我今年刚刚接手的五（16）班为例，开学第一课我是这样设计的：

1. 提出我们的口号：敢想、敢说、敢问、敢辩、敢错。教师特别解释"敢错"，指出：教室就是出错的地方，人人都会出错，出错并不可怕。

2. 师生约法三章：第一，在我们的课堂上，没有老师，没有权威，没有好生与差生，有的只是一起研究问题的伙伴与朋友；第二，在我们的课堂上，没有不重要的问题，所有提出的问题都应得到尊重；第三，每个人都有发表自己观点的权利，观点的对错其实并不重要。

3. 介绍老师对表现好的同学会如何奖励，教师出示下面的奖票（见图24-1）。奖票的面值包括10元、20元、100元、200元、500元、1000元共六种。

图 24-1

续图 24-1

教师说明奖励细则及如何使用各种面值的奖票。

解释教师自己设计的 LOGO（见图 24-2）的含义：（像眼睛）用数学的眼光看世界，（像问号）带着问题来上课，（像大拇指）相信自己是最棒的。

图 24-2

4. 重点解决三个"学会"。

第一：学会看书。

指导学生看教材目录，教师顺次提出两个问题：通过看目录，你知道了哪些信息？你对哪部分内容比较感兴趣？

教师配合课件演示展示重点章节的精彩内容，这个有点像电影宣传片（只是每个章节的精彩一现，欲知后事如何，且听下回分解）。

主张 24　给力十招，教学高效　

教师结合上届学生作业和考试卷的扫描图，介绍哪部分内容比较难学，提醒学生一定要认真学好。

第二：学会学习。

说一说，你们喜欢什么样的数学课？

教师介绍老师将要采用的"对话—比较—研讨"式动感课堂模式（参见本书图 4-1）。

并展示上届学生利用此模式上课的一些照片，激发学生参与学习的热情与兴趣。

第三：学会自律。

教师播放著名演讲家邹越老师的三段经典演讲片段，分别从"报答父母的养育之恩"、"理解老师的良苦用心"和"自立自强，尽快长大"三个方面对学生进行端正学习态度的教育。这个环节是我每年的保留节目，很多孩子听了邹越老师的演讲都会被感动得流泪。

5. 欣赏哈佛大学图书馆的训诫：

此刻打盹，你将做梦；而此刻学习，你将圆梦。

学习时的苦痛是暂时的，未学到的痛苦是永远的。

学习这件事，不是缺乏时间，而是缺乏努力。

请享受无法回避的痛苦。

学习并不是人生的全部，但，既然连人生的一部分——学习也无法征服，你还能做什么呢？

只有比别人更早、更勤奋地努力，才能更早尝到成功的滋味。

今天不走，明天要跑。

即使现在，对手也在不停地翻动书页。

第三招：自己设计特色作业

现在很多老师都不自己设计作业，而是买一本像《黄冈小状元》之类的教辅材料，每天让学生做一页。这样做确实可以减轻老师们的工作负担，但问题是很多题目没有针对性，难易程度也不好控制，作业体现不出教师的个性。我们班的学生每人也有一本教辅材料，但只是作为周末作业使用。我每天给学生留的数学作业很少，就一张 A4 纸大小，主要针对我当天讲的重点内容和学生前一次作业出错较多的内容进行设计，题目非常

具有典型性和代表性。我设计的作业有两个独特的小栏目：最上面是"我的一句话学习日记"；最下面是"师生悄悄话"。下面摘录几位学生的作品，供大家欣赏（见图24-3）。

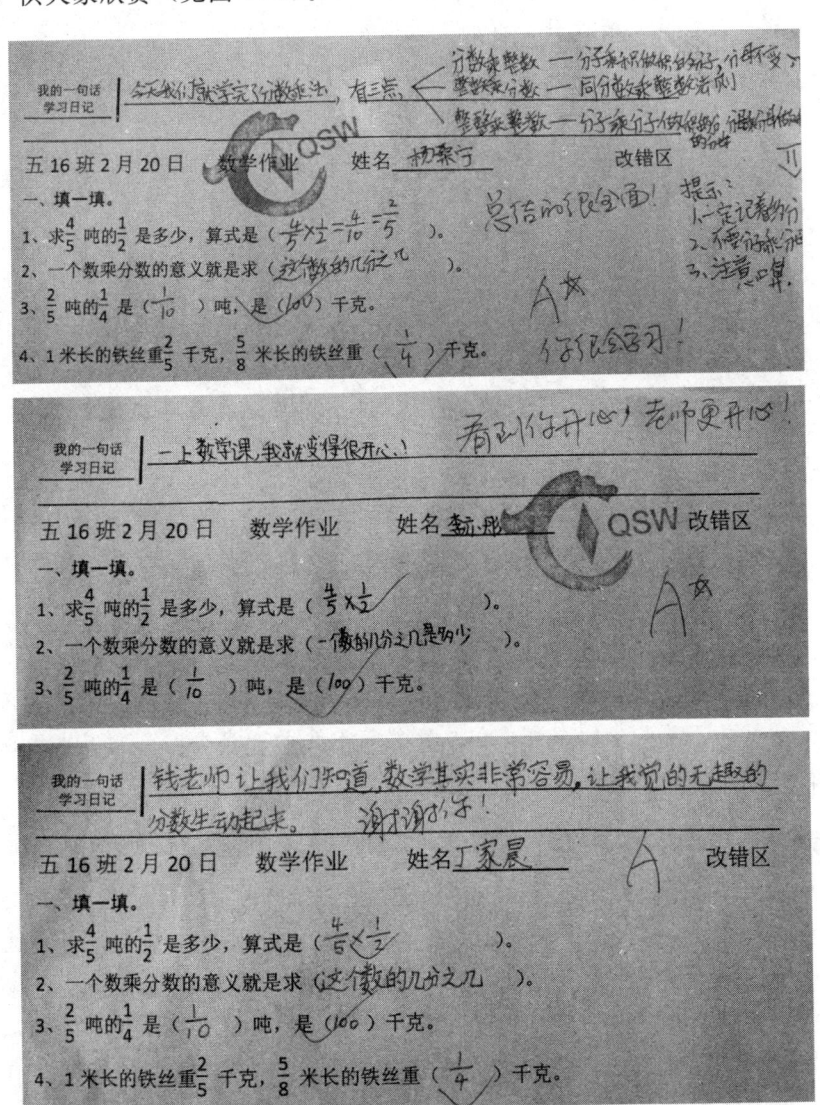

图 24-3

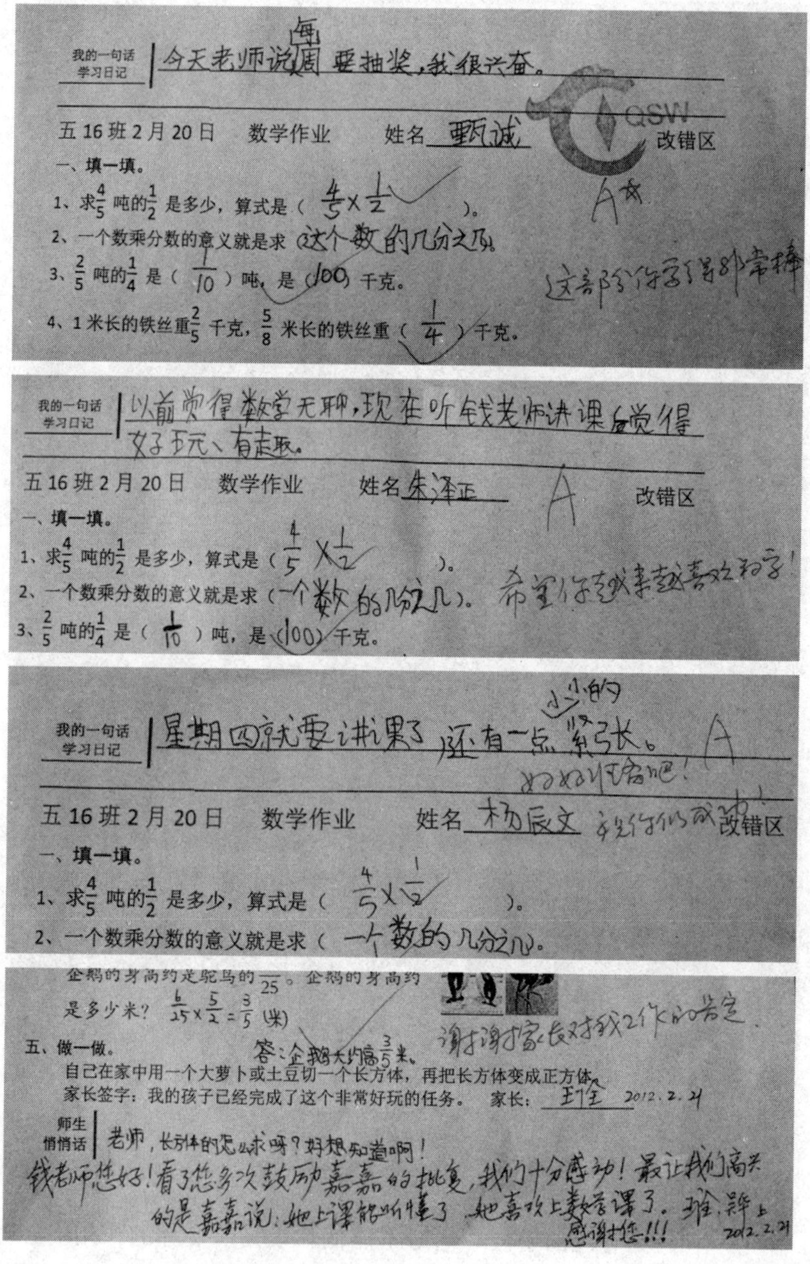
我的一句话
学习日记　今天老师说每周要抽奖，我很兴奋。

五 16 班 2 月 20 日　数学作业　姓名 甄诚　改错区

一、填一填。

1、求$\frac{4}{5}$吨的$\frac{1}{2}$是多少，算式是（ $\frac{4}{5}\times\frac{1}{2}$ ）。

2、一个数乘分数的意义就是求 这个数的几分之几。

3、$\frac{2}{5}$吨的$\frac{1}{4}$是（ $\frac{1}{10}$ ）吨，是（100）千克。

4、1 米长的铁丝重$\frac{2}{5}$千克，$\frac{5}{8}$米长的铁丝重（ $\frac{1}{4}$ ）千克。

A☆

这部分你写得非常棒

我的一句话
学习日记　以前觉得数学无聊，现在听钱老师讲课觉得好玩、有趣。

五 16 班 2 月 20 日　数学作业　姓名 朱泽正　A　改错区

一、填一填。

1、求$\frac{4}{5}$吨的$\frac{1}{2}$是多少，算式是（ $\frac{4}{5}\times\frac{1}{2}$ ）。

2、一个数乘分数的意义就是求（一个数的几分之几）。

希望你越来越喜欢数学！

3、$\frac{2}{5}$吨的$\frac{1}{4}$是（ $\frac{1}{10}$ ）吨，是（100）千克。

我的一句话
学习日记　星期四就要讲课了，还有一点小小的紧张。　A

好好准备吧！

五 16 班 2 月 20 日　数学作业　姓名 杨辰文　祝你们成功！　改错区

一、填一填。

1、求$\frac{4}{5}$吨的$\frac{1}{2}$是多少，算式是（ $\frac{4}{5}\times\frac{1}{2}$ ）。

2、一个数乘分数的意义就是求（一个数的几分之几。

企鹅的身高约是驼鸟的$\frac{6}{25}$。企鹅的身高约是多少米？ $\frac{6}{25}\times\frac{5}{2}=\frac{3}{5}$（米）

答：企鹅大约高$\frac{3}{5}$米。

谢谢家长对我工作的肯定

五、做一做。

自己在家中用一个大萝卜或土豆切一个长方体，再把长方体变成正方体。

家长签字：我的孩子已经完成了这个非常好玩的任务。　家长：王全　2012.2.21

师生
悄悄话　老师，长方体的怎么求呀？好想知道啊！

钱老师您好！看了您多次鼓励嘉嘉的批复，我们十分感动！最让我们高兴的是嘉嘉说：她上课能听懂了，她喜欢上数学课了。琀、晔上
感谢您！！！
2012.2.21

续图 24-3

钱守旺的小学数学教学主张

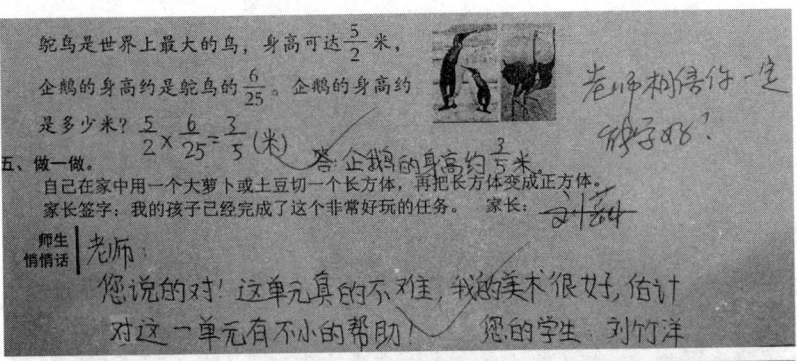

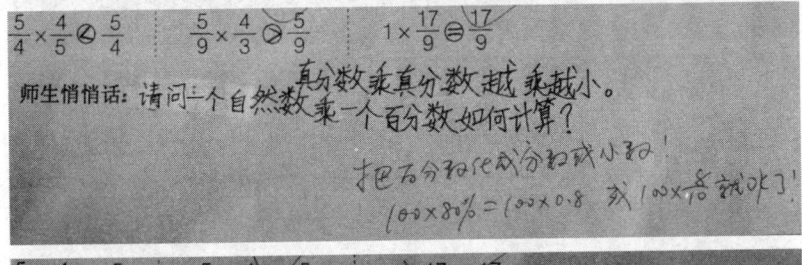

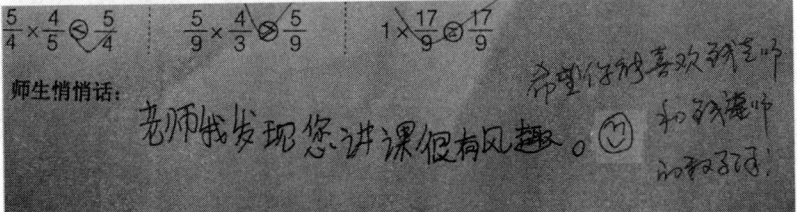

续图 24-3

第四招：作业上面写评语

作为一种行为管理的手段，绝对不能低估表扬所发挥的作用。心理学研究表明，渴望得到好成绩并因此受到老师表扬，是儿童重要的学习心理动机之一。试想，如果有人说"你做得真棒"，你一定会感到非常高兴。大部分人都希望得到表扬，而以恰当的方式表扬学生，可以显著地提高他

主张24 给力十招，教学高效

们的学习积极性和学习成绩。

教师应该认识到批改作业或试卷的目的不仅仅是为了找出错误的答案，它也是一次机会——帮助学生注意到自己在哪些方面做得很好以及怎样继续发扬优点。我对学生的数学作业多采用评语评价，看到学生字写得好，我会情不自禁地写道："你的书写真漂亮！看到你的作业老师感觉很舒心！"看到学生的作业写得清楚工整而且全对，我会写道："真棒！看你的作业就知道你是一个好孩子！"看到一些学困生能够按时上交作业，而且正确率较高，我会写道："你的进步真大！坚持住，老师相信你一定能行！""看得出，你正在不断进步！"当有的学生因为马虎或者审题不认真出现错误时，我会写道："真遗憾，要是能再细心一点就好了，下次要注意了。"像"了不起的解法！""棒极了！""出色的作业！""表现真不错！""这个解法有意思！""老师真为你感到骄傲！""你的表现越来越好！""这次作业说明你进步很快！""你的表现令人满意！"等评语经常出现在学生的作业纸上。

我判作业时，还有一个习惯，就是旁边总是准备一个数码照相机，有时来不及就用手机，发现学生好的做法和典型错误，马上拍下来，时间一长，就积累了很多非常宝贵的资料，这些资料对于分析学生、读懂学生非常有价值。有时我还会把这些资料展示给学生看，当学生看到自己的作业被老师展出时，都非常高兴。看到别人一些好的解法，学生会自发地鼓掌。至于一些错误解法，为了保护学生的隐私，我只展示学生的错例，但不说是谁的作业。

第五招：提供网络支持

现在已经进入了信息社会，教师可以将信息技术作为学生从事数学学习活动的辅助性工具。在北京这样的国际大都市，几乎家家都能上网，学生人人都会上网。我们学校内也处处都能无线上网。于是，每接一个新班，我都会在开学前建一个数学公用邮箱，把我上课的课件和一些相关资料发到邮箱，每天的数学作业电子版我也会及时放到公用邮箱里，以方便忘带作业或第一次没有写好作业的同学使用。

为了帮助学习比较困难的学生提高学习成绩，也为了鼓励优秀学生提前自学感兴趣的内容，我教哪个年级的数学，就会在开学前把本册教

材的特级教师辅导视频放到我的视频网站上,有兴趣的老师可以输入下面的地址进入我的视频网站,您的学生也可以利用我的这些资源进行自主学习。

(钱守旺视频课堂:http://www.tudou.com/home/qsw1088)

比如,我今年教五年级,我就在我的视频网站中为学生提供了"北师大五年级下册数学学习辅导"栏目,并把下面的地址发到公用邮箱,供学生课余时间学习和家长辅导:

http://www.tudou.com/playlist/id11479947.html

第六招:每周五抽取八个"幸运大奖"

为了鼓励同学们做好每一次作业,我每天对作业得 A☆的同学进行奖励,奖品是一张有我亲笔签名的奖票,如图 24-4 所示:

图 24-4

学生得到奖票后,在背面写上自己的姓名,然后投入一个广口瓶(我们平时装燕麦的大塑料瓶子)中。周五数学课上,教师或学生代表当着全班学生的面现场抽出 8 名幸运者,这 8 名幸运者可以享有以下权力:

获得一张钱老师自己设计的喜报,奖给学生一张带"免"字的面值 200 元的奖票。持有此奖票的同学可以免写一次数学作业,此奖票随时可用,用后由数学课代表收回。

周五,抽取"幸运大奖"(见图 24-5):

图 24-5

第七招：设立"悄悄话"信箱

这是我早在 20 世纪 90 年代就使用的方法，当时还没有网络，在班级里放一个信箱，学生有什么悄悄话，写张纸条放到信箱里，老师每天下班前打开信箱。"钱老师，您今天上课准备得很充分，我都听懂了。""老师，您今天穿西服很帅，显得很年轻。""老师，我今天举了几次手，您都没有让我回答问题，希望明天一定关注我。""老师，今天上课××同学在下面偷着玩魔方，您明天注意提醒他，切记，千万别说是我说的。""老师，能不能让我和××同桌，我们两个是好朋友，想一块儿研究问题，保证上课不说话。"……看到孩子们写的稚嫩的文字和发自内心的话语，我一天的劳累顿时消失了。

现在有了网络，很多孩子都有手机，除了这种传统的信箱外，孩子们也可以通过电子邮件或手机短信等方式与老师交流，只有老师开通与学生沟通的渠道，才能真正走进学生的心灵，才能真正和学生成为朋友。

第八招：学生自由申报当"小老师"

陶行知先生在诸多教育理论中多次提出要提倡"小先生制"的教学方法。他在《怎样做小先生》一文中说：一个负责任的小先生是"以教人者教己"。小先生不但要自己明白，还要把他明白的也让别人明白。近年来很多学校成功的课堂教学改革经验中也多次提到"生教生、兵教兵"的教学策略。"生教生、兵教兵"意即相信生能教生，生能帮生，每一位学生都能学、能教，每一位学生都能做学习的先行者。由于我教高年级学生比较多，特别是教毕业班学生时，总觉得到毕业复习时学生们积极性不高。后来我发现，

到六年级第二学期毕业复习时,让学生到前面讲课效果非常好。学生当"小老师",既锻炼了自己的语言表达能力和梳理知识的能力,又体验到了当教师的不易,对老师的感恩之情会油然而生,有着很好的教育效果。

我的做法是,学生根据自己感兴趣的内容,自己申报要讲的课题,可以自己讲,也可以和小伙伴结成小组来讲。一般给学生的准备时间是一两周,而且老师要提前听学生试讲。

下面是我教毕业班时设计的"小老师"报名表。

我的复习我做主 [六(15)班"小老师"报名表]

同学们,你想体验一把当"小老师"的感觉吗?你想过一把上课瘾吗?你想在全班同学面前展示你的个人风采吗?你想把你所知道的好的数学题目拿出来与大家分享吗?那就赶快报名吧!

你想讲什么内容,请在相应的选项后面画"√"。(每个小组最多报两项)

表 24-1

1. 常见的量 (p. 48)		2. 估算 (p. 51)		3. 计算与应用 (p. 53)		4. 运算律 (p. 58)	
5. 方程 (p. 61)		6. 探索规律 (p. 66)		7. 图形的认识 (p. 68)		8. 图形与测量 (p. 74)	
9. 图形与位置 (p. 80)		10. 统计与概率 (p. 83)		11. 解决问题的策略 (p. 89)		12. 好题共分享(自选内容)	

上课组长		准备上课时间	
我们要讲的课题			
讲课成员			

当"小老师"上课时,教师做什么呢?一是坐在学生座位上当"学生";二是给学生当"助教",有些问题"小老师"不能解决的,教师要及时提供帮助;三是负责维持课堂纪律,观察学生在课堂上的参与情况,对一些参与度不高的学生及时提醒;四是认真记录学生提出的好问题,为讲课的学生照相,用照相机或摄像机记录下对于学生来讲非常有意义的时刻。

图 24-6 是我教的五(16)班学生自己上《长方体的表面积》一课时的情景。

图 24-6

第九招：评选数学学科"班级之最"

为了鼓励学生争先创优，为了让更多的孩子能够感受到成功、享受到成功带来的激动与兴奋，树立学好数学的信心，我每个月在班里组织评选一次"班级之最"，并以电子期刊的形式发给每一位家长。

1. 课前准备最充分的；
2. 上课听讲最认真的；
3. 上课最爱提问题的；
4. 上课最爱回答问题的；
5. 回答问题声音最响亮的；
6. 作业书写最清楚的；
7. 作业正确率最高的；
8. 解题方法最有新意的；
9. 作业进步最快的；
10. 小组合作时表现最好的；
11. 给同学讲课最有魅力的；
12. 自主学习能力最强的；
13. "我的一句话学习日记"写得最棒的；
14. 总结的学习方法最实用的；
15. 课外数学知识最丰富的。

第十招：巧用奖票、图章和评价量表

奖票如图 24-1 所示。

图 24-7 是我自己设计的具有教师个人色彩的 LOGO 及图章:

图 24-7

表 24-2 是我自己设计的数学作业评价量表:

表 24-2 数学作业评价量表

班级_____ 姓名_____ 第_____周

星期	得分	减分原因（在相应选项下打√）				改错日期	奖励分数	最后总分
		解题出错	书写不规范	晚交作业	其他原因			
一								
二								
三								
四								
五								
周末作业								
本周额外奖励分数	奖励原因：							
	奖励分数：							
本周总分					核实人			

计分规则：

加分：A☆一次加 15 分；A 一次加 10 分；B 一次加 5 分；C 一次加 2 分；及时改错，一次奖励 5 分。

减分：晚交作业，一次减 5 分；作业不及时改，一次减 5 分；抄袭别人的作业，一次减 10 分。

主张 24　给力十招，教学高效　　255

图 24-8 是鼓励学生不断积分，分数越高台阶越高的"班级明星榜"。

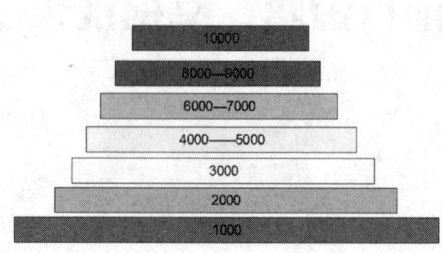

图 24-8

图 24-9 是我自己设计的喜报：

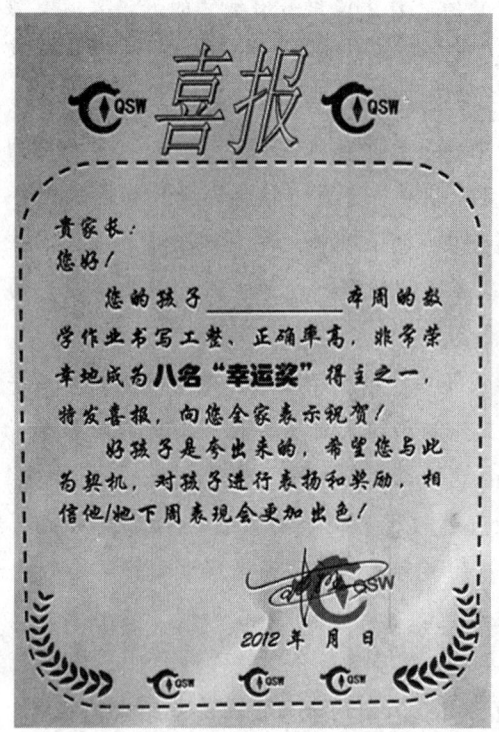

图 24-9

这些丰富多彩的评价形式调动了孩子们学习数学的积极性。看到他们脸上灿烂的笑容和幸福的表情，我真的感到自己每一天的辛苦都是值得的。

主张 25　渐行渐悟，幸福成长

观点分享

◆ 只有有智慧的教育才能培养有智慧的人，只有有智慧的教师才能培养有智慧的学生。教师的专业发展，绝不仅仅是方法的更新换代，而应是教师整个人的成长与发展。

◆ 教师的成熟需要三个基本条件：一是对教学本质的准确把握；二是长期的教学实践经验积累；三是个性化的理解与外显表达。

◆ 教师的成长在课堂，但制约教师成长的主要因素往往是课堂教学中发现不了或者解决不了的问题。教师在课堂教学中出现的种种问题归根结底是教师的专业化问题。

◆ 思想的形成是一个积累的过程。这种积累会形成一种积淀，成为一种文化……教育工作者要积累典型的教育案例，积累教育故事，积累知识与能力，为丰富自己的思想储备充足的营养。

◆ 读书是教育者的根。根不朽，教育的干就茁壮，教育的枝叶就繁茂。健康与可持续的教育永远需要通过阅读进行不竭的、根本性的滋养。

◆ 教师站位要高，重心要低，视野要宽，工作要实。要追踪、把握学科发展前沿、教育理论前沿、教学实践前沿。

◆ 专家型教师与新入职的教师之间的差距，仅靠短时间的教学方法和教学策略的培训是无法完全缩小的。而反思可以说是新教师成长成熟并最终成为专家型教师的一座重要的桥梁。

行 为 跟 进

教师的专业发展,就其途径和方式而言包括两个大的方面:一是外在的影响,即对教师进行有计划、有组织的培训;二是教师内在因素的影响,即教师的自我完善,它源于教师的自我角色愿望、需要以及实践和追求。教师的教育智慧很难像知识、技能那样传授,它更多地需要内心的觉悟、反省和积淀。当教师有时需要一个顿悟的过程,正像全国著名特级教师于漪老师说的那样:"一辈子做老师,一辈子学做老师。"

《如何成为高效能教师》一书中有这样一组数据:调查表明,如果学生在一个高效能学校遇到一位低效能教师,他的成绩会从前50%滑落到倒数37%的水平;但是,如果学生在一个低效能学校遇到一位高效能教师,他的成绩会从前50%上升到前37%的水平。而如果学生在一个高效能学校遇到一位高效能教师,他的成绩会从前50%上升到前3%的水平。看来,教师的水平决定着学生的水平,只有有风格的教师才能培养有风格的学生。

一、把别人的智慧借过来

教师专业发展的方式制约着专业发展的深度和速度。苏东坡说:"博观而约取,厚积而薄发。"意思是:只有广见博识,才能择其精要而取之;只有积累丰厚,才能得心应手为我所用。积之于厚,发之于薄,这"薄"是从"厚"中提炼出来的最精粹的一层。真正敬业的优秀教师,即使是在他(她)退休之日,依然会保持"活到老、学到老、学得更好"的工作态度。

读书是教师专业发展的必由之路,读书应该成为教师的生活习惯或生活方式。不读书会导致思想的平庸与浅薄,导致精神家园的荒芜。优秀教师和一般教师之间的区别就在于文化底蕴的不同,换句话说,就在于是否读书、读什么书、读的方法怎样、读的效果如何。

苏霍姆林斯基在《给教师的建议》中这样写道:"一些优秀教师的教育技巧的提高,正是由于他们持之以恒地读书,不断地补充他们的知识的

大海。如果一个教师在他刚参加教育工作的头几年里所具备的知识,与他要教给儿童的最低限度知识的比例为10:1,那么到他有了15～20年教龄的时候,这个比例就变为20:1,30:1,50:1。这一切都归功于读书。"

我的感受是,有些书需要读后进行深入思考,读书并不在多,重要的是思考的深度和感受力。

旅途中,有一本好书相伴,你会少很多寂寞。书中的世界陪伴着你的旅途,让你品味到生活中最悠长、最深沉的滋味。在沉静的思索中,你的心灵会增添勇气与力量,增添愉悦与安宁。正因为如此,我每次外出讲学,一定随身携带两本书,一个来回,基本上也就看完了,我的很多书都是这样挤时间看完的。

二、把看懂的东西做出来

吕型伟先生在《中国应当出第一流的教育家》一文中,提出并回答了一个问题:"世界一流的教育家出在哪里?当然可以出在理论工作者中间。但从古今中外的历史来看,似乎绝大多数的大教育家都是亲自参加教育实践的,都是亲自到实践第一线去摸爬滚打过的,极少是关在书斋里搞纯理论研究的。"我们身边的很多知名专家都来自一线,像顾泠沅教授、邱学华老师、李吉林老师、于漪老师、霍懋征老师等。

从教育理念到教学行为,不是简单的传递过程,而是再创造过程。一般来讲,教师的教学智慧有三种形态,即经验智慧、理性智慧和实践智慧。经验智慧关注的是"如何"的问题,理性智慧指向"应当"的探究,而实践智慧则更多地体现为"应当如何做"的选择,是经验智慧的升华,是理性智慧的应用,最终落实为一种合理化的教育行动。

新课程不可避免地把教师推到了教育科研的主战场。从一定意义上看,这不能不说是教育科研的理性回归。教师从事教育科研活动,是提升教育教学水平的重要举措,是产生教学经验、形成教学智慧的重要手段。

对多数教师而言,当教师是一辈子的事。一辈子干一件事,需要绝对的耐心和勇气。在研究状态下工作,能促进课堂教学的变革,而教师本人也一定能够获得工作的乐趣,消除职业的倦怠感。

多年来,我始终带着一种研究的心态来开展工作,哪怕是给别的老师

代课，我也会精心准备。比如，给三年级的数学老师代课时，顺便可以对"一位数除两位数"的学习进行一个前测；给六年级数学老师代课时，可以对"分数、百分数应用题"的学习情况进行调查。

再比如，我今年教五年级一个班的数学，我就把自己多来年始终关注的课堂教学方式的转变作为一个研究课题，在班级里营造"对话—比较—研讨"式动感课堂。实践证明，这种边教学、边研究、边改进的研究方式非常适合一线教师，而且这样研究出来的成果也非常具有生命力和移植能力。

三、把困惑的问题摆出来

问题应当被看成教师教学研究的直接出发点。当教师意识到自己的教学中出现了某种问题，并想方设法在行动中去解决且不断回头反思解决问题的效果时，就不知不觉地走上了一条发现问题、探究问题、解决问题的探究之路。

上海市教育科学院的王洁老师曾提出"建构性反思"的概念，建构性反思是针对解构性反思、分解性反思而言的，是在已有经验的基础上形成新的经验，获得新的认识的过程；是"已成的我"和"现在的我"的对话，是努力摆脱"已成的我"，不断获得新的发展的过程。

在平时的工作中，老师们会遇到很多问题，这些问题一时又找不到答案，虽然能够从网上查到一些资料，但很多文章都是隔靴搔痒，根本解决不了问题。下面的问题，就是非常好的研究课题：

《小学数学教学中如何上好整理复习课》，《小学数学教学中如何落实"四基"》，《小学数学教学中如何让学生积累数学活动经验》，《"伪订正"，一个不容回避的教学假象》，《"错觉"在小学数学教学中的价值分析与利用研究》，《信息不对称视角下的小学数学"教"与"学"透视分析》。

一旦教师带着问题去上课，带着问题去看学生的作业，就会发现工作其实并不累，而是很有趣味，特别是通过学生作业发现一些规律性的东西时，教师会有一种成就感和满足感。

四、把研究的成果写出来

教师成长的过程是一个不断总结经验、捕捉问题、反思实践的过程。

教师在研究一段时间后，一定有很多的收获和体会，这个时候一定要及时记录下来。郑金洲教授在《教师如何做研究》一书中将教师常用的研究成果的表达方式概括为五种：

1. 教育日志

教育日志就是教师对自己一天所经历的教育教学活动及时、有意识地进行记录的文本形式。教学日志具有如下特点：

（1）亲历性。教学日志所记录的内容是教师亲身体验的教学行为，这一特点决定了教学日志具有真实性和主体性。

（2）及时性。教学日志是教师对自己的所做、所见在短时间内做的记录，所以，在教学实践中也被称为教后记、日记、周记等。

（3）反思性。教学日志是教师对自己教学经历的有意识的回顾，并以文本的形式呈现出来，本身是一种追溯式的反思。

2. 教育叙事

教育叙事研究的基本特点是研究者以叙事、讲故事的方式表达对教育的理解和解释。通俗地讲，就是教师讲述自己的教学故事，在讲故事中体现教师个人对教育教学事件的理解、对教育意义的体悟。

教学叙事的主要特征为：

（1）故事性。叙事所叙，其实是事，叙事即故事，教学叙事就是教师"讲述课堂里发生的故事"。

（2）真实性。教师所叙之事是其真实的经历，是教师把课堂中的人和事（包括自己）作为观察、思考与探究的对象，通过叙事形式阐述自己的感受、体验与感悟。叙事不能虚构，更不能捏造，教师通过讲故事的方式，原汁原味地呈现教育教学事实本身。

（3）意义性。"教师所叙之事是其经历中有意义的事件。叙事的目的不在于单纯地叙述，而在于通过叙述回味自己的体验，探索其中的意义。"意义是事件的焦点，是概念的内涵，是叙述文本的价值所在。

3. 教育案例

一个好的案例应讲述一个故事。像所有好故事的标准一样，一个好的案例必须要有有趣的情节，要能把事件发生的时间、地点、人物等按一定的结构展示出来，当然在这其中，对事件的叙述和评点也是必要的组成部

分。一个好的案例要把注意力集中在一个中心论点上,突出一个主题。

4. 教育反思

教育反思是一种批判性的思维活动,而把这些思维活动记录下来,则可视为一种写作文体。它作为研究方式,运用简便,可贯穿教育教学过程的始终;它作为研究成果的表达形式,写法灵活,可成为教师成长发展的忠实记录和反映,因而在教师研究中广为应用。

5. 教学课例

教学课例的表达形式一般表现为教学设计理念+教学实录+教学反思。

"教学课例"与"教学案例"也是容易混淆的两个概念,两者的区别在于案例自始至终是围绕特定的问题展开的,是以问题的发现、分析、解决、讨论为线索的;而课例展现的是某节课或某些课的教学实际场景,虽然其中也包含着问题,但问题可能是多元的,具有明确的问题指向,并且实际情境的叙述、师生对话的描述等常是列举式的,没有像案例那样经过细致的加工。

教师一定要做有心人,每天记下一点点,每天思考一点点,你就能每天进步一点点,离优秀教师也就不远了。

五、把成功的经验传出去

每个教师都会有自己的关于学生发展与教育的理论,它是教师在长期的教育实践中形成的,是个人化的、内在化的实践理论,它也被学者称为"个人知识"。个人知识一方面具有缄默性的特征,难以言传;另一方面,它又具有对话性的特征。教师要敢于发出自己的声音,讲述自己的教研故事,与同行分享自己的实践经验。

把自己的经验传出去有很多种渠道:一是学校内搞"教学沙龙"活动,教师介绍自己的教改经验;二是走出学校,到兄弟学校开展教学交流,分享教改成果;三是参加一些学术会议,把自己的经验通过汇编材料或大会发言传出去,让更多的老师从中受到启发;四是向报刊投稿,通过这些教育教学报刊把自己的观点传出去。

当你的观点得到别人认可的时候,当你的讲座得到台下老师热烈掌声

的时候，当你的文章变成飘着墨香的印刷品的时候，相信你一定会有一种说不出的幸福与感动。

王国维曾形象地讲过做学问的三重境界。第一境："昨夜西风凋碧树。独上高楼，望尽天涯路。"第二境："衣带渐宽终不悔，为伊消得人憔悴。"第三境："众里寻他千百度，蓦然回首，那人却在灯火阑珊处。"我想，教师做学问也是如此。

最后我想说，只有有智慧的教育才能培养有智慧的人，只有有智慧的教师才能培养有智慧的学生。教师的专业发展，绝不仅仅是方法的更新换代，而应是教师整个人的成长与发展。我们从事教育事业，不仅仅是为了把我们的智慧奉献给教育，奉献给孩子，我们还要充分享受这份工作给我们带来的职业幸福感，享受智慧的人生。

参考文献

［1］郑金洲．教师如何做研究［M］．上海：华东师范大学出版社，2005．

［2］邵光华，主编．小学课堂教学技能训练［M］．北京：高等教育出版社，2011．

后记：当人生用"十年"来丈量时

这个题目是我从新世纪小学数学教材主编刘坚教授那里借用来的。

刘坚教授在为《新世纪足迹十年：2001—2011 小学数学优秀文集》一书所写的序言中这样写道：当人生用"十年"来丈量时，我们的脚步变得更加从容。我们深知，孩子的成长需要时间，孩子的成长需要等待，孩子的成长需要广大数学教育工作者的宽容与耐心。润物往往细无声，"从容的教育"、"慢的教育"、"尊重差异的教育"、"强调体验的教育"、"重视过程的教育"可以让每一个儿童更加自信、更加有尊严、更加充满智慧、更加富有个性。

2000 年的时候，我到湖北的武汉教育学院参加国家级骨干教师培训，第一次看到讲课专家手里拿的《义务教育数学课程标准（征求意见稿）》，当时我就被里面先进的教育理念、具体的教学建议和生动鲜活的案例所打动，于是争得专家同意，马上跑到学校门口的复印部复印了一本。第二天，班上的其他学员又用我这本每人复印了一本，这本发黄的复印本至今仍然保存在我的书柜里。那次国家级培训，仿佛为我打开了一扇窗，使我看到了窗外的世界，看到了数学教育改革的美好前景。

2001 年 7 月，《义务教育数学课程标准（实验稿）》正式颁布，它的颁布给中国教育注入了时代的"基因"，给我国基础教育带来了积极和深刻的变化，相应的课标教材当年 9 月在各国家级实验区开始使用，我刚开始接触的是人教版课标教材，2005 年开始接触新世纪版课标教材（也就是北师大版教材），2006 年我进入新世纪小学数学教材编写组，随着《数学课标（2011 年版）》的正式颁布，我们根据这一最新的课程标准编写的新世纪版第四版教材也陆续出版。我很荣幸能够担任小学数学二年级上册的分册主编。经历就是一种收获，应该说，我是和新课程一起成长起来的，是新课程改变了我，是新课程锻造了我。教材编写和使用的过程，也是我不

断成长和成熟的过程。十年课改，激活了整个基础教育。对所有使用新教材的教师来说，过去的十年，是辛勤付出的十年，是积累经验的十年，也是收获成果的十年。

本书是我十年课程改革在实践这条大河中淘出的一些"金子"，虽然纯度不一定很高，但肯定有其价值。从2010年开始，我开始站在教育的本源问题上思考数学教育问题，归纳、梳理自己的研究成果，试着提出自己的教育主张。我到全国各地报告的题目就是"我的20个课堂教学主张"，每到一处，我的报告总能赢得老师们热烈的掌声。老师们都觉得我的这些主张很实用、很通俗，"听后能懂，拿来能用，用了有效"。

十年课改的重要推动者朱慕菊女士在接受《人民教育》记者采访时坦言："任何改革都不可能是强迫的，特别是文化的改革。课程改革事实上也是一种文化运动，它只能是引领，不可能强制任何人。"一颗种子，十年后会长成参天大树；一个婴儿，十年后会成为健壮的少年；一位特级教师的教学主张，十年后会带来什么？我期待着……

本书的编写得到了许多领导、专家、同事和网友的支持与帮助。在书稿完成之际，向所有关心、支持和帮助过我的同志表示衷心的感谢！本书在编写的过程中参阅了大量的文献，在此向原作者致以深深的谢意！

特别值得一提的是，全国著名儿童心理学家张梅玲教授在百忙中欣然为本书作序，使我备受鼓舞。同时，本书的出版得到了中国轻工业出版社各级领导的大力支持，特别是吴红编辑和他的同事们为此书的顺利出版付出了辛勤的劳动，在此一并表示感谢。

虽然我在编写过程中反复酝酿、推敲、修改，但由于学识、精力和能力所限，书中难免有许多不足之处，对书中的错漏，恳请教育专家、学者和教育同人批评指正。

宋人张载的《咏芭蕉》一诗这样写道："芭蕉心尽展新枝，新卷新心暗已随。愿学新人养新德，旋随新叶长新知。"我愿以此与老师们共勉，在又一个十年的课程改革中，不断探索，不断增添新知，与时俱进，向着更高的目标不懈追求！

亲爱的读者朋友，作为课程改革的同路人，别忘了提出你自己的教学主张，别忘了把你对本书的意见、建议或你对本书中一些问题的独特看法

发到我的信箱，别忘了在新浪微博中与我互动交流，我时刻期待着您的文字！本书计划在三年后重新修订，到时候我会在附录中收录一部分教师的教学主张。

我的电子信箱：qsw1088@126.com。

我的博客地址：
http://eblog.cersp.com/userlog16/28690/index.shtml。

钱守旺新浪微博：http://weibo.com/qsw1088。

2012年3月于北京

万千教育图书目录

代号	书目	著、译者	定价(元)
小学学科教学系列			
J1303	小学创意写作	郭学萍 著	42.00
J1248	让数学变得好玩 ——小学一二年级数学课堂游戏88例	陈燕云 主编	45.00
J1268	龚海平的小学英语教学主张	龚海平 著	32.00
J1216	经典绘本阅读与创意教学（一年级分册）	顾舟群 著	30.00
J1217	经典绘本阅读与创意教学（二年级分册）	顾舟群 著	30.00
J1204	小学数学教学问题与对策	吴存明 著	36.00
J1096	带上小耳朵出发	王艳芳 著	32.00
J1045	方利民的小学语文教学主张	方利民 著	36.00
J1015	让小学生恋上数学	董文华 著	35.00
J970	钱守旺的小学数学教学主张	钱守旺 著	35.00
J906	小学英语课堂游戏集中营	贺 杰 著	28.00
J883	小学作文教学设计方案53例	黄 波 著	30.00
J884	趣味识字教学	黄 波 编著	28.00
J859	让学生爱上作业 ——小学作业布置、查收和批改的技巧	刘春生 著	29.00
J754	英语可以这样教	沈丽新 著	26.00

编号	书名	作者	价格
J831	我的迷人"语"秘书——小学语文趣味教学12法	黄波 编著	28.00
J782	方利民快乐作文教学26招	方利民 著	26.00
小学学科教学系列合计			**548.00**
中小学学科教学系列			
J1010	阅读教学设计的要诀	王荣生 著	36.00
J996	名师课堂教学细节设计艺术	徐杰 等著	36.00
J1003	中小学实用教学策略	宋秋前 著	26.00
J1025	语文综合性学习教学设计方案40例	赵水英 王林发 编著	36.00
J1024	语文口语交际教学设计方案40例	王林发 主编	36.00
J955	智力发展与数学学习	林崇德 著	50.00
J886	最美,艺术课——上好艺术课并不难	陈璞 著	28.00
J755	走进快乐语文课堂	潘继云 著	26.00
J783	语文课如何是好	王晓春 著	28.00
中小学学科教学系列合计			**302.00**
教师专业成长系列			
J1145	多元智能教与学的策略(第三版)	霍力岩 等译	60.00
J1289	从生活中悟教育智慧	严育洪 著	36.00
J1264	童年爱上一本书——教师、父母如何伴读	周益民 著	28.00
J1144	教师怎样提问才有效——课堂提问的艺术	宋玲 译	45.00
J1275	解读青春期心理密码	姜荣奎 著	36.00
J1270	重构教师思维——教师应知的28条职业常识	刘祥 著	32.00

编号	书名	作者	定价
J1233	塑造卓越教师 ——教师如何避免易犯的25个严重错误	张赫 徐梦杰 译	45.00
J1250	中学班级心理辅导活动60例	杨敏毅 等著	35.00
J1146	抓住学生注意力的176个课堂小活动	张乃柬 译	28.00
J1227	小学生学习习惯培养方案	黄波 著	35.00
J1243	写给少先队辅导员的41条建议	许其龙 著	35.00
J1236	教师怎样少做无用功 ——高效能教师必备法则	王晓春 著	32.00
J1240	半部《论语》做良师 ——《论语》给教师的启示	任民 李迎春 著	32.00
J1213	教师职业生涯十大误区	茅卫东 著	27.00
J809	教育管理学：理论与实践（第五版）	朱志勇 等译	88.00
J1087	"偷师"杜威 ——开启教育智慧的12把钥匙	邱磊 主编	35.00
J1043	问题班级管理策略（第二版）	吕红日 等译	36.00
J1077	让高中生学会学习	高慧明 著	30.00
J1093	不怕学生搅局 ——教师的教育机智修炼之道	李进成 著	29.00
J1068	教师如何读经典	霍军 著	34.00
J1105	今年，我教小学一年级	陈兴杰 王翠丽 著	34.00
J968	中小学课堂教学的30个失误	李冲锋 著	38.00
J986	教育律师的忠告： 例说中小幼教师必知的75条法规	雷思明 等著	38.00
J987	跟禅师学做教师	谢云 著	28.00
J995	重建师生关系	史金霞 著	42.00
J921	做一个会"偷懒"的教师	常作印 编著	23.80
J988	心平气和当老师	茅卫东 著	32.00

编号	书名	作者	价格
J1018	王晓春帮你走出教育误区 ——评说100个教师常用语	王晓春 著	32.00
J960	教师怎样说话才有效	李进成 著	32.00
J946	魅力男教师修炼36计	林华民 著	29.00
J937	破解挑战教师智慧的42个问题	宁杰 郑立平 著	36.00
J940	一位青年教师的专业成长之路 ——王君专业求索笔记	王君 著	32.00
J971	王晓春给青年教师的100条建议	王晓春 著	28.00
J975	魅力女教师修炼记	张曼凌 著	28.00
J938	让学生都爱学习——激发学习动机的策略	宋玲 译	22.00
J932	教师如何与学生沟通	姜荣奎 著	32.00
J931	教师如何教好自己的孩子 ——教师妈妈的育女手记	杨文娟 著	26.00
J905	让教师偷着乐——校园幽默笑话396则	唐劲松 主编	18.00
J881	教师兵法	刘坚新 编著	28.00
J848	老师好好学习，孩子天天向上 ——"麻辣教师"邓睿手记	邓睿 著	25.00
J726	心与心的约会——孙明霞的生命化课堂	孙明霞 著	28.00
J840	零距离美国课堂	王文 著	28.00
J824	学校何以难办 ——一个教育咨询师的哲学回答	郑杰 著	25.00
J789	做个充满激情的教师——教师成功之道	张乃柬 译	32.00
J797	教师时间管理策略	张迪帆 译	22.00
J723	教育，我有话要说 ——一个教师对教育的深度反思	张迪帆 译	25.00
J677	选择学习——为成功而教	张娜 译	18.00
教师专业成长系列合计			1539.80

	班主任专业发展丛书		
J1201	德育主任新方略（《中小学德育主任工作指导手册》修订版）	丁如许　著	32.00
J1037	初中主题班会设计技巧与优秀案例	郑学志　主编	34.00
J1036	高中主题班会设计技巧与优秀案例	郑学志　主编	32.00
J1039	中职主题班会设计技巧与优秀案例	李　迪　著	35.00
J1205	缔造完美教室 ——小学班本课程的开发与实践	李亚敏　刘　娟　著	39.00
J1082	打造小学卓越班级的38个策略	许丹红　著	30.00
J1102	打造初中卓越班级的40个策略	刘令军　著	32.00
J1101	打造高中卓越班级的42个策略	覃丽兰　著	38.00
J1225	打造中职卓越班级的41个策略	李　迪　著	32.00
J1178	小学家校沟通的艺术	王怀玉　著	35.00
J1083	接手新班	郭学萍　著	38.00
J1049	今天怎样爱学生——师爱的智慧与艺术	陈晓华　著	28.00
J1044	班主任，青春万岁——王君带班之道	王　君　著	34.00
J986	做学生最好的"心理营养师"	梁　岗　彭玉华　著	35.00
J967	班主任如何带好差班	赵　坡　著	30.00
J917	班主任工作中的心理效应	刘儒德　主编	35.00
J728	把班级还给学生 ——班集体建设与管理的创新艺术	郑立平　著	26.00
J729	班主任工作的55个"鬼点子"	刘坚新　等编著	26.00
J727	德育智慧源何处 ——心灵感悟德育经典案例	张万祥　编著	25.00
J732	魅力班会是怎样炼成的	杨　兵　著	25.00

编号	书名	作者	定价
J730	与学生家长"过招" ——班主任的家长工作艺术和技巧	郑学志 著	26.00
J731	遭遇问题学生 ——问题学生的教育与转化技巧	万玮 编著	25.00
J926	中学班主任的72个临场应变技巧	刘令军 等著	34.00
J914	全国知名青年班主任谈专业成长	张万祥 主编	34.00
J909	小学班主任的78个临场应变技巧	许丹红 著	32.00
J903	扶年轻班主任上马	王莉 著	38.00
J853	做一个会"偷懒"的班主任	郑学志 著	28.00
J865	教师必须掌握的教育惩戒艺术	郑立平 等著	28.00
J867	做一个聪明的班主任 ——对常见七类学生的教育艺术	郑立平 等著	28.00
J856	做一个魅力班主任	陈晓华 著	26.00
J850	做一个励志型的班主任	黎志新 著	28.00
J851	我和学生谈爱情——将爱情教育进行到底	李迪 著	28.00
J841	优秀少先队辅导员的八项修炼	谢金土 等编著	26.00
班主任专业发展丛书合计			**1022.00**
中小学课堂管理系列			
J1014	让教师都爱上教学	罗兴娟 译	34.00
J936	中学课堂纪律管理指南	徐昌和 等译	48.00
J845	双赢课堂——积极课堂管理新视点	俎媛媛 译	39.00
J846	课堂行为的有效管理策略	蔡艳芳 等译	34.00

……
欲了解更多图书信息,请登录:www.wqedu.com
联系地址:北京市朝内大街188号D座902室 万千教育(邮编:100010)
咨询电话:400-698-1619,010-65125990 传真:010-65262933

*本目录定价如有错误或变动,以实际出书为准。

教师来说，最紧要也最困难的是，走出自己个人狭小的生活世界，出去看看他人在做些什么。看看在同样的条件限制下，他人正在做什么努力。

　　教师向谁去借智慧？向众多名师。追寻众多名师的成长路径，我们会发现一个共同的现象：这些教师几乎都是从听课起步，通过模仿和学习他人不断改进自己的课堂，在不断的打磨和历练中逐渐形成自己的教学风格。移植别人的优秀经验，虽然是一种简单的验证性的实验研究，但对于刚刚踏入教学和科研大门的青年教师来说，仍然不失为一条捷径，这样可以缩短自己的探索路径，使自己少走弯路、少做无用功，使自己尽快成熟起来。

　　优秀教师和特级教师有着丰富的教学经验，特别是他们上的示范课，理念先进、思路新颖、过程充实、风格各异、精彩纷呈。这些一线教师的经验，比起其他经验或理论研究，更充分地体现了目的与手段的具体统一，也更完满地揭示了目的与手段之间复杂而多方面的联系。

　　例如，在比较整数的大小时，深圳的黄爱华老师通过做游戏的方法引导学生掌握比较大小的方法。那么在比较小数的大小时，教师就可以把这一理念移植过来，也采用做游戏的方法去组织学生比赛，这样一定能够取得非常满意的教学效果。在第九届全国小学数学教学比赛中，黑龙江的一位教师就移植了这种教学方法，组织学生采用抽签的形式组成小数，并比较小数的大小。

　　再比如，《角的度量》一课，以前很少有人上这样的课，但自从强震球老师和华应龙老师上过这节课后，很多老师都把这节课拿出来展示。为什么原来不敢上而现在敢上了？原因很简单，有了成功的案例，老师们可以站在名师的肩膀上继续研究了。《人民教育》2007年第2期和第5期曾就华应龙老师这节课以"可否给技能教学来一次革命"为题专门进行过讨论。通过学习第2期上华老师的课堂实录和刘加霞老师的解读文章，我们知道了技能的学习不是简单的模仿与训练，有效的技能教学离不开对概念的深刻理解，脱离对概念深刻理解的技能教学容易变成简单的模仿、记忆、强化训练。通过学习第5期中孙晓天教授的文章《让技能教学成为探索与发现的沃土》，我们知道了作为教学内容的"角"并不像看上去那么简单，无论是皮亚杰的认知结构理论，还是霍尔的几何分层理论，都把

的讲堂为学生的学堂,教师变演员为课堂主持人;变师生的厌教厌学为乐教乐学。

近年来,潍坊市以"自主互助学习型课堂"为核心的教学改革不仅达到了"减负增效"的目的,更有价值的是,潍坊市的教育工作者越来越认识到:"自主互助学习型课堂"不仅改变了教学的方式与教育的水平,而且改变了学生和教师的生命状态。

以上三所学校的改革都是整体推进、持续进行的。山东杜郎口中学和江苏东庐中学改革前都曾是农村薄弱初中,它们的改革始于新课程改革之前。一方面,它们的改革体现了新课程的方向;另一方面,新课程也为它们的改革提供了平台和机遇。因此它们成了新课程的排头兵,每天都有来自全国各地的参观者和学习者。

上面提到的几个课改典型,其最大的特点就是采用了"互教互学"的教学形式,都是教师组织和发动学生相互教学,采用"兵教兵、兵练兵"的方式,促进全体学生积极投入到紧张的学习中去。学生互教有四个优势:其一,学生是学习活动的主动参与者。学生互教使每一个学生都深入到学习过程中去,激发了学生的学习愿望。其二,教学的针对性强。学生针对不会的问题发问,学生针对提出的问题解答,是一对一的个别化教学,教与学的效率都很高。其三,学生的思维被激活。在课堂上学生的地位是平等的,会形成争论氛围,在辩论中激活学生的思维,学生对问题的理解会更深入。其四,能够减少学业水平的分化。在学生相互教学中,"潜能生"的问题及时得到解决,不会因为知识链上的漏洞而影响下一阶段的学习。这种学习方式有利于大面积提高学生的学业成绩。

像上面这样改革成功的学校还有很多,老师们只要平时注意关注《人民教育》、《中国教育报》、《中国教师报》、《基础教育课程》等报刊的相关版面,就很容易找到这样的课改典型。当然,教师在学习全国各地的典型教改经验时,要与当地的教育现状相结合,与自己的教学实践相结合。千万不能跟风,更不能浅尝辄止、盲目照搬。

三、借鉴特级教师和优秀教师的成功经验,在实践中改良创新

知识需要学习,经验需要借鉴。华南师范大学的刘良华教授说:对于

反馈，解决问题。课内训练巩固的教学设计的主要意图是立足于学生学习中的问题和学习要求进行针对性训练。课内训练巩固一般分为同步训练和达标测试两个步骤。同步训练不是简单做题，而是根据学生有效学习的要求进行有针对性的同步训练，以达到精选、精讲、精练的目的。

（4）课后拓展延伸。课后拓展延伸使课内学习自然延伸到课外，满足学生自主学习的要求，培养学生探究学习的能力。课后拓展延伸的设计意图就在于将课内、课外有机结合，实现全程有效学习。

典型之三：山东潍坊"自主互助学习型课堂"

"自主互助学习型课堂"是什么样子呢？据山东省潍坊市教科院崔秀梅副院长介绍，"自主互助学习型课堂"已经逐渐有了属于自己的教学风格，体现出了独特的实践特点，概括起来就是"一个中心，两大主题，三条原则，四步流程，五个改变"。

（1）一个中心，就是"让学习成为学生喜欢的事情"，努力激发学生主动学习、主动成长的内驱力。

（2）两大主题，指的是"自主"和"互助"。通过指导学生富有成效的自主学习，促进学生由被动接受走向主动学习，进而培养学生主动成长的意识和能力，让学生在掌握知识的同时学会学习、发展智慧；通过学习过程中的合作互助，引导学生学会交流、学会共处、学会合作、学会自律。

（3）三条原则，即在教学方式上"减少讲与听，增加说与做"。具体而言就是：教师讲解做到"三讲三不讲"（讲易混点、易错点、易漏点，讲学生想不到、想不深、想不透的，讲学生解决不了的；学生已会的不讲，学生自己能学会的不讲，讲了学生也不会的不讲）。流程设计努力"删去无效环节、减少无效劳动"，作业设计做到"三布置、三不布置"（布置发展学生思维的，发现规律方法的，拓展视野、提升能力、引导探究的作业；不布置重复性的、惩罚性的、超负荷的作业）。

（4）四步流程，即创设情境，认定目标；自主学习，小组交流；全班讨论，质疑深化；总结提升，反馈矫正。

（5）五个改变，即变教师讲为主为学生学为主；变学生听为主为学生"说和做"为主；变学生的个体封闭学习为互动交流、开放学习；变教师

主张 1　观念更新，理念内化

定"教"。在东庐中学，讲学稿由师生共用。上课前教师把讲学稿发给学生，引导学生课前自学教材，并完成讲学稿上的题目。上课时老师按照学生完成讲学稿的情况实施教学，以"学"定"教"。"学生会了的老师就不再讲，而主要讲学生不会的或容易出错的。"

东庐中学的备课模式可以概括为"提前备课、轮流主备、集体研讨，优化学案，师生共用"。

具体来说，教研组长会同备课组长确定主备教师和审核人，主备教师提前一周确定教学目标，选择教学方法，设计教学程序，将讲学稿草稿交备课组长审核；备课组长初审讲学稿后至少提前两天将讲学稿草稿发给全体组员，然后召集组员集体审稿，提出修改意见；主备教师按集体审稿的意见将讲学稿修改后交审核人审查，再由备课组长将审核后的讲学稿交分管领导审定，制成正式文本，发给每个教师一份。教师上课前一天将讲学稿发给学生，任课教师对讲学稿再进行理解和补充，第二天师生共用讲学稿实施课堂教学，在上课前，教师必须抽批部分讲学稿，以了解学情，并进行最后的课前备课。

具体来说，以讲学稿为载体的教学主要包括课前预习导学、课堂学习研讨、课内训练巩固、课后拓展延伸四个基本环节。

（1）课前预习导学。课前预习导学就是根据据学习目标，对学习要求和方法做具体安排，并配适量的练习思考题，层层深入地引导学生自主学习，使学生通过课前自学对教材首先有一个初步了解，发现问题。

（2）课堂学习研讨。课堂学习研讨就是学生在课堂上展示问题、讨论交流，它是以课前预习导学阶段学生的预习为基础，其主要意图是检查学生的预习情况，为后一阶段的教学做准备。课堂学习研讨主要围绕着学生学习中的问题展开。教师在课堂学习研讨中，不仅要关注学生的学习差异和各种可能的潜在问题，还要注意发挥教师的教学机智，在让学生学习整体感知、开展合作探究等方面进行有效的引导和组织，使这一阶段的课堂教学既能解决学生在自学环节中尚未解决的问题，又能在研讨中形成新的问题，把课堂学习研讨环节变成学生学习的拓展和延伸的平台。在教学设计层面，课堂学习研讨需要对学生的学习潜力进行深度挖掘。

（3）课内训练巩固。课内训练巩固就是当堂进行达标测试，及时得到

(1) 三个特点：立体式、大容量、快节奏。

① 立体式：目标任务三维立体式，任务落实到人、组，学生主体作用充分发挥，集体智慧充分展示；

② 大容量：以教材为基础，拓展、演绎、提升，课堂活动多元化，全体参与体验；

③ 快节奏：单位时间内紧扣学习目标任务，周密安排，师生互动，生生互动，达到预期效果。

(2) 三大模块：预习、展示、反馈。

"预习、展示、反馈"无疑是最能体现杜郎口中学教学改革模式特点的。

① 预习：明确学习目标、生成本课题的重难点并初步达成目标；

② 展示：展示、交流预习模块的学习成果，进行知识的迁移运用并对感悟进行提炼、提升；

③ 反馈：反思和总结，对预设的学习目标进行回归性的检测，突出"弱势群体"，让他们说、谈、演、写，"兵教兵、兵练兵、兵强兵"。

(3) 课堂教学六环节：预习交流、明确目标、分组合作、展示提升、穿插巩固、达标测评。

① 预习交流、明确目标：通过学生交流预习，明确本节课的学习目标；

② 分组合作：教师将任务平均分配到小组，一般每组完成一项即可；

③ 展示提升：各小组根据组内讨论情况，对本组的学习任务进行讲解、分析；

④ 穿插巩固：各小组结合组别展示情况，对本组未能展现的学习任务进行巩固练习；

⑤ 达标测评：教师以试卷、纸条的形式检查学生对学习任务的掌握情况。

典型之二：江苏东庐中学"讲学稿"

东庐中学的课堂教学改革理念是"以人为本，教学合一"。为了落实"教学合一"的理念，他们改变了传统的教师备课方式和学生的学习方式，用"讲学稿"这一载体将教与学紧密地联系在一起，真正做到了以"学"

主张 1　观念更新，理念内化

学生在学习数学方面的目标，也是对数学教育者提出的要求。面对每一个人的数学教育既是基本的要求，也是必须的要求。义务教育的基本功能就是让所有适龄儿童接受良好的教育，为成为合格的公民做准备。良好的数学教育正是从这个意义上提出的。同时，针对学生发展的差异性，又应当使不同的学生得到不同的发展，因材施教，满足不同学生的发展需要。

另外，像由"双基"到"四基"的变化，由"两能"到"四能"的变化，重新撰写的"教学建议"，10 个"核心概念"的提出等，都是教师研读和研究的重点。另外，《课标（2011 年版）》所附的 82 个教学案例也是需要我们好好体会的。

这方面的资料很多，老师们可以重点研读课程标准修订组成员撰写的解读文章或修订说明文章。

二、学习课改典型，在实践中进行理念移植

教育是一项实践性极强的事业，教育的智慧在相当大的程度上都是实践智慧，而教育实践的主阵地之一就是课堂教学。在课程改革的实践中，广大中小学教师积极探索，勇于实践，积累了丰富的教学经验，取得了丰硕的教学改革成果。

自己的经验＋别人的经验＝校本教学研究。香港科技大学的孔宪铎先生有句名言：学习的最佳方法是向最棒的人学。的确如此，只有站在巨人的肩膀上，我们才能看得更远，走得更远。教师要特别关注在课程改革中涌现出来的先进典型和原创经验，向一切可以学习的人学习。

自 2001 年第八次课程改革开始到现在，全国的很多学校围绕课堂教学有效性的问题进行了形式多样的课堂教学改革实验，涌现出了一批有代表性和原创性的教学改革经验。下面三所学校的经验特别值得老师们进行深入研究。

典型之一：山东杜郎口中学"三三六"自主学习模式

杜郎口中学的课堂教学理念是："人人参与，个个展示，体验成功，享受快乐。"其核心就是还学生学习的自主权，使学习真正成为学生自己的事情。

行为跟进

教育教学观念的更新是教师核心能力充分发挥的"启动器"和"方向盘"。对于教师而言,课程改革首先是一个以转变已有观念为前提的学习和适应过程;其次是一个以反思已有经验为基础的实践过程。

当前在课程改革中有些教师出现了"穿新鞋走老路"的现象。常识告诉我们,"穿新鞋走新路"和"穿旧鞋走老路"应该是最舒服的。为什么这些教师要选择"穿新鞋走老路"呢?主要原因有三:一是教师不认同"新路";二是教师不敢走"新路";三是教师不愿走"新路"。归根结底还是教师的教学理念出了问题。那么,作为一线教师,我们应该如何更新观念、内化理念呢?

一、学习最新颁布的《课标(2011年版)》,明确改革方向

《课标(2011年版)》已经正式颁布了,这是课程改革的一件大事,也是学校教育教学改革和教师专业发展的一次重要机遇。应该说,课程改革的又一个"春天"到来了!

课程标准是新世纪课程改革的标志性成果。世纪之初颁布的《全日制九年义务教育课程标准(实验稿)》(以后简称"《课标(实验稿)》")着力"给中国教育注入时代'基因',为每位学生奠定终身发展的基础"。新世纪的第一个十年已经在磕磕绊绊中离我们而去,这十年经验与教训并存。"摸着石头过河"是这十年的生动写照。毫无疑问,修订后的课程标准将引领新的课程改革不断前进。

作为一线教师,特别要思考这样几个问题:《课标(2011年版)》和《课标(实验稿)》比较,哪些地方发生了变化?变化的依据是什么?为什么要这样修改?

比如,修订后的数学课程标准用"人人都能获得良好的数学教育,不同的人在数学上得到不同的发展"来描述义务教育阶段数学课程的基本培养目标。为什么要进行这样的修改呢?标准修订组的史宁中等专家给出的解释是:"获得良好的数学教育"具有广泛而深刻的含义,是所有

主张 1　观念更新，理念内化

观点分享

◆ 教育教学观念的更新是教师核心能力充分发挥的"启动器"和"方向盘"。

◆ 教学并不是一个技术问题，而是一个理念问题，理念改变了，教学自然会有创意。

◆ 教师的现代教学观念，只有转化为课堂教学行为，体现在有效的课堂教学活动中，直接作用并影响到学生的发展，才具有价值。

◆ 只有把教学的注意力从教师自己讲得如何转移到关注学生学得如何，才是懂得了教学的本质追求。

◆ 不是书上所有内容都要由教师在课堂上讲授，也不是由教师讲过的内容才算学过；不是能给学生讲明白就是好老师，会引导学生想明白的人才是好老师。

◆ 课堂改革的出发点和最终目标在于改变学生的学习状态、实现学习效益最大化，要让学生会学、学会，在课堂上享受到生命成长的快乐。

◆ 不是所有的数学知识都需要学生自己去探索，只有那些蕴涵了丰富数学思想的知识，才需要展开过程并组织学生探索。

◆ 在数学教学活动中，教师要以自己健全的人格感染和影响学生，要不断提高自身的数学素养，善于挖掘教学内容的教育价值。

◆ 给孩子最好的教育，就是给他最好的人生。

◆ 课程改革贵在继承与创新，传统中好的东西要继承，课程改革中好的经验要借鉴。

主张 18　既为经师，又为人师……………………………………184
主张 19　洗尽铅华，返璞归真……………………………………191
主张 20　跳出数学，感悟教学……………………………………204
主张 21　多样作业，减负增效……………………………………211
主张 22　毕业复习，培养"四力"…………………………………219
主张 23　五字真经，好课标准……………………………………224
主张 24　给力十招，教学高效……………………………………240
主张 25　渐行渐悟，幸福成长……………………………………256

后记：当人生用"十年"来丈量时…………………………………263

目 录

推荐序：做一名有智慧的数学教师（张梅玲）……………………………… I
自序：教师要敢于发出自己的声音……………………………………… III

主 张 1　观念更新，理念内化 …………………………………………… 1
主 张 2　读懂学生，把握起点 …………………………………………… 15
主 张 3　读懂教材，丰富内涵 …………………………………………… 26
主 张 4　先学后教，少教多学 …………………………………………… 49
主 张 5　教不越位，学要到位 …………………………………………… 58
主 张 6　植入文化，增加浓度 …………………………………………… 73
主 张 7　渗透思想，增加深度 …………………………………………… 82
主 张 8　适度拓展，增加广度 …………………………………………… 91
主 张 9　局部美容，增加亮度 …………………………………………… 102
主张 10　问题引领，增加温度 …………………………………………… 113
主张 11　数形结合，化难为易 …………………………………………… 122
主张 12　善于举例，深化理解 …………………………………………… 143
主张 13　巧设练习，激活思维 …………………………………………… 149
主张 14　让出黑板，天地更宽 …………………………………………… 157
主张 15　精心预设，动态生成 …………………………………………… 163
主张 16　裸学裸思，深度参与 …………………………………………… 169
主张 17　四基扎实，后劲充足 …………………………………………… 175

年新课改所带来的变化的意义和影响是巨大、深刻而长远的。在本书即将完稿之际，适逢《课标（2011年版）》正式颁布，笔者再次对全书进行了修改、补充和完善，尽可能将《课标（2011年版）》的先进理念融入本书中。

《基础教育课程》杂志2011年第12期，用将近一半的篇幅刊登了近百名教育界人士对课程改革下一个十年的期望与畅想，读后令人鼓舞。第一个十年积淀下来的经验和教训一定能够为下一场改革提供养料。香港中文大学调研组通过对河南省40所学校连续四年的跟踪调研得出的结果表明：实验区教师在实践新课程后"更加倾向于引导学生做数学题，经历猜想、论证与交流的问题解决活动"，"采用更多开放式答案、同伴互评、实践操作等方式"，"教师的课堂教学方式和评价方式呈多样化趋势"。

教育改革的理想不能停留在空中，而是要落地，要扎根于日常教学土壤中。具有生命力的教学主张一定是在长期的教学实践中逐步酝酿、形成和发展的；具有生命力的教学主张一定是在实践经验基础上的理性提炼、概括和理论提升。

我们从事教育事业，不仅仅是为了把我们的智慧奉献给教育、奉献给孩子，我们还要充分享受这份工作给我们带来的职业幸福感，享受智慧的人生。

帕斯卡尔说：人是一根芦苇，是一根能思想的芦苇。人全部的尊严在于思想。在新课程改革"再出发"之际，结合自己十年课程改革的经验，我把自己对小学数学教育的理解浓缩成25个教学主张，其中有关小学数学课堂教学的主张20个，希望我的这些主张能够对老师们有所启发，有所帮助。希望更多的一线教师能够从教育理论的消费者走向教育理论的建构者。

2012年3月

自序：教师要敢于发出自己的声音

中国教育学会会长顾明远教授曾在报告中指出：教师要具有一定的教育理论知识，懂得教育教学工作的规律；了解儿童，了解儿童成长的规律；不断总结自己的教育教学经验，逐步上升到教育理念，能够提出自己的教育主张，培养自己的教育风格。

郭华教授专门对名师成长的内外部条件进行了研究，认为有几个方面是比较重要，也是比较突出的。一是有高而广阔的实践与展示平台，包括：优秀教师的传、帮、带；大量的公开课展示；有高水平的交流对象。二是个性化的教学实践与表达，包括：富有创造性的教学实践；在潮流面前保持清醒；形成自己的教育话语。郭华教授这样写道："名师之所以成为名师，是由于他们对教学的深刻理解、准确把握以及基于此的创造性的实践，同时也是由于他们在实践基础上形成了自己的教育话语。这样的教育话语，不及那些专事理论研究的学者的宏大，也不及他们的系统，却生动、鲜活地道出了其基于实践的对教学的理解。他们能用朴素的语言刻画出丰富的教学内容，凝练与提升他们自己的教学实践经验。"

我1985年参加工作，到2012年已经整整27个年头了，27年来，我始终战斗在小学数学教学第一线，构建"深度课堂"是我努力追求的目标。近年来我正在进行"对话—比较—研讨"式动感课堂的研究与探索。

第八次基础教育课程改革已经走过了十年不平凡的路程，本没有路的田野上留下我们的串串足迹。我们从课改开始时的幼稚慢慢走向成熟，研究渐渐深入，我们经历了磨炼，同时在磨炼中成长。应该说，十

现了知、情、意、行的整体性,尤其突出了教书和育人的和谐性。"观点分享"部分,简洁凝练、句句入心,读后能够给人带来心灵上的触动;"行为跟进"部分,钱老师给出了很多实用又可操作的具体策略,视角独特,案例典型,对不同层次的教师都能有所启发,特别是对青年教师的启发会更大。我尤其欣赏他对一堂好课提出的两个"五"(五个有——有思想、有智慧、有激情、有个性、有文化;五字诀——新、趣、活、实、美)和一个"四"(好课有德、好课有效、好课民主、好课求真)。

本书是钱守旺老师27年来用其心、动其脑、以其情、付其行的实践中所升华的智慧。因此我们读这本书,首先要学他做人,其次学他27年来坚守在课堂第一线的行为,最后学他在教学实践中善于反思、不断改进、与时俱进的教学态度。

在《义务教育课程标准(2011年版)》[以后简称"《课标(2011年版)》"]正式颁布之际,钱老师与时俱进,他撰写的这本书中很多地方都体现了《课标(2011年版)》的精神,特别是对如何落实"四基"给出了非常具体的意见和建议,所以本书也是教师解读《课标(2011年版)》的很好的辅导书。

基于此,我非常愿意把本书推荐给各位朋友,希望通过阅读本书,老师们能够更多地了解钱守旺老师,了解一名长期耕耘在教学一线的特级教师是如何思考数学、研究数学和享受数学的。希望更多的老师通过阅读这本书,能够成为像钱守旺一样的优秀教师。

张梅玲

2012年3月

(张梅玲教授系中国科学院心理研究所研究员、博士生导师,国家级有突出贡献专家,中国科学院心理研究所现代小学教育研究中心主任,当代中国著名儿童心理学家。)

推荐序：做一名有智慧的数学教师

与钱守旺老师第一次面对面交流，是他工作调入北京以后。通过几次接触，他给我留下了非常好的印象。钱老师温文尔雅、待人真诚，很有亲和力。虽然他话不多，但很有思想，有自己的教学主张，对课程改革中小学数学教育存在的问题看得准、分析得透，对如何构建有深度的小学数学课堂有自己独特的做法和经验。

钱老师是全国著名特级教师，现在是北师大版小学数学课标教材第四版的分册主编，他始终致力于小学数学课堂教学改革的研究，虽然每天事务缠身，但他并没有离开教学第一线，现在还担任五年级一个班的数学教学工作。他的数学课深受学生们喜欢，几乎所有的学生都是钱老师的"粉丝"。钱老师善于总结和提炼，他关于一节好课的"五字诀"，他关于新课程改革中的"18个不等式"，他"把握教改方向，从容面对新课程"的系列文章，他"公开教学中的十个怎么办"对于当前的课堂教学改革都具有非常强的指导意义。钱老师笔耕不辍，他的很多文章理论联系实际、论证深刻、观点鲜明，深受一线教师的喜爱。随着课程改革的不断深入，钱老师更加理性地对小学数学课堂教学进行了反思，并提出了一系列关于新课程背景下如何搞好课堂教学改革的策略。

《钱守旺的小学数学教学主张》是钱老师二十多年一线教学经验的结晶，钱老师通过25个教学主张，向我们阐释了他对数学教育的理解，读后能够给人带来深层次的思考。

钱老师的25个教学主张站位高、定位准、观念新、方法实。它体

图书在版编目(CIP)数据

钱守旺的小学数学教学主张/钱守旺著. —北京：
中国轻工业出版社，2012.8（2015.12重印）
ISBN 978-7-5019-8872-3

Ⅰ.①钱… Ⅱ.①钱… Ⅲ.①小学数学课－教学研究 Ⅳ.①G623.502

中国版本图书馆CIP数据核字（2012）第135137号

总 策 划：	石　铁		
策划编辑：	吴　红	责任终审：	杜文勇
责任编辑：	吴　红	责任监印：	吴维斌

出版发行：中国轻工业出版社（北京东长安街6号，邮编：100740）
印　　刷：三河市鑫金马印装有限公司
经　　销：各地新华书店
版　　次：2015年12月第1版第2次印刷
开　　本：710×1000　1/16　印张：17.50
字　　数：167千字
印　　数：6001—7000
书　　号：ISBN 978-7-5019-8872-3　定价：35.00元

读者服务部邮购热线电话：400-698-1619　010-65125990　传真：010-65262933
发行电话：010-65128898　传真：010-85113293
网　　址：http://www.wqedu.com
电子信箱：wanqianedu1998@aliyun.com
如发现图书残缺请直接与我社读者服务部（邮购）联系调换
120399Y1X101ZBW

钱守旺的小学数学教学主张

钱守旺◎著

中国轻工业出版社